贵州省高校人文社会科学研究资助 2023GZGXRW043 新时代思想政治工作有关问题研究

新时代高校思想政治工作的艺术与方法

黄丽娟　著

新 华 出 版 社

图书在版编目（CIP）数据

新时代高校思想政治工作的艺术与方法 / 黄丽娟著
. -- 北京：新华出版社，2024.6
ISBN 978-7-5166-7403-1

Ⅰ.①新… Ⅱ.①黄… Ⅲ.①高等学校－思想政治教育－研究－中国 Ⅳ.① G641

中国国家版本馆 CIP 数据核字 (2024) 第 102851 号

新时代高校思想政治工作的艺术与方法

作　　者：黄丽娟				

责任编辑：丁　勇	封面设计：优盛文化

出版发行：新华出版社

地　　址：北京石景山区京原路 8 号	邮　　编：100040
网　　址：http://www.xinhuapub.com	

经　　销：新华书店、新华出版社天猫旗舰店、京东旗舰店及各大网店

购书热线：010-63077122	中国新闻书店购书热线：010-63072012

照　　排：优盛文化
印　　刷：河北万卷印刷有限公司

成品尺寸：170mm×240mm

印　　张：19	字　　数：280 千字
版　　次：2024 年 6 月第一版	印　　次：2024 年 6 月第一次印刷

书　　号：ISBN 978-7-5166-7403-1
定　　价：98.00 元

前　言

随着社会的快速发展和信息技术的日新月异，高校学生所面临的思想观念、价值取向、生活方式等都在不断发生变化。这些变化为高校思想政治工作带来了新的挑战，同时提供了新的机遇。传统的思想政治教育方法已经难以完全适应新时代学生的需求并满足他们的期待，因此寻求和实践创新的思想政治工作方法变得尤为重要。在新时代的背景下，高校思想政治工作不仅传递知识和信息，它还是一种艺术，需要教育工作者具有深厚的理论素养、敏锐的时代洞察力和丰富的实践经验。本书旨在提供这样的视角，帮助读者更好地理解和掌握新时代高校思想政治工作的方法与艺术，从而在实践中取得更好的效果。

本书深入分析了当前高校思想政治工作的现状和面临的挑战，明确指出了工作的方向和目标，不仅重视理论研究，还注重实践应用，力求在高校思想政治工作的各个方面提供具体、可行的策略和方法。书中的内容涵盖了工作的意义、原则、特点以及思想政治工作的基础理论、环境分析、主要内容和方法创新等，旨在为读者呈现一个立体、全面的思想政治工作环境。全书共分为七章：第一章介绍了高校思想政治工作的整体框架，包括高校思想政治工作的理念与方法论、任务、原则、特点、意义等方面；第二章分析了高校思想政治工作环境的特点、影响因素以及环境优化策略，强调了外部环境在思想政治工作中的重要性；第三章具体介绍了高校思想政治工作中课程、科研、实践、文化、网络、心理、管理、服务、资助、组织等方面的工作内容，展示了工作的多样性和复杂性；第四章关注高校思想政治工作方法的内涵、特征、创新原则以及具体途径，强调了方法创新的必要性；第五章通过不同方面的育人艺术与方法（如课程、科研、实践、文化、网络、心理、管理、服务、资助、组织），展示了高校思想政治工作的多元化；第六章讨论了高校思想政治工作评价体系的构建原则、具体方法以及实施与反馈，指出了评价体系在工作中的重要作用；第七章探讨了高校思想政治工作的精准化、智能化趋势以及未来展望，为思想政治工作提供了前瞻性的视角。

本著作由贵州开放大学（贵州职业技术学院）高层次人才引进科研项目启动经费赞助。由于时间仓促，水平有限，书中的不足之处在所难免，希望广大读者、专家批评指正。

目 录

第一章 高校思想政治工作概述 ·················001

第一节 高校思想政治工作的理念与方法论 ·········001

第二节 高校思想政治工作的主要任务 ···········008

第三节 高校思想政治工作的原则 ·············014

第四节 高校思想政治工作的主要特点 ···········021

第五节 高校思想政治工作的意义 ·············027

第六节 高校思想政治工作的目标体系构建 ········032

第七节 高校思想政治工作的现代转型 ···········040

第二章 高校思想政治工作环境探讨 ·············046

第一节 高校思想政治工作环境概述 ············046

第二节 高校思想政治工作环境的主要影响因素 ······052

第三节 高校思想政治工作环境的优化 ···········063

第三章　高校思想政治工作的主要内容…………………………074

　第一节　统筹推进课程育人 …………………………………… 074

　第二节　着力加强科研育人 …………………………………… 086

　第三节　扎实推进实践育人 …………………………………… 097

　第四节　深化拓展文化育人 …………………………………… 111

　第五节　深入探索网络育人 …………………………………… 124

　第六节　大力促进心理育人 …………………………………… 138

　第七节　切实强化管理育人 …………………………………… 145

　第八节　不断深化服务育人 …………………………………… 153

　第九节　全面推进资助育人 …………………………………… 159

　第十节　积极优化组织育人 …………………………………… 165

第四章　高校思想政治工作方法的创新………………………173

　第一节　高校思想政治工作方法的内涵与特征 …………………… 173

　第二节　高校思想政治工作方法创新的原则 …………………… 179

　第三节　高校思想政治工作方法的继承与借鉴 …………………… 184

　第四节　高校思想政治工作方法创新的具体途径 ……………… 189

第五章　高校思想政治工作艺术与方法的体现………………199

　第一节　课程之美：课程育人艺术与方法 …………………… 199

　第二节　科研之美：科研育人艺术与方法 …………………… 208

　第三节　实践之美：实践育人艺术与方法 …………………… 217

　第四节　文化之美：文化育人艺术与方法 …………………… 222

　第五节　网络之美：网络育人艺术与方法 …………………… 232

第六节　心理之美：心理育人艺术与方法 …………………… 237

第七节　管理之美：管理育人艺术与方法 …………………… 241

第八节　服务之美：服务育人艺术与方法 …………………… 245

第九节　资助之美：资助育人艺术与方法 …………………… 248

第十节　组织之美：组织育人艺术与方法 …………………… 250

第六章　高校思想政治工作评价体系的构建………………… 254

第一节　高校思想政治工作评价体系构建的原则 ………… 254

第二节　高校思想政治工作评价的具体方法 ……………… 259

第三节　高校思想政治工作评价的实施与反馈 …………… 267

第七章　高校思想政治工作的发展趋势…………………………273

第一节　高校思想政治工作精准化 ………………………… 273

第二节　高校思想政治工作智能化 ………………………… 279

第三节　高校思想政治工作的未来展望 …………………… 285

参考文献………………………………………………………… 290

后　记…………………………………………………………… 296

第一章　高校思想政治工作概述

第一节　高校思想政治工作的理念与方法论

高校思想政治工作的理念与方法论是相辅相成的。理念提供了方向和目标，方法论则提供了达成这些目标的具体路径和手段。这些理念与方法论在实施过程中，应不断调整和优化，以适应不断变化的教育环境和学生需求。

一、高校思想政治工作的理念阐释

高校思想政治工作的理念作为指导这一工作的根本思想和原则，反映了当前时代对高等教育的总体要求和期望。在新时代背景下，高校思想政治工作的理念不仅要求高校培养具备良好政治素养的学生，还强调了学生全面发展的重要性。这一理念体现了对高等教育的全面认识，将政治教育融入人才培养的各个方面，不仅关注知识传授，还更加重视学生个性、才能的发展以及价值观的培育。

在新时代背景下，高校思想政治工作的理念强调对国际化、信息化的适应能力，认为思想政治工作不仅是传授知识和政治理论的手段，还是一种培养学生全球视野和适应未来社会发展能力的重要途径。这一理念强调的是一个全面、开放、进步的教育观念，要求高校在思想政治工作中既要坚守基本原则，又要具备时代感和前瞻性。高校思想政治工作的理念主要包括以下几个方面，如图 1-1 所示。

图 1-1　高校思想政治工作的理念

（一）学生的全面发展

高校思想政治工作的理念强调学生全面发展的重要性。学生的全面发展不仅包括政治理论和思想道德方面的成长，还涵盖科学文化、社会实践、身体健康等多维度的提升。这种全面发展的理念源于对现代社会多元需求的深刻理解，它不仅强调学生的知识和技能的培养，还强调情感、态度、价值观等非智力因素的教育。在科学文化方面，这一理念不再局限于传统的课堂教学，它还鼓励学生参与科研项目、文化交流等活动，以此拓宽知识领域，增强理解力和创新能力。在社会实践方面，学生可以参与社区服务、志愿活动等，通过实践经验来提高社会适应能力和责任感。在身体健康方面，这一理念则注重体育活动和健康教育，旨在培养学生的身体素质和健康习惯。理念还特别强调对学生心理健康的关注。在面对快速变化的社会环境和竞争压力时，学生的心理健康显得尤为重要。高校应提供心理辅导、压力管理课程等，帮助学生建立积极的生活态度，提高应对挑战的心理韧性。这种全方位的关注不仅有助于学生的个人成长，还能为他们未来的职业生涯和社会生活打下坚实基础。

（二）培养创新型人才

在新时代背景下，高校思想政治工作的理念强调培养具有创新精神和问题解决能力的人才。这一理念认识到，未来社会对人才的需求不再局限于专业知识的掌握，而是更看重个体的创新能力、批判性思维和独立思考能力。因此，思想政治教育不应局限于道德教育和政治理论的传授，而应成为激发学生创新思维和实践能力的平台。

在实施这一理念时，教育方法需要创新和多样化。通过案例教学、项目驱动、团队合作等方式，学生能在实际操作中学习如何分析问题、提出解决方案。辩论、讨论等活动则有助于提高学生的批判性思维，鼓励他们对现有知识和社会现象进行深入探究。创新型人才培养还涉及跨学科学习的推广，鼓励学生跨越学科边界，探索新知识，促进创新思维的形成。创新能力的培养也与科学研究紧密相关。学生应积极参与科研项目，实践他们的理论知识，培养独立研究和批判性思考的能力。通过这些实践活动，学生能够学习如何面对复杂问题，提出创新的解决方案。除了知识和技能的培养，创新型人才的培养还包括对学生创新精神和独立思考能力的培育，这要求高校创造一个鼓励创新、容忍失败的环境，让学生敢于尝试新思路和新方法。在这样的环境中，学生不仅能够学到知识，还能学会如何学习、如何思考、如何创新。

（三）培养社会责任感

在高校思想政治工作的理念中，培养学生的社会责任感占据了核心地位。这一理念认识到，作为未来社会的建设者和参与者，学生不仅需要具备专业知识和技能，还应具有强烈的社会责任感和全球公民意识。这种责任感的培养是对学生全面发展理念的重要补充，旨在使学生成为不仅对个人发展负责，还对社会进步负责的人才。

社会责任感的培养涉及多个层面。在认识层面，学生需要理解自己的行为如何影响社会和环境，认识到作为公民的权利和义务。这要求高校在思想政治教育中强调社会责任的重要性，引导学生思考社会问题和自身的社会角色。在实践层面，高校可以通过组织社会服务活动、志愿者项目等实际行动，让学生亲身参与到社会责任实践中。这些活动不仅能够帮助学生了解社会现实，还能培养他们的同情心和公民意识。例如，参与社区服务、环保活动、慈善捐助等都是锻炼学生社会责任感的有效途径。通过国际交流和合作项目，学生可以获得跨文化理解和全球视野，认识到自己作为全球公民的责任。这不仅有助于培养他们的国际合作能力，还能激发他们对全球性问题的关注和解决问题的热情。

（四）动态发展性与时代适应性

在新时代背景下，高校思想政治工作的理念需要具有动态发展性和时代适应性。这意味着，该理念不是固定不变的，而是随着社会的变迁和时代的发展而不断演进和更新。这种适应性不仅是对外部环境变化的响应，还是对内部教育需求变化的适应。

理念的动态发展性体现在对新时代特点的适应上。随着科技的进步和经济全球化的深入，高校思想政治工作面临着新的挑战和机遇，需要吸纳新的教育理念（如终身学习、创新教育等），以适应不断变化的教育环境和社会需求。理念的动态发展性还体现在对学生需求的灵活响应上。随着学生背景的多样化，他们的需求和期望也在不断变化。因此，高校思想政治工作需要不断调整教育内容和方法，以更好地满足学生的个性化需求。这要求高校不断更新其教育理念，并结合学生的实际情况，提供更加多元和包容的教育环境。理念的动态发展性要求高校持续进行自我评估和反馈。通过定期的教育效果评估，高校可以了解其思想政治教育的实际效果，根据反馈及时调整教育策略和内容。这种基于证据的方法有助于确保理念的现实性和有效性，使理念更加符合学生的实际需求和社会的发展趋势。高校应积极吸收国内外的先进教育理念和实践经验，不断丰富和完善自身的思想政治教育内容，可以通过引入跨学科教学方法、采用新技术手段、强化国际合作等措施，来为学生提供更加全面和深入的学习体验。

二、高校思想政治工作的方法论分析

高校思想政治工作的方法论需要与时俱进。这些方法论包括充分结合传统与现代教育手段、推广跨学科和综合性学习、实施以学生为中心的教学方法、鼓励终身学习与自主学习，如图1-2所示。这些方法论的实施对于培养具有批判性思维、独立分析能力和终身学习能力的学生至关重要。

充分结合传统
与现代教育手段

实施以学生为中心
的教学方法

推广跨学科和综合性
学习

鼓励终身学习
与自主学习

图1-2　高校思想政治工作的方法论

（一）充分结合传统与现代教育手段

传统教育手段（如课堂讲授、文本阅读和经典分析）长久以来一直是思想政治教育的基础，在传授基本理论知识、历史背景和核心概念方面具有非常重要的作用。这些方法通过系统地讲解和深入的文本分析，为学生提供了扎实的理论基础。然而，单一的传统教学方法在促进学生的积极参与和批判性思考方面可能存在局限。为了克服这一局限，现代教育手段被引入思想政治课程。现代教育手段包括使用互联网资源、多媒体工具、在线讨论论坛和虚拟现实（VR）技术等。这些工具和平台可以使课程内容更加生动和具有互动性，从而提高学生的参与度和学习兴趣。例如，通过在线平台，学生可以参与实时讨论，即使在课下也能继续与同学和教师进行思想交流。现代技术的应用还允许教师使用多种教学方法来适应不同学生的学习风格。例如，有些学生可能更喜欢通过视频和图表来学习，而另一些学生可能更倾向于通过互动式活动和模拟来掌握概念。利用现代技术，教师可以灵活地调整教学内容和方式，以满足这些不同需求。

（二）推广跨学科和综合性学习

跨学科学习能够将政治学、经济学、社会学、哲学和历史等学科的理论与实践相结合，为学生提供一个更加全面和深入的认知框架。例如，政治经济学课程可以结合经济学理论和政治学分析，让学生理解政策决策背后的经济动因和政治影响；社会学和哲学的融合可以帮助学生探讨社会行为的深层次动机和伦理道德的基本原则。综合性学习则可以进一步将理论知识与实践应用相结合。通过案例研究、模拟活动和项目工作，学生可以将课堂所学知识应用于现实问题的解决，从而更好地理解理论的实际意义。例如，通过模拟联合国或国内政治议程的活动，学生可以在实践中学习国际关系和公共政策的复杂性。跨学科和综合性学习的推广还鼓励学生发展批判性思维和创新能力。通过跨学科的视角，学生可以去质疑和探索，不再满足于单一学科的解释，而是从多个角度综合分析问题。这种思维方式对于培养能够适应快速变化和多元化世界的学生至关重要。

（三）实施以学生为中心的教学方法

以学生为中心的教学方法将学生的需求、兴趣和学习方式视为教学过程的核心。这种方法强调学生的主动参与和自我引导学习，相较于传统的教师主导教学，更能激发学生的学习动机和创造力。

在实施以学生为中心的教学方法时，教师的角色转变为指导者和促进者。教师通过提供资源、引导讨论和鼓励探索，帮助学生建立自己的知识体系。例如，教师可以设置开放式问题，让学生自行寻找答案，或者在小组讨论中提供不同的视角，以促进深入地思考和讨论。以学生为中心的教学方法还包括对学习内容和活动的个性化，这意味着教学活动和评估方式可以根据学生的不同兴趣和能力进行调整。例如，学生可以选择研究与自己兴趣相关的政治议题，或者通过多种方式（如写作、演讲、视觉艺术等）展示他们的学习成果。以学生为中心的教学方法鼓励学生对自己的学习过程进行反思和评估。通过定期的自我评价和反思，学生可以更好地理解自己的学习进步和挑战，从而进行有针对性的改进和调整。

以学生为中心的教学方法不仅能够提高学生的参与度和满意度，还有助于培养学生的独立思考、自我指导学习和终身学习的能力。这种方法在思想政治教育中尤为重要，它鼓励学生积极探索和质疑，从而形成更深入和全面的理解。

（四）鼓励终身学习与自主学习

终身学习的理念基于一个核心认识，即学习不应局限于学校教育阶段，而是一个持续的、终身的过程。在快速变化的现代社会，持续更新知识和技能对于个人的职业发展和适应社会变化至关重要。因此，思想政治教育应鼓励学生培养终身学习的习惯，使他们具备自我更新和适应新挑战的能力。

自主学习是终身学习的一个重要组成部分，强调学生的主动性和独立性。这意味着学生不仅要在课堂上积极学习，还需要在课堂外自主寻找学习资源、主动探索感兴趣的领域，并对自己的学习进度负责。教师的角色在这里转变为引导者和支持者，他们通过提供资源、建议和反馈，帮助学生发展自主学习的技巧。实现终身学习和自主学习的一个关键策略是培养学生的批判性思维和解决问题的能力，包括教授学生如何有效地搜索和评估信息、如何独立思考并对所学知识进行批判性分析。例如，教师可以通过案例研究和项目工作，鼓励学生自行收集资料、提出问题并寻找解决方案。利用现代技术工具也是鼓励终身学习和自主学习的有效途径。例如，通过在线课程和教育平台，学生可以在任何时间和地点获取知识，这极大地提高了学习的灵活性和可及性。

第二节 高校思想政治工作的主要任务

在高校思想政治工作中，主要任务的设定至关重要，这些任务旨在培养学生的全面素质，确保他们能够成为社会的有用人才。以下是高校思想政治工作的主要任务（图1-3）。

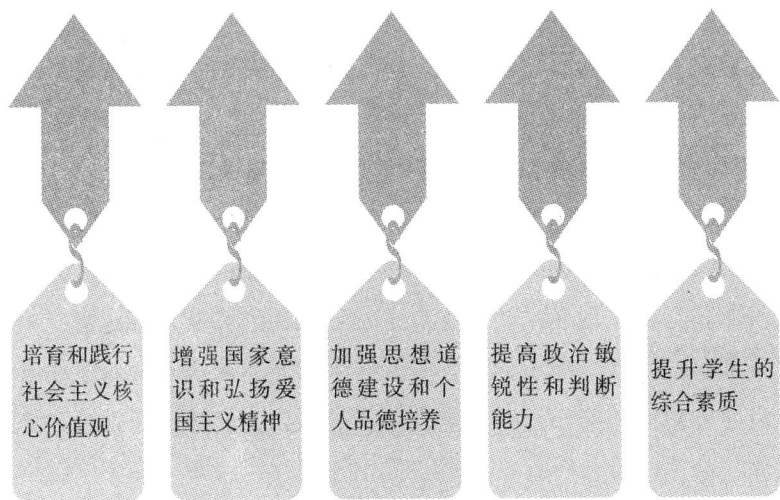

图 1-3 高校思想政治工作的主要任务

培育和践行社会主义核心价值观

增强国家意识和弘扬爱国主义精神

加强思想道德建设和个人品德培养

提高政治敏锐性和判断能力

提升学生的综合素质

一、培育和践行社会主义核心价值观

在高校思想政治工作中，培育和践行社会主义核心价值观是一项极为重要的任务，它涉及学生的思想品德建设、价值观形成和行为准则的树立。这项工作不仅要求学生理解和接受这些价值观，还要求他们能够在实际生活和学习中积极践行。

社会主义核心价值观包括富强、民主、文明、和谐，以及自由、平等、公正、法治等基本原则。这些价值观反映了国家的精神追求和社会发展的基本方向，是构建和谐社会和推动社会进步的重要基石。高校在培养这些价值观时，需要通过多种途径和方法，使学生深刻理解这些价值观的深层含义和实践意义。具体方法如下。

第一，将社会主义核心价值观融入课程教育中。通过课程设置（如思想道德修养、哲学、社会学、法律等课程），教师可以使学生在学习专业知识时深入理解社会主义核心价值观的内涵和重要性。这种融合可以帮助学生从理论和实践两个层面掌握和运用这些价值观。

第二，组织丰富多样的教育活动。通过社会实践、志愿服务、文化交流等活动，学生可以在实际的社会环境中体验和践行这些价值观。这些活动不仅能够加深学生对社会主义核心价值观的理解，还能够培养他们的社会责任感和实践能力。

第三，通过树立和宣传符合社会主义核心价值观的榜样，激励学生学习和实践这些价值观。通过讲述典型人物的故事和经历，教师可以让学生更直观地理解这些价值观在现实生活中的应用和意义。

在日常的教育管理中，高校还应将社会主义核心价值观融入校园文化建设、师生互动、学生自治组织活动等各个方面。这样的融合有助于创造一个积极向上、包容多元的学习环境，使学生在日常生活中不断受到价值观的熏陶。为了适应不断变化的社会环境，高校在培养社会主义核心价值观的过程中还需要加强相关理论的研究和教育方法的创新，包括针对当前社会热点问题进行研究、探索新的教育技术和方法（如网络教育、情景模拟等），以使价值观教育更加生动、有效。

二、增强国家意识和弘扬爱国主义精神

在高校思想政治工作中，增强国家意识和弘扬爱国主义精神这一任务不仅关注学生个人道德和精神层面的成长，对于培育他们成为国家的有责任感的公民也具有深远的影响。爱国主义教育的核心在于引导学生树立正确的国家观念，激发他们对国家和民族的深厚感情，并将这种感情转化为推动个人

成长和社会发展的动力。在当代中国，国家意识和爱国主义的内涵已经超越了传统的概念，不仅包括对国家的热爱和忠诚，还包括对国家发展、文化传承和社会责任的深刻理解和实践。爱国主义在当代中国的表现形式更为多元化，它要求公民不仅要有情感上的归属感，还要在行动上对国家做出贡献。

历史与文化教育是增强国家意识和弘扬爱国主义精神的基础。通过深入学习中国的历史，学生可以理解民族的兴衰成败，感受到历史发展的逻辑和规律。历史教育不仅是对过去的回顾，还是对未来的思考。学生通过学习历史，能够建立起对国家发展大局的认识，理解自己作为公民的责任和使命。文化教育则是爱国主义精神的精神滋养。中国悠久的文化传统和丰富的文化遗产是国家的宝贵财富，也是构成民族身份和民族自豪感的重要基础。通过学习中国传统文化、现代文化以及各种民族文化，学生可以更加深刻地理解中华民族的精神特质和价值追求。

爱国主义教育不应只停留在理论层面，还需要在实践中体现。高校应当通过组织各类活动（如纪念重大历史事件、参与社会服务、参加学术研究等），让学生在实践中体验爱国主义的内涵。这些活动不仅能增强学生的国家意识，还能培养他们的社会责任感和实践能力。高校还应鼓励学生参与到国家的现代化建设中来，将爱国主义精神转化为推动科技进步、社会发展和文化创新的动力。通过参与科研项目、社会实践和国际交流，学生能够将个人发展与国家发展紧密结合起来，在实现自身价值的同时为国家贡献力量。在经济全球化日益加深的今天，爱国主义教育同样需要具有国际视野。高校应当教育学生在热爱自己国家的同时要理解和尊重其他国家的文化。这种国际视野的培养有助于学生形成更为开放和包容的世界观，能够在国际舞台上更好地代表中国，促进国际交流与合作。

在当代社会，爱国主义的表达方式更为多样。高校应当引导学生认识到，在现代社会中，爱国不仅是一种情感的表达，还应在个人所在的领域中追求卓越，为国家的发展做出贡献。无论是科学研究、技术创新、社会服务还是文化传播等方面，都可以成为学生实践爱国主义精神的舞台。

三、加强思想道德建设和个人品德培养

加强思想道德建设和个人品德培养这一任务的核心在于引导学生树立正确的世界观、人生观和价值观，通过教育和实践活动，培养学生的诚信、尊重、包容、责任感等基本品德，从而让学生形成健全的人格和良好的社会行为准则。思想道德建设是高校教育的重要组成部分，它直接关系到学生的精神面貌和道德素质。一个具有健全思想道德的学生，不仅能在学习上取得优异成绩，还能在社会生活中发挥积极作用，成为社会的栋梁之材。因此，高校需要通过多种途径和方法，对学生进行全面的思想道德教育。

诚信是社会交往的基本准则，也是现代公民必备的品质之一。高校在思想道德教育中，应着重培养学生的诚信意识以及诚实守信的行为习惯，如遵守诺言、诚实考试、诚恳对待他人。高校可以通过课程教学、案例分析、主题讨论等方式，让学生认识到诚信的重要性，并在日常生活中践行诚信原则。尊重和包容是现代社会的重要价值观。高校在思想道德教育中应该强调尊重他人、尊重差异、尊重规则的重要性，引导学生学会尊重不同文化、不同观点，培养他们的包容心态。高校可以通过多元文化活动、跨文化交流、小组合作等方式，让学生在实际活动中体验和学习尊重和包容。在高校思想道德教育中，培养学生的责任感也是一项关键任务。责任感不仅要求对个人行为负责，还要求对家庭、社会、国家负责。高校可以通过社会实践活动、志愿服务、课题研究等方式，让学生在实际行动中理解和承担责任。例如，参与社区服务不仅能让学生体会到服务他人的喜悦，还能加深他们对社会责任的认识。

思想道德教育不应只停留在理论层面，更还应注重实践性。高校应该创造条件，让学生有机会将所学的思想道德知识运用到实际生活中。通过组织各类社会实践活动（如社区调研、文化宣传、环保活动等），高校可以让学生在实践中深化对思想道德的理解，并通过实际行动体现自己的品德。高校还需为学生提供一个健康、积极的学习和生活环境，这对于促进学生思想道德建设和个人品德培养至关重要。通过营造一个良好的校园文化氛围，鼓励积极向上的生活态度，高校可以有效地支持学生的思想道德发展。

四、提高政治敏锐性和判断能力

在当前的经济全球化背景下，提高政治敏锐性和判断能力变得尤为重要。这一任务不仅涉及学生对时事政治的关注和理解，还包括对国内外政治环境和事件的正确分析和判断。通过这一教育，学生能够更好地适应社会的要求，成为有责任感、有洞察力的公民。

政治敏锐性是指个体对政治环境变化的敏锐度和对政治信息的准确解读能力。对于大学生而言，提高政治敏锐性意味着他们能够对国内外的政治事件保持关注，并能够从中分析出潜在的影响和趋势。这种能力需要通过多渠道的信息获取和多角度的思考来培养。高校应该鼓励学生通过阅读新闻、关注媒体报道、参与讨论等方式，保持对当前政治事件的关注。这不仅能够增加学生的知识储备，还能够提高他们对政治事件的敏锐性。高校还应鼓励学生运用批判性思维来分析和解读政治信息，教会他们识别信息的来源和可信度，并且能够对不同观点进行比较分析，形成自己的判断和观点。政治判断能力是指对政治事件和趋势做出准确判断和合理预测的能力。这一能力的提高对于学生理解复杂的政治环境、作出明智的决策至关重要。

学生在分析政治事件时，不仅要关注事件本身，还要考虑历史背景、国际环境、经济影响等多个维度。这种多维度的分析方法能够帮助学生更全面地理解事件，提高他们的判断能力。高校可以通过具体的政治案例研究，让学生分析和讨论，锻炼他们的政治分析和判断能力；模拟演练（如模拟联合国等活动）则能让学生在实践中应用自己的政治知识和判断能力。

政治敏锐性和判断能力的提高不仅需要理论学习，还需要实践活动的支持。通过参与模拟政治活动、社会实践、辩论赛等，学生能够将理论知识应用于实际情境中，从而加深对政治理论的理解，并在实践中提高自己的政治判断能力。

五、提升学生的综合素质

提升学生的综合素质是一个涵盖广泛领域的过程，要求高校在传统的思想政治教育之外，更加注重培养学生的创新意识、批判性思维、国际视野和实践能力。这种全面的素质教育不仅有利于学生的个人发展，还能使他们成为能够适应未来社会变化和经济全球化挑战的复合型人才。通过综合素质的提升，学生能够更好地为社会的进步和发展做出贡献。

综合素质的提升对学生而言是全面发展的体现。这不仅关乎学生作为个体的知识增长和技能提升，还关系到他们作为社会成员的责任感、创新能力和全球意识的培养。在经济全球化和信息化的背景下，学生面临着前所未有的挑战和机遇，只有具备了全面的综合素质，他们才能在未来的学习和工作中取得成功，为社会的发展做出贡献。

创新是当今社会的核心驱动力。高校在提升学生综合素质的过程中，需特别注重创新意识的培养。这不仅意味着鼓励学生进行科学研究和技术创新，还要在日常学习和生活中培养开放的思维模式和探索精神。创新意识的培养可以通过实验室工作、项目研究、学术竞赛等多种形式实现，重要的是要在学生心中树立创新的意识，鼓励他们对传统知识和现有方法提出疑问并改进。

批判性思维是指能够客观分析和评估信息，形成独立判断的能力。在信息爆炸的时代，这种能力对于学生识别信息的真伪、作出合理决策至关重要。高校可以通过多种方式（如课程讨论、案例分析、辩论赛等）培养学生的批判性思维，激发学生的思考，引导他们从不同角度审视问题，形成独立和深入的见解。

随着经济全球化进程的加速，国际视野成为学生必备的素质之一。具备国际视野的学生能够更好地理解不同文化和全球问题，有效地参与国际交流和合作。高校可以通过组织国际交流项目、外语教育、讲座和研讨会等方式，帮助学生拓宽国际视野，理解全球多样性和复杂性。

实践能力的培养是高等教育的核心。学生通过实践活动不仅能够加深对理论知识的理解和应用，还能培养解决实际问题的能力。高校应为学生提供丰富的实践机会（如实习、社会调研、志愿服务等），让他们在真实的社会环境中学习和成长。

第三节　高校思想政治工作的原则

高校思想政治工作的原则是确保这项工作有效性和正确性的基石。这些原则包括以马克思主义为指导的原则，坚持党的领导和社会主义方向的原则，坚持以学生为中心的原则，全面、系统、协调发展的原则，以及实事求是、与时俱进的原则，充分体现了高校思想政治工作的复杂性和多维性（图1-4）。对这些原则的深入理解和正确实施，对于指导高校思想政治工作，培养符合社会主义现代化建设需要的高素质人才，具有重要意义。

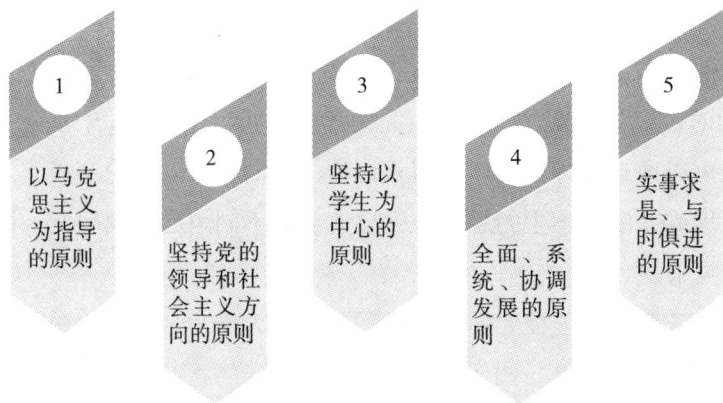

图 1-4　高校思想政治工作的原则

一、以马克思主义为指导的原则

高校思想政治工作中坚持以马克思主义为指导的原则，是确保教育活动符合社会主义现代化建设需要的关键。这一原则的实施涵盖了教育内容的设计、教学方法的应用、学术研究的方向以及学生思想品德的培养等多个方面，其核心在于贯彻马克思主义的基本理论、基本路线和基本方法。

高校思想政治工作要坚持不懈地传播马克思主义科学理论，抓好马克思主义理论教育，为学生一生成长奠定科学的思想基础。[①] 坚持以马克思主义为指导的原则意味着高校教育要深入挖掘和传播马克思主义的科学理论，包括对马克思主义哲学、政治经济学、科学社会主义等基本理论的教授，使马克思主义理论成为高校教育的理论基石。通过这种教育，学生能够系统地学习和掌握马克思主义理论，形成正确的世界观、人生观和价值观。高校思想政治工作要将马克思主义理论与中国具体实际相结合，这不仅是理论教学的要求，也是指导学生实践活动的方针。在具体实施时，高校思想政治工作要将马克思主义的基本原理与中国的历史、文化、社会和经济发展实际相结合，使学生能够理解马克思主义理论在中国具体应用的过程和意义。在教学方法上，高校应该采用多样化的方式来传授马克思主义理论，包括传统的课堂教学、讨论式教学、案例分析、角色扮演等。这样的多元化教学方法能够增强学生对马克思主义理论的兴趣，提高他们的学习效率和理解深度。

高校思想政治工作还要求教师在教学和研究中体现马克思主义的指导原则。这意味着教师不仅要深入理解马克思主义理论，还要在教学和研究中运用马克思主义的方法论。教师在课堂教学和学术研究中的表现，对于学生理解和接受马克思主义理论至关重要。高校思想政治工作还需要关注马克思主义理论在当前社会的应用和发展。这不仅是理论教学的需要，还是培养学生解决现实问题能力的需要。高校应鼓励学生将马克思主义理论应用于分析和解决现实社会问题，促进他们的批判性思维和创新能力的发展。

二、坚持党的领导和社会主义方向的原则

高校思想政治工作中坚持党的领导和社会主义方向的原则，对于指导高校教育活动、确保教育质量、培养合格的社会主义建设者和接班人，具有极其重要的意义。这一原则的实施有助于高校在快速变化的社会环境中保持正确的教育方向，为国家的发展培养出更多有用的人才。

---

① 杨道建. 新时代高校"三全育人"理论与实践 [M]. 镇江：江苏大学出版社，2021：32.

（一）教育方向的坚定性

坚持党的领导和社会主义方向的原则在高校教育方向的确定上具有决定性作用。这一原则要求高校在制定教育目标时，必须将社会主义现代化建设作为培养目标的核心。在学科发展规划上，高校需要根据国家发展战略和社会需求来调整学科设置和研究方向，确保学科发展既具有前瞻性又符合社会主义建设的需要。高校在设计课程内容和教学方法时，应紧密联系国家的政策导向和发展需求。这意味着课程内容不仅要涵盖必要的专业知识，还要包含促进学生全面发展的思想政治教育和社会实践。高校应将社会主义核心价值观和国家发展战略融入教学内容，使学生能够在学习过程中深刻理解和实践社会主义核心价值观。

（二）教学内容与方法的合理规划

在教学内容与方法的规划上，高校必须确保课程内容不仅符合学术要求，还要反映社会主义核心价值观和中国特色社会主义理论。这要求教学内容不应局限于传统的理论讲授，还应包括对当前社会热点问题的分析和讨论，让学生能够将理论与实践相结合，增强理论的现实意义。在教学方法上，高校应采用更加灵活多样的教学手段，如案例分析、小组讨论、角色扮演、模拟实验、实地考察等。这些教学方法能够激发学生的学习兴趣，提高他们的参与度和思考能力。特别是在处理涉及社会主义核心价值观和中国特色社会主义理论的复杂问题时，多元化的教学方法可以帮助学生更深入地理解和掌握这些理论。高校还应重视教学内容与实际社会问题的结合。通过将理论知识与现实社会问题相结合，教学内容会更加具有时代意义和现实针对性。学生通过学习，不仅能够掌握专业知识，还能够培养解决实际问题的能力，为未来的社会生活和职业发展打下坚实的基础。

（三）学术研究的正确导向

在高校思想政治工作中，确保学术研究的正确导向是至关重要的，一方面涉及高校如何在学术自由与社会主义方向之间找到平衡点，另一方面则关乎如何让学术研究服务于国家发展和社会进步。

高校在开展学术研究时，需重视研究方向的选择和研究主题的设置。研究工作应与国家的重大战略需求紧密相连，关注国家发展中的关键问题和前沿科技。这样的研究不仅可以增进学术领域的知识和理论，还能为国家的科技进步和社会发展提供有力支持。高校的学术研究还应注重实事求是的原则，保证研究工作的客观性和科学性。在研究方法上，学术研究应鼓励创新思维和跨学科研究，以取得更深入的理解和更全面的结论。学术研究还应秉持道德和责任，确保研究活动的伦理性和社会责任感。

（四）校园文化建设的社会主义导向

校园文化建设在高校思想政治工作中占有重要地位，不仅能够影响学生的思想观念和行为方式，还能够塑造学校的整体形象和精神风貌。在校园文化建设中坚持社会主义导向，是构建健康、积极、向上的校园环境的基础。高校应通过多种形式的文化活动传播社会主义核心价值观，如举办讲座、展览、文艺演出、主题教育等。这些活动不仅能够丰富学生的校园生活，还能加深他们对社会主义核心价值观的理解和认同。高校应在日常管理和服务中融入社会主义核心价值观，如在学生宿舍管理、校园服务等方面体现公平、公正、友善和诚信等价值导向。通过这些日常实践，学生能够在生活中不断体验和实践这些价值观。高校还应利用现代技术手段（如网络平台和社交媒体）来传播积极向上的校园文化和价值理念。这些平台不仅能够扩大文化活动的影响力，还能增强学生的参与感和归属感。

三、坚持以学生为中心的原则

在高校思想政治工作中，坚持以学生为中心的原则是指在教育和管理活动中始终将学生的发展放在首位，致力于满足学生的个性化需求，促进其全面发展，并激发他们的创造潜能。这一原则的核心是认识到每个学生都是独立的个体，拥有不同的背景、兴趣和潜能，教育应当适应他们多样化的需求，而不是一刀切地对待所有学生。

在教学内容上，坚持以学生为中心的原则意味着高校应当提供丰富多样的课程选择，满足学生在不同学科领域的学习需求。教育内容不仅需要涵盖专业知识，还应包括批判性思维、创新能力、社会责任感等方面的培养。教育应重视学生的实践能力培养，通过实验、实习、社会实践等活动，让学生将所学知识应用于实际情境，增强他们解决实际问题的能力。

在教学方法上，这一原则鼓励采用更加灵活、互动的教学方式，如讨论式教学、案例教学、协作学习等。这些方法能够提高学生的参与度和学习兴趣，使他们在学习过程中更加主动和积极。教师的角色从传统的知识传授者转变为引导者和协助者，需要更多地关注学生的学习过程，引导他们自主探索和思考。

在学生服务方面，坚持以学生为中心的原则要求高校提供全面、贴心的学生服务（包括心理咨询、职业规划指导、学习辅导等），帮助学生解决学习和生活中遇到的困难。这些服务应当针对不同学生的具体需求进行个性化设计，确保能够有效地支持学生的成长和发展。

在校园文化建设方面，这一原则强调创造一个包容、开放的校园环境，鼓励学生表达自己的观点，发展自己的兴趣和特长。高校应举办各种文化、艺术、体育活动，为学生提供展示自我、发展兴趣的平台。高校还应积极倡导尊重多样性的文化，培养学生的国际视野和跨文化交流能力。

四、全面、系统、协调发展的原则

高校思想政治工作的全面性、系统性和协调性对于确保教育活动的有效性和学生全面发展至关重要。这一原则的实施有助于构建一个更加完善、有效的高校思想政治教育体系，促进学生的全面发展，为社会培养出更多优秀的社会主义建设者和接班人。因此，高校应当深入理解和贯彻这一原则，不断完善和优化思想政治工作，以适应社会发展的需求，为国家的发展培养更多有用的人才。

全面性方面，高校思想政治工作应覆盖学生的道德、知识、文化、身心等各个方面。这意味着思想政治工作不应局限于传授政治理论知识，还应包括对学生全人格的培养，如法律教育、心理健康教育、职业道德教育等。这种全面性的教育有助于学生形成更为完整和均衡的个人素质。

系统性方面，高校思想政治工作应构建一个连贯的教育体系，使不同课程和活动之间形成有效的联系。这不仅要求课程内容之间能够相互衔接，还要求不同教育活动之间能够相互支持、相互促进。例如，课堂教学、实践活动、社团活动等应该相互结合，共同构成一个有机的整体，使学生能够在不同的活动中获得连贯且深入的学习体验。

协调性方面，高校思想政治工作要求不同教育环节之间以及思想政治教育与学校的其他方面工作之间要相互协调。这意味着思想政治工作不应与学生的专业学习、个人发展和学校的整体发展相脱节，而应成为高校教育系统的有机组成部分。例如，在学科教学中融入思想政治教育元素，或者在学生社团活动中加强思想政治教育的内容，可以使思想政治教育与学生的日常学习和活动更加协调一致。

全面、系统、协调发展的原则还强调了高校思想政治工作的连续性和长期性。这意味着高校在进行思想政治工作时，需要一个长远的规划，将思想政治工作作为学生从入学到毕业的整个过程中的重要组成部分，而不是某个阶段的临时任务。

五、实事求是、与时俱进的原则

实事求是、与时俱进的原则对于高校思想政治工作的重要性不言而喻。它要求高校在开展思想政治教育时，既要保证客观真实，又要紧跟时代发展的步伐，灵活应对新情况、新问题。这一原则的实施对于确保高校思想政治工作的有效性、时效性和前瞻性至关重要。

实事求是作为中国特色社会主义的重要思想路线，要求高校在进行思想政治工作时，必须基于事实，尊重客观规律。教学内容的选择和设计应当贴近实际，反映社会现实和时代特征。例如，在思想政治理论课中，教师除了需要传授基础理论知识，还应结合当前的社会实践和国家发展战略，使学生能够理解理论与实际相结合的重要性。这种贴近实际的教学内容更容易引起学生的兴趣和共鸣，提高教学效果。实事求是还要求高校在学术研究上坚持客观真实、科学严谨的态度。无论是在自然科学还是社会科学领域，高校的研究工作都应以事实为基础，以真理为导向。通过鼓励教师和学生开展创新性研究，高校可以为社会发展和国家建设提供科学的理论支撑和实际的技术支持。

与时俱进要求高校的思想政治工作要适应时代发展的需求，不断更新教育内容和教学方法，以适应社会变革和科技进步带来的新挑战。在信息化和经济全球化日益加深的今天，高校思想政治工作应积极利用网络、多媒体等现代技术手段，创新教育形式和方法，提高教育的吸引力和影响力。例如，高校可以利用网络平台进行思想政治教育，开设网络课程、建立在线讨论平台，使学生能够在更加灵活多样的环境中学习和交流；高校还可以通过社交媒体等新媒体渠道，及时传播正能量，引导学生形成正确的价值观念。在教育内容上，与时俱进还意味着高校需要关注国内外发展动态，及时将国家发展战略、世界科技前沿、社会热点问题等纳入教学内容。这种方式不仅能够增强学生的时代感和紧迫感，还能够提升他们的国际视野和全球竞争力。

实事求是、与时俱进的原则要求高校在人才培养上应具有前瞻性。这意味着高校的教育不仅要满足当前的社会需求，还要预见未来的发展趋势，培养能够适应未来社会的人才。这要求高校在培养方案的设计上既要注重学生的基础知识和专业技能的培养，又要重视学生的创新能力、批判性思维能力和终身学习能力的培养。实事求是、与时俱进的原则还要求高校在管理和服务上不断创新，提高教育质量和效率。高校可以通过优化管理流程、改善学生服务、加强校园基础设施建设等，为学生提供一个更加便利、舒适的学习和生活环境。

第四节　高校思想政治工作的主要特点

高校思想政治工作具有一些鲜明的特点，如图 1-5 所示，这些特点在高等教育体系中具有独特地位和作用。了解这些特点有助于更好地理解和开展高校的思想政治工作。

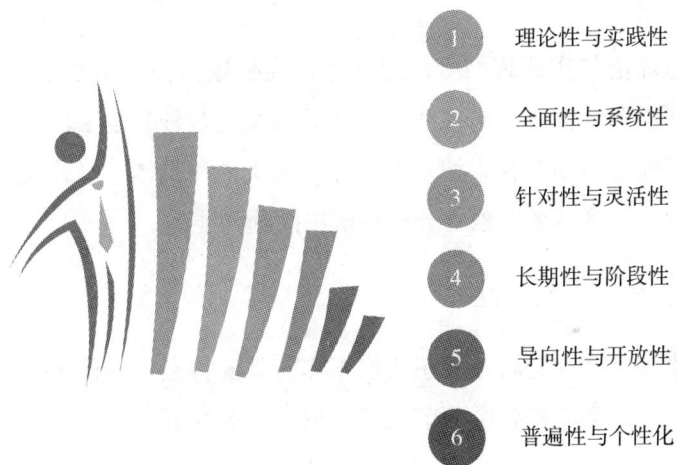

1　理论性与实践性

2　全面性与系统性

3　针对性与灵活性

4　长期性与阶段性

5　导向性与开放性

6　普遍性与个性化

图 1-5　高校思想政治工作的特点

一、理论性与实践性

理论性与实践性相结合这一特点不仅体现了高校思想政治工作的深度和广度，还反映了高等教育适应时代需求的能力。通过这种结合，高校能够培养出既有坚实理论基础又具备实际应用能力的人才，为社会主义现代化建设贡献力量。

理论性的重要性在于它为学生提供了理解世界和社会的基本框架。通过学习马克思主义基本原理、中国特色社会主义理论、近现代中国历史等，学生能够建立起正确的世界观、人生观和价值观。这种理论学习不仅能够帮助学生把握社会发展的规律，还能使他们深入理解国家的发展方向和战略目标。然而，仅有理论而缺乏实践的教育是不全面的。因此，高校思想政治工作强调将理论与实践相结合。这意味着教育不应只停留在传授抽象理论的层面，还要注重理论知识在现实生活中的应用。例如，高校可以组织学生参与社会调研、社区服务、志愿活动等，使学生在实际活动中体验和实践所学理论。实践活动还提供了一个平台，使学生在面对具体问题时能够运用理论进行分析和解决问题。通过实践活动，学生不仅能够更深入地理解理论，还能培养解决实际问题的能力，这对他们未来的职业生涯和社会生活具有重要意义。

在实施理论与实践相结合的过程中，高校还需注意方法的创新。例如，高校可以利用案例教学、模拟演练、课题研究等多种教学手段，将理论知识与学生的实际经验相结合，使理论学习更加生动和具体。高校应鼓励学生进行批判性思考，培养他们独立分析和解决问题的能力。

二、全面性与系统性

全面性与系统性是高校思想政治工作的重要特点，确保了教育活动既能覆盖各个方面，又能在各个环节之间形成有效的联系。这种全面且系统的思想政治教育有助于学生形成完整的知识体系和价值观念，为他们的全面发展和未来的社会生活打下坚实的基础。因此，高校在实施思想政治工作时，应深入理解和寻从全面性与系统性特点，不断创新教育内容和方法，以适应时代发展的需求。

全面性体现在高校思想政治工作覆盖了学生的知识、道德、心理、社会实践等多个层面，不仅包括马克思主义基本原理、中国特色社会主义理论、民族精神和时代精神等，还涉及法制教育、职业道德教育、环境保护教育等。通过这种全面的教育内容，高校能够培养学生成为德、智、体、美、劳全面发展的社会主义建设者和接班人。全面性还意味着思想政治工作要关注学生的个性化需求和差异化发展。每位学生都有独特的背景、兴趣和潜力，高校应提供多样化的课程和活动，满足不同学生的发展需求。例如，除了基础的思想政治课程，高校还应设置针对特定群体的专题讲座和讨论会，关注学生的多元化和个性化发展。

系统性则体现在高校思想政治工作的各个环节和内容之间形成了有效的联系和有序的结构。这意味着思想政治工作不是孤立的，而是一个相互关联、相互支持的系统。高校需要建立一个系统的思想政治教育框架，使不同课程和活动之间相互衔接，共同构成一个完整的教育体系。例如，课堂教学、实践活动、社团组织和校外活动等不同形式的教育活动应相互配合，共同促进学生的全面发展，其中课堂教学能够为学生提供理论基础，实践活动能够让学生将理论知识应用于现实生活中，社团组织和校外活动则可以培养学生的团队协作能力和社会责任感。在实施系统性思想政治工作时，高校还应注重各个教育环节的连贯性和一致性。这意味着从学生入学到毕业的每个阶段，都应有相应的思想政治教育计划和内容。高校还应不断评估和调整思想政治工作的内容和方法，确保教育活动始终符合学生发展的实际需求和社会发展的时代要求。

三、针对性与灵活性

针对性与灵活性是高校思想政治工作的另一个重要特点，体现了这一工作的个性化和适应性。在当代社会，学生群体具有多样化的特点，他们的思想观念、生活背景、学习需求各不相同。因此，高校思想政治工作需精准地识别并满足这些多样化的需求，具备足够的灵活性，以适应快速变化的社会环境和学生需求。

针对性要求高校在开展思想政治工作时，能够深入了解不同学生的具体情况，包括他们的思想状态、学习背景、兴趣爱好和发展需求。基于这些了解，高校应制定更加个性化的教育计划和活动，以确保教育内容对学生具有实际意义。例如，对于理工科学生，高校可以通过科技创新、科学精神等方面的教育，强化他们的专业道德和社会责任感；对于文科学生，则可以更多地引入人文社会科学的知识，促进他们对社会问题的深入思考。高校还可以针对不同学生的兴趣和特长，提供多样化的课外活动和学术讲座，满足他们的个性化需求。

灵活性则体现在高校思想政治工作中对时代变化的快速响应和教育方式的创新上。在面对社会环境、科技进步以及学生思想观念的快速变化时，高校需要不断调整和更新教育内容，采用更加灵活多样的教育方法。随着网络和新媒体的广泛应用，高校可以利用这些现代技术手段进行思想政治工作。例如，通过在线课程、社交媒体平台和互动软件，高校可以提供更加灵活便捷的学习方式，增强思想政治教育的吸引力和互动性。高校还可以根据社会热点事件及时调整教育内容，使思想政治教育更加紧贴时代脉搏，提高其时效性和针对性。高校思想政治工作的灵活性还体现在对学生多元化需求的有效应对上。面对不同学生群体，高校需根据他们的特点和需求，灵活调整教育策略和方法。例如，对于来自不同地区、不同文化背景的学生，高校应采用更加包容和多元化的教育方式，尊重他们的文化差异，促进校园文化的多样性和包容性。高校还应关注学生的心理健康和身心发展，提供相应的支持和服务。通过心理咨询、健康教育、职业生涯规划等服务，高校可以更好地满足学生的个性化需求，帮助他们在学习和生活中保持良好的状态。

四、长期性与阶段性

长期性与阶段性特点说明高校思想政治工作不是短暂或偶发的活动，而是一个贯穿学生整个大学生活的持续过程。这一特点强调了高校思想政治工作需要根据学生在不同学习阶段的特定需求和特点进行适当调整。

长期性意味着高校思想政治工作是一个连续的过程，需要从学生入学之初一直持续到毕业。这种长期的教育过程有利于学生逐渐构建和巩固正确的世界观、人生观和价值观。通过持续不断的思想政治教育，学生能够在不断的学习和实践中深化对社会主义核心价值观和中国特色社会主义理论的理解。在这一长期过程中，高校需要通过各种方式不断强化教育内容，如定期的思想政治理论课程、主题教育、社会实践等。这些活动应贯穿于学生的大学生活，确保思想政治工作的持续性和深入性。

阶段性强调在这一持续过程中，高校需根据学生不同的发展阶段采取不同的教育策略和内容。例如，对于新入学的大一学生，工作重点可能是帮助他们树立正确的学习目标，适应大学生活；而对于即将毕业的学生，高校应更加关注他们职业道德、社会责任感的培养，以及如何将所学知识和技能应用于社会实践中。

为了有效地结合长期性与阶段性，高校需要不断监测和评估学生的发展状况，根据学生的反馈和需求调整教育计划。高校应鼓励教师和辅导员与学生建立持续的交流和沟通，以更好地了解和满足学生的个性化需求。

五、导向性与开放性

高校思想政治工作的导向性与开放性特点，旨在平衡教育的指导目标与学生思想的自由空间，体现了现代教育的先进理念和包容性。这一特点识别并尊重了学生的主体性和多样性，确保了高校教育活动能够在正确的价值导向下进行。

导向性是指高校思想政治工作需要明确其教育的价值取向和目标。这意味着高校不仅要传授知识，还要在教学和各类活动中传达社会主义核心价值观，引导学生形成正确的世界观、人生观和价值观。这种导向性能够帮助学生理解国家的发展方向、社会的基本规律以及个人的社会责任，从而培养他们成为有理想、有道德、有文化、有纪律的社会公民。导向性还体现在对学生进行正确的思想政治引导上，特别是在面对复杂的社会现象和多元的思想观点时，高校需通过坚持正确的政治方向和价值取向，确保学生能够在多元环境中坚守社会主义核心价值。

开放性则强调在进行思想政治教育时，高校应保持思想的开放性和包容性。这意味着高校应尊重学生的思想自由和言论自由，鼓励他们进行独立思考和批判性分析。高校应为学生提供一个开放的学习环境，允许他们探索不同的观点和思想，通过辩论、讨论等方式培养他们的批判性思维能力。开放性还体现在教育内容的多元化和国际化上。高校应引入国内外的先进知识和文化，使学生能够接触和理解不同的文化和价值观，从而拓宽视野，增强跨文化交流和国际竞争力。

在实践中，高校需在保持教育导向性的同时注重保持开放性，形成一种动态平衡。这意味着高校在引导学生树立正确的价值观的同时要给予他们足够的空间来探索和表达自己的思想。这种平衡对于培养学生的独立性、创新性和批判性思维至关重要。

六、普遍性与个性化

在高校思想政治工作中，普遍性与个性化的特点旨在实现思想政治教育对所有学生的普及，注重满足每个学生的个性化需求。这一特点是高等教育适应学生多样性和促进个体全面发展的重要体现。

普遍性意味着高校思想政治工作应覆盖所有学生，确保每位学生都能接受到基本的思想政治教育。这种普遍性的教育不仅是提升学生政治理论水平的需要，也是培养他们成为合格社会主义建设者和接班人的基础。普遍性教育涵盖了社会主义核心价值观的传授、国家法律法规的普及、道德规范的培养等多个方面。在实施普遍性教育时，高校需要确保内容的全面性和基础性，使所有学生都能够获得均衡的思想政治教育。通过大型讲座、必修课程、主题教育等形式，普遍性教育能够不断强化学生对社会主义核心价值观和国家政策的理解与认同。

个性化则强调在普遍性的基础上，高校应关注学生的个性差异，提供符合其兴趣、特长和发展需求的教育内容和方式。例如，高校可以提供多样化的选修课程、研讨会、工作坊等，让学生根据自己的兴趣和职业规划选择合适的学习内容。通过个性化的辅导和咨询服务，高校可以帮助学生解决学习过程中的个性化问题，促进他们的个人发展。个性化教育还包括对学生进行职业生涯规划的指导、心理健康教育的提供以及根据学生的特点和需求进行的个性化实践活动设计。这种针对性的教育有助于学生发挥自身潜力，实现个性化发展。

在实际操作中，高校应寻求普遍性与个性化之间的平衡，确保每位学生都能接受到基本的思想政治教育，获得满足其个性化需求的教育资源和支持。这一平衡的实现需要高校在课程设计、教学方法、学生服务等方面进行创新和优化。

第五节　高校思想政治工作的意义

新时代背景下，高校思想政治工作显得尤为重要。这一工作不仅紧密适应社会发展的新需求，还致力在年轻一代中弘扬党的优良传统和现代作风。新时代高校思想政治工作是一项系统工程，具有鲜明的时代性、继承性、实践性和创新性，高校要进一步提升思想政治工作的时代性、创新性和实效性，努力实现以文化人、以文育人，不断增强高校思想政治工作的吸引力和感染力，创新思想政治工作方式，提高学生对思想政治工作的兴趣，通过各种活动形式来开展新形势下的思想政治工作，为社会输送全面发展的高素质人才。[①]

一、弘扬党的优良传统和作风

思想政治工作对于任何一个国家或任何一个政党，都是十分重要的工作之一，这项工作的好坏会直接影响到这个国家或政党的好坏。[②] 在新时代背景下，高校思想政治工作在弘扬党的优良传统和作风工作中扮演着重要角色。这不仅因为高校思想政治工作构成了党的历史和文化的核心，还因为高校思想政治工作对于塑造年轻一代，尤其是大学生的世界观、人生观和价值观，具有不可替代的作用。弘扬党的优良传统和作风意味着在高校中深入传播和实践党的理论和路线，包括对马克思主义基本原理的学习、对中国特色

---

① 沈魁. 新时代思想政治工作创新研究 [J]. 现代商贸工业，2023，44（22）：207-209.

② 黄快林. 新时代高校思想政治工作问题研究 [M]. 北京：中国社会出版社，2021：2.

社会主义的深入理解以及对党的历史（特别是改革开放以来的伟大成就）的认识。通过这样的学习和实践，学生能够更好地理解国家的发展方向和自己的责任。

就个人来说，行动的一切动力，都一定要通过他的头脑，一定要转变为他的愿望的动机，才能使他行动起来。① 思想塑造行为，且人的思想可被有效地引领。历史经验反复证明，一个具有先进性的党组织必须拥有先进的思想引领。正是由于中国共产党坚持了先进、科学的指导思想，符合时代发展的规律，才最终取得了革命的成功。历史上，中国的其他革命运动多因思想上的局限而未能取得最终胜利。例如，太平天国运动作为一场农民起义，未能摆脱封建思想的限制；而近代的资产阶级革命受限于民族资产阶级的软弱性质，也未能将革命进行到底，注定了其失败的结局。相比之下，中国共产党采纳了马克思主义思想，通过不断地实践和发展，结合中国的实际国情，最终实现了中国的解放，摆脱了贫穷和落后，建立了中华人民共和国。这一过程凸显了思想政治工作的重要性和必要性。没有明确的指导思想的政党无法成立或维持组织。因此，思想政治工作是党生存和发展的关键传统，在任何时候都不应被忽视。

加强民族团结对于社会主义民族关系来说是一项基础且核心的要求，也是中国共产党和国家力争实现的目标。在社会主义社会，各民族间的团结建立在中国共产党的领导、党的团结核心、社会主义制度及祖国统一的基础之上。民族团结和国家繁荣是政治形势的主流，但社会上仍存在一些不稳定的因素。在新的历史时期，我们需要通过强化思想政治工作来解决矛盾，实现全民族的大团结，从而构建一个活泼、团结、稳定的政治环境。我们需要积极推广爱国主义、集体主义和社会主义的思想，将先进性与广泛性相结合，通过共产主义的高尚理想巩固工人阶级的先锋队伍，以中国特色社会主义的共同理想凝聚全国人民。这样的思想和政治上的团结，为经济和其他各项工作提供了安定团结的社会环境和坚实的思想基础。这种民族凝聚力与经济实力、国防实力相结合，共同构成了国家的综合国力。

---

① 马克思，恩格斯.马克思恩格斯选集：第4卷[M].北京：人民出版社，1995：247.

二、促进学生的全面发展

高校对大学生的思想政治教育工作，必须服务于党的理想追求和奋斗目标，服务于国家发展的育人要求和人才需求。[①] 高校思想政治工作不仅有助于学生个人品质的塑造，还能对学生未来的职业发展和社会贡献产生重要影响。因此，高校应继续加强和创新思想政治工作，为培养更多全面发展的人才提供坚实基础。

高校作为人才培养的主要阵地，肩负着培养具有良好道德品质、健全人格的社会主义建设者和接班人的重任。在这个过程中，思想政治工作发挥着十分重要的作用。通过深入的思想政治教育，学生不仅能够建立起正确的世界观、人生观和价值观，还能够增强社会责任感和历史使命感。

高校思想政治工作可通过多种途径促进学生的全面发展。在课堂教学中，思想政治理论课程不仅能够传授理论知识，还能引导学生进行深入思考和探讨，帮助他们理解和掌握马克思主义基本原理，了解中国特色社会主义道路、理论体系和文化。通过这些课程，学生能够深入理解国家发展战略，明确自己的人生目标。除了课堂教学，高校还可通过各种活动（如主题教育、志愿服务等）培养学生的实践能力和社会责任感，这些活动不仅加深了学生对理论知识的理解，还提高了他们的社会实践能力，使他们在参与社会实践的过程中能够增强团队协作能力和问题解决能力。高校思想政治工作还注重培养学生的创新意识和批判性思维。高校可通过鼓励学生参与科研活动、创新竞赛等，激发他们的创新潜能，培养他们的独立思考能力和解决复杂问题的能力。这种培养模式不仅有助于学生在学术领域取得成就，还有助于他们在未来的职业生涯中表现出色。

在快速变化的社会环境中，学生面临着各种压力和挑战。高校可通过提供心理健康教育和咨询服务，帮助学生有效应对学习和生活中的困难，促进其心理健康。高校需要在进行思想政治教育的具体过程中，关注和了解大学生的心理健康状况，通过开设心理健康教育的相关课程，举办心理咨询、心

---

① 　王伟辰. 贫困大学生群体现状及扶助策略 [M]. 北京：中国戏剧出版社，2021：97.

理健康知识讲座等活动，不断提高大学生的心理健康素质，完善大学生心理问题干预和应急机制；要加强对学生的人文关怀，及时发现并解决大学生日常生活中的情感问题，提高大学生的抗挫折能力以及心理适应能力。[①] 高校思想政治工作还应积极培养学生的国际视野。在经济全球化日益加深的背景下，高校可通过国际交流、国际问题研究等方式，帮助学生了解世界、拓宽视野，培养他们的国际竞争力。在实践中，高校思想政治工作还应注重与时俱进，不断创新方法和内容，以适应新时代的要求。高校可通过运用现代信息技术（如网络课程、互动平台等），使思想政治教育更加生动，更加贴近学生的实际。高校思想政治教育应以大学生喜闻乐见的形式出现，着力开发大学生善于学习、敢于创新的能力，通过主体性的充分发挥，促进大学生的全面发展。[②]

三、促进高校教育事业的繁荣发展

高校思想政治工作在促进高校教育事业的繁荣发展中发挥着多方面的作用，不仅提升了教学的质量和水平，还加强了科学研究的实力，促进了社会服务的效果，并推动了国际交流与合作。通过这些方面的综合作用，高校思想政治工作为高等教育事业的繁荣发展提供了支持和保障。

高校作为知识、思想和文化的传播中心，肩负着培养合格社会主义建设者和接班人的重要使命。在这个过程中，思想政治工作不仅关注学生的个人发展，还关注高校整体教育环境的建设，包括营造良好的学术氛围、提升教学质量和研究水平、加强师资队伍建设等方面。一个积极向上、健康的校园文化是高校教育事业繁荣发展的基础。思想政治工作通过强化正面的价值观念、鼓励学术诚信、培养社会责任感，为学生和教师创造了一个有利于学习和研究的环境。这样的环境有助于激发学生的学习热情和创新精神，也有助

---

① 潘子松.创新创业教育与高校思政教育的融合研究 [M].北京：北京工业大学出版社，2020：59.

② 李芳.读·讲·行：青年大学生思想政治教育的创新实践 [M].北京：研究出版社，2022：68.

于教师在教学和研究中发挥更大的潜能。在提升教学质量方面，思想政治工作促进了教学方法的革新和课程内容的优化。思想政治工作不仅包括传统的课堂教学，还包括实践教学、在线教育等多种教学形式。通过这些方式，高校能够更好地适应时代发展的需求，培养出更加全面、更能适应社会发展的高素质人才。科学研究是高校教育事业繁荣发展的重要组成部分。思想政治工作通过强化科研伦理、鼓励创新思维、支持跨学科研究，为科学研究创造了良好的环境。这不仅提升了高校的学术地位，还对社会和经济发展做出了重要贡献。

除此之外，思想政治工作还加强了高校与社会的联系。通过社会服务、志愿活动等形式，高校不仅能够培养学生的实践能力和社会责任感，还能够将学术研究成果转化为社会服务，从而更好地服务于社会发展。国际交流与合作也是高校教育事业繁荣发展的重要方面。思想政治工作通过增强学生和教师的国际意识、拓展国际交流渠道，提升了高校的国际化水平。这种国际化不仅有助于提升高校的全球影响力，还为师生提供了更广阔的学习和研究视野。

四、促进社会主义核心价值观的传播和实践

高校思想政治工作在促进社会主义核心价值观的传播和实践中发挥了重要作用。通过多元化的教学方法、丰富的实践活动和广泛的交流合作，高校不仅能够帮助学生深入理解和认同这些价值观，还能够促进社会主义核心价值观在更广泛领域的传播和实践。这些工作对于培养具有社会责任感和国际视野的优秀人才、构建和谐社会以及推动中国特色社会主义事业的发展具有深远的意义。

高校是社会主义核心价值观教育的重要阵地。社会主义核心价值观包括富强、民主、文明、和谐，自由、平等、公正、法治，爱国、敬业、诚信、友善，它们是构建社会主义现代化国家的精神支柱。高校通过将这些价值观融入课程教学、学生活动和校园文化中，确保了学生从入学到毕业都能在不同场景中接受这些价值观的熏陶。在课程设置上，高校可将社会主义核心价

值观融入人文社会科学和自然科学等各类课程中。通过案例分析、课堂讨论和实践活动，教师可引导学生理解和反思这些价值观在当代中国社会发展中的应用和意义。这种跨学科的融合不仅加深了学生对专业知识的理解，还增强了他们对社会主义核心价值观的认同。

高校可通过丰富多样的课外活动和社会实践，鼓励学生将社会主义核心价值观运用于实际生活中。例如，通过志愿服务活动、社区服务和国家建设项目，学生有机会将爱国、敬业、诚信和友善等价值观付诸行动。这些活动不仅能够提升学生的社会责任感和服务意识，还能使他们在服务中成长和进步。在教师队伍建设方面，高校应注重提高教师的思想政治素质和教学能力。教师作为价值观教育的主要承载者，他们的言行会对学生产生深远影响。因此，高校应组织教师参与专业培训，不断提升教师的理论水平和教育技巧，确保他们能够在教学过程中有效传播社会主义核心价值观。

高校思想政治工作还应关注国际视野的拓展。在经济全球化背景下，高校可通过国际交流和合作项目，让学生和教师有机会向世界展示中国的发展成就和社会主义核心价值观。这种国际交流不仅提升了学生的全球视野，还增强了外界对中国价值观和发展道路的理解和认可。高校还可利用数字化和网络化的优势，通过在线教育平台、社交媒体和网络论坛等方式，拓宽社会主义核心价值观教育的渠道。这些平台不仅方便了学生随时随地接受教育，还使价值观教育的内容更加生动和具有互动性，增强了教育的吸引力和影响力。

第六节　高校思想政治工作的目标体系构建

高校思想政治工作的目标体系构建是一个动态和多维的过程。这个过程不仅要求目标明确且具体，还要求教育工作者对不同学生群体的需求保持敏感，并根据评估结果灵活调整教学策略。通过这样的目标体系，高校可以更有效地开展思想政治工作，为学生提供一个全面、有意义的学习体验。

一、目标设定的原则

在高校思想政治工作中，目标设定是一个至关重要的过程，涉及教育的方向、重点和期望成果。一个明确和合理的目标体系不仅能指导教育活动的具体实施，还能确保教育工作的有效性和针对性。具体来说，高校思想政治工作的目标设定应该遵循以下原则（图1-6）。

兼顾现实与理想的平衡

符合教育使命和愿景

明确、具体且可衡量

灵活性与适应性

图 1-6　高校思想政治工作目标设定的原则

（一）兼顾现实与理想的平衡

在高校思想政治工作中，目标的设定需要在理想与现实之间找到平衡点。这种平衡至关重要，因为它不仅激发了学生的学习动机，还影响了他们的成就感和满足感。

理想层面的目标应具有激励性，能够激励学生追求卓越和个人发展。例如，目标可能是培养学生成为具有社会责任感和批判性思维的公民，这样的目标鼓励学生超越课堂学习，积极参与社会活动，探索和解决真实世界的问题。然而，目标设定如果过于理想化，超出学生的能力范围或教育资源的现实条件，可能会使学生感到沮丧和挫败。因此，现实层面的目标应考虑学生的起点、能力和学习环境。例如，目标可以是确保每个学生都能理解和讨论基本的政治概念和理论，从而为更高层次的学习奠定基础。兼顾现实与理想的平衡要求教师既有远见，又脚踏实地。他们既要了解学生的个体差异、学习动力和背景，也要关注教育资源的可用性和局限性。通过这种平衡，教师可以创造一个既有挑战又能支持学生学习的环境，促进学生的全面发展。

（二）符合教育使命和愿景

高校思想政治工作的目标设定必须与学校的教育使命和愿景紧密相连。这确保了教育活动不仅符合学校的总体目标，还能反映学校的核心价值观和长期规划。目标设定还应反映高校对社会责任和公民意识的重视。这意味着，除了追求学术成就，目标还应包括培养学生的社会责任感和积极公民身份。例如，目标可能包括鼓励学生参与社区服务活动，以及在课程中讨论和解决社会问题。通过将目标与教育使命和愿景相结合，高校能够确保其思想政治工作不仅与时代脉搏同步，还能反映出学校的独特身份和价值。这样的目标设定有助于激发学生和教职员工的归属感和参与感，为学校的长期发展提供稳固的基础。

（三）明确、具体且可衡量

在高校思想政治工作中，设定明确、具体且可衡量的目标是至关重要的。这种目标设定方式不仅有助于精准地指导教学和活动的规划，还能使成效的评估变得可行。

明确和具体的目标意味着每个目标都应清楚地界定其预期的成果。例如，高校不应只是将目标简单地设定为"提高学生的批判性思维能力"，而是要设定具体可操作的目标，如"学生能够在讨论中独立分析至少两种不同的政治理论，并能提出自己的见解"。这种具体化的目标设定能够让学生和教师都明白期望的具体内容，以及如何达到这些预期的结果。可衡量性是有效目标设定的另一关键方面，这意味着目标的达成情况应该能够通过一些量化的指标来评估。例如，高校可以通过问卷调查、考试、作品展示或其他形式的反馈来衡量学生对某一政治概念的理解程度。通过这些量化的数据，教师和管理者可以客观地评估教学方法的有效性，并根据结果进行必要的调整。

（四）灵活性与适应性

灵活性与适应性是高校思想政治工作目标设定中不可或缺的原则。随着社会的发展、技术的进步和学生需求的变化，教育目标也需要相应地进行调整和更新。灵活性意味着教育目标可以根据新的社会趋势、技术革新或教育理念的变化进行适时调整。例如，随着数字媒体和社交网络在学生生活中的普及，高校可能需要将数字素养和网络伦理纳入思想政治教育的目标中。这种调整能够确保教育内容与学生的现实生活紧密相关，反映社会的最新发展。适应性强调的是对学生多样性的响应。不同的学生有着不同的背景、兴趣和学习方式。因此，目标设定需要考虑到这些差异，为不同的学生群体设定不同的学习目标或采用不同的教学策略。例如，对于那些已经具有一定政治知识基础的学生，目标可以更加注重深入分析和批判性思维的培养；而对于初学者，目标可能更多地着重于基础知识的建立和理解。

二、长期目标与短期目标的协调

在高校思想政治工作中，长期目标与短期目标的协调是确保教育活动连贯性和有效性的关键。长期目标通常能够反映教育的愿景，而短期目标更多关注于即时的教学成果。通过这种协调，高校能够确保其教育活动既能满足学生当前的学习需求，又能为他们的未来发展奠定坚实的基础。

长期目标通常围绕学校的整体使命和愿景来设定，目的是引导学生的综合发展和终身学习。这些目标在时间上可能跨越整个教育周期，甚至延伸到学生毕业后的生活中。长期目标需要具有前瞻性和指导性，能够指引学生在未来的职业生涯和社会生活中应用所学的知识和技能。例如，长期目标可能包括培养学生的全球公民意识、提升学生对社会多元化的理解以及发展学生应对复杂社会问题的能力。短期目标则更具体、更直接，通常聚焦于单个学期或特定课程的教学活动。短期目标能够指导日常的教学计划和学习活动，确保学生逐步达成长期目标。短期目标应明确、具体且可执行，以便于教师在教学过程中进行有效的跟踪和评估。例如，短期目标可能包括让学生掌握特定的政治理论、完成某个社会实践项目或者参与特定的讨论和辩论活动。

协调长期目标和短期目标的关键在于确保两者之间存在逻辑联系和顺畅

的过渡。短期目标的实现应该为长期目标的达成奠定基础。在实践中，这可能意味着将短期教学活动和课程内容设计成达成长期目标的步骤或阶段。例如，初级课程的短期目标可能集中于基础知识的传授，为后续更高级别课程中涉及的复杂议题和批判性分析打下基础。教师需要不断回顾和评估短期目标与长期目标之间的关系，确保短期目标的实施在推动学生朝向长期发展目标方向上是有效的。在长期与短期目标的协调过程中，保持动态平衡是非常重要的，这意味着教师需要在必要时对目标进行调整，以应对教学过程中出现的新情况或挑战。教师应灵活调整教学策略和内容，以确保短期目标的实现能够有效支持长期目标的达成。教师还需要定期回顾长期目标，确保它们仍然符合学校的教育使命和学生的发展需求。

三、面向不同学生群体的目标差异化

在高校的思想政治工作中，面向不同学生群体的目标差异化（图 1-7）是实现个性化教育的关键。这种差异化考虑了学生的多元背景、不同需求和个性化的学习路径，旨在提供更具针对性和有效性的教育体验。

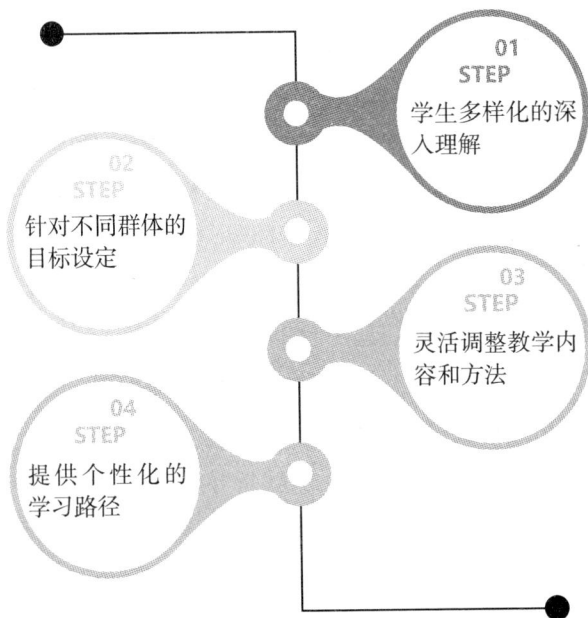

01 STEP 学生多样化的深入理解

02 STEP 针对不同群体的目标设定

03 STEP 灵活调整教学内容和方法

04 STEP 提供个性化的学习路径

图 1-7　面向不同学生群体的目标差异化

（一）学生多样性的深入理解

高校学生群体展现出丰富的多样性，这种多样性不仅体现在他们的文化、经济、地理和社会背景上，还深刻影响着他们对世界的认知和价值观。例如，来自不同地区的学生对同一政治事件的理解和态度可能截然不同，一个有着城市背景的学生可能对环境污染问题有更直接的认识，而有着农村背景的学生可能对农业政策有更深刻的见解。除了地理和社会背景，经济条件也在很大程度上塑造了学生的世界观。经济条件较好的学生可能对经济全球化和国际贸易有更多的关注，而经济条件较差的学生可能更关心社会福利和贫困问题。文化差异也不容忽视，不同文化背景的学生对于同样的社会现象可能有着截然不同的看法和理解。

为了充分理解这些多样性，高校需要采取主动措施来了解学生的背景和经历。这可以通过定期的学生调查、小组讨论或一对一的咨询会议来实现。了解学生的多样性对于制定有效的教育策略至关重要，因为只有真正理解了学生的背景和需求，才能提供最适合他们的教育内容和方法。

（二）针对不同群体的目标设定

不同的学生群体有着不同的需求和兴趣点，因此教育目标需要灵活多变，以适应这些差异。

对于理工科背景的学生，思想政治教育可以更多地关注科技与社会的互动，如探讨科技发展对社会的影响、科技伦理等。这些内容更能吸引这类学生的兴趣，使他们能够从自己的学术背景出发，深入理解和参与政治社会议题。

对于人文社科背景的学生，思想政治教育则可以通过深入探讨政治哲学、社会理论来满足他们对深层次理论探究的需求。这类学生通常对政治和社会的本质问题更感兴趣，因此提供深入的理论分析和批判性思考的机会对他们来说尤为重要。

高校还需要考虑到学生的个人兴趣和未来职业目标。为了满足这些个性化需求，高校可以提供一系列不同主题的选修课程，如国际关系、社会公正、环境政策等。这样的多样化课程选择能够鼓励学生根据自己的兴趣和职业规划进行学习，帮助他们构建更加全面的知识结构。

（三）灵活调整教学内容和方法

在高校思想政治教育中，根据不同学生群体灵活调整教学内容和方法至关重要。这种灵活性不仅体现在对学生多样化背景的适应上，还包括对学生不同学习风格和兴趣的响应。

学生的学习风格多种多样，有的学生可能更喜欢视觉和听觉的学习方式，有的则偏好动手实践。因此，教师需要设计多样化的教学活动（如结合视频、图表、案例研究以及小组讨论和模拟实践等），以满足不同学习风格的需求。不同学生的兴趣和专业背景也各不相同。例如，理工科学生可能更关注技术发展对社会的影响，而文科学生可能对政治理论和社会哲学更感兴趣。教师可以根据这些兴趣和背景，调整课程内容，使课程更加贴近学生的实际需求。除了传统的讲座和讨论，教师还可以采用角色扮演、辩论、在线论坛、项目式学习等多种教学方法。这些方法能够增加学生的参与度，提高他们对课程内容的兴趣和理解。在教学过程中，教师应鼓励学生提出问题和观点，并给予及时反馈。通过互动，学生可以更好地理解复杂的政治概念和理论，还能培养批判性思维和沟通能力。

（四）提供个性化的学习路径

个性化的学习路径是高校思想政治工作中满足学生个体差异的关键策略。通过为学生提供量身定制的学习方案，教育工作者可以更有效地满足学生的个人需求和兴趣，具体如下。

第一，个性化课程设计。高校可以提供多样化的课程选择（包括不同主题和难度的选修课程），使学生能够根据自己的兴趣和职业目标选择合适的课程。例如，对于对国际政治特别感兴趣的学生，高校可以开设国际关系和全球治理的课程。

第二，灵活的学习进度。考虑到学生的学习能力和时间安排的不同，教师可以为学生提供灵活的学习进度安排。这可以通过在线课程、自学材料和开放式课堂来实现。

第三，针对性的辅导和支持。高校应该为有特殊需求的学生提供额外的辅导和支持，如为非政治专业的学生提供基础政治概念的辅导，或为对特定议题感兴趣的学生提供深入研究的机会。

第四，鼓励自主学习和探索。教师应鼓励学生自主探索和学习，不仅要提供必要的资源和指导，还要给学生足够的自由，让他们根据自己的兴趣和节奏进行学习。

四、目标实现的评估和调整

在高校思想政治工作中，目标实现的评估和调整是一个复杂但至关重要的过程。这个过程确保了教育活动不仅符合初始设定的目标，还能够根据学生的反馈和学习成果进行必要的调整（包括对教学目标的持续监控、评估方法的科学实施、反馈的积极收集以及基于这些信息的策略调整），从而达到最佳的教育效果。评估是教育过程中不可或缺的部分，能够帮助教师了解教学目标实现的程度，识别存在的问题，并为未来的改进提供依据。有效的评估应全面涉及教学的各个方面，包括教学内容的适宜性、教学方法的有效性、学生的参与程度以及学习成果的质量。

为了全面评估教学效果，高校应采用多种评估方法。这些方法不仅包括传统的考试和作业成绩分析，还包括课堂参与度、学生反馈和项目表现等多方面的考量。高校通过问卷调查、讨论会和个别访谈等方式收集学生、教师和其他利益相关者的反馈，能够为教学改进提供更深入的指导意见。收集并分析反馈对于确保教育活动的有效性至关重要。这些反馈来自学生、教师以及其他教育参与者，提供了对教学实施的直接观察和感受。这些反馈信息不仅有助于评估教学内容和方法的适宜性，还可以指出学生在学习过程中遇到的具体困难和挑战。教师需要根据评估结果及时调整教学策略以提升教学质量，包括调整教学内容以更贴近学生的兴趣和需求、改进教学方法以提高教学效果或者提供更多的学习资源和支持。教师还应对教学目标进行重新审视，确保它们仍然与学校的教育使命和学生的实际需求相符合。

评估和调整是一个持续的过程，涉及定期的教学质量监控和持续的教学方法改进。高校应建立一个长期的质量保证机制，定期对教育目标、教学内容和方法进行评估，确保教育活动始终能够满足学生的需求并适应社会发展的趋势。在评估和调整过程中，利用现代技术工具可以提高效率和精确度。数字化评估工具可以快速收集和分析数据，在线平台则可以方便地收集和整理学生的反馈。教师的持续专业发展对于改进教学质量至关重要。参与培训、研讨会和教育研究不仅能够提升教师的教学技能，还能够帮助他们了解最新的教育理论和实践。教师之间的合作和经验分享也是持续改进教学方法的重要途径。

第七节　高校思想政治工作的现代转型

高校思想政治工作的现代转型需要紧跟时代发展步伐，通过理论更新、技术整合、教学方式创新、实践活动拓展以及国际视野培养，形成更加全面、深入和高效的思想政治教育体系。这些转型措施有助于培养学生的综合素养，使他们能够更好地适应未来社会的多元需求。

一、适应新时代背景的理论更新

在新时代背景下，高校思想政治工作的理论更新显得尤为重要。这种更新涉及对传统思想政治教育理论的深度审视，以及将新时代的特点、要求融入理论体系中，以更好地应对时代的挑战和学生的需求。新时代的主要特征包括技术革新的加速、经济全球化的深入、社会结构的变革以及价值观念的多元化。这些变化为高校思想政治工作带来了新的挑战。学生群体在这样的时代背景下，不仅面临着信息过载的问题，还需要在快速变化的社会中找到自己的定位。因此，更新思想政治教育理论，帮助学生建立适应新时代的世界观、价值观成为迫切需求。

理论更新的首要任务是将习近平新时代中国特色社会主义思想融入教育体系。这意味着高校不仅要传授经典的马克思主义理论，还要结合习近平新时代中国特色社会主义思想的最新发展，让学生理解这些理论在当代中国的实践和意义。理论更新还需关注经济全球化背景下的国际问题和跨文化交流。在国际关系日益紧密的背景下，学生需要理解中国与世界的关系，认识到中国发展的国际影响，以及如何在全球舞台上积极贡献和交流。理论更新还应包括对当前社会热点问题的关注，如生态文明、科技伦理、社会公正等，这些都是新时代学生必须面对的重要议题。对这些议题的讨论和分析可以提高学生的社会责任感和批判性思维能力。

二、数字化和信息化的整合

随着信息技术的飞速发展，数字化和信息化已成为高校思想政治工作现代化转型的关键方向。这一转型不仅体现在教学方法和内容的更新，还涉及如何利用现代信息技术来增强思想政治教育的效果和影响力。数字化和信息化的整合，是对传统教育模式的深刻变革，它要求教师不仅关注教育内容本身，还要关注教育的形式和途径。

在新时代背景下，数字化和信息化的整合首先体现在教育资源的数字化上，包括将传统的教材和教学资源转化为数字格式（如在线视频课程、电子书籍和互动式教学软件），使学生可以通过网络平台随时随地获取学习资源。这种资源的数字化不仅提高了教育资源的可及性，还能使学习过程更加灵活和个性化。数字化和信息化的整合还体现在教育方式的创新上。通过利用网络平台和社交媒体，思想政治教育可以实现更广泛的传播和交流。教师可以通过线上课堂、网络论坛和社交媒体与学生进行互动交流，这不仅增强了教学的互动性，还提供了及时反馈和个性化教学的可能性。通过大数据分析和人工智能（AI）技术，教师可以更准确地掌握学生的学习情况，为每个学生提供更加精准和有效的教学指导。

数字化和信息化的整合也带来了新的挑战。一方面，网络环境中信息的多样性和复杂性要求学生具备更强的信息甄别能力和批判性思维能力。另一方面，网络空间的开放性和虚拟性也对学生的网络素养和责任感提出了更高的要求。因此，高校在推进数字化和信息化的整合时，还需要加强对学生网络素养和信息伦理的教育，帮助他们在数字时代中健康成长。

三、互动性和参与性的强化

互动性与参与性的强化是高校思想政治工作现代转型的核心环节。通过创新教学方法、增强教学互动、鼓励学生主动学习和参与社会实践，高校可以有效提升思想政治教育的质量和效果。这种教育模式不仅有利于学生知识的深入理解和价值观的形成，还能培养他们适应新时代要求的综合能力。通过这样的现代转型，高校思想政治工作能够更好地适应新时代的教育需求，为培养全面发展的社会主义建设者和接班人提供坚实的基础。互动性和参与性的强化主要包括以下两个方面，如图 1-8 所示。

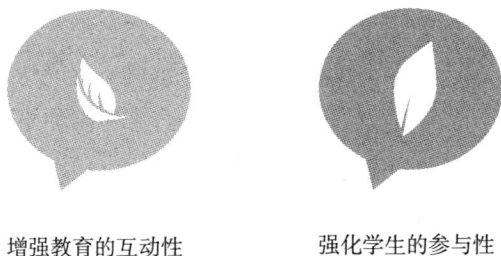

增强教育的互动性　　　　强化学生的参与性

图 1-8　互动性与参与性的强化

（一）增强教育的互动性

传统的课堂讲授需要与讨论、研讨、实验等互动式教学方法结合。通过小组讨论、翻转课堂、案例分析等方式，学生可以在课堂上积极发表自己的观点，与同学和教师进行深入交流。这种教学方式不仅能够提高学生的参与度，还有助于培养他们的批判性思维和创造性思维。信息技术的应用可以有效提高课堂的互动性。例如，利用在线投票系统、实时反馈软件和互动教学平台，教师可以及时了解学生的学习状态，调整教学策略；学生也可以通过这些平台更积极地参与课堂活动，提出问题和建议。在这种互动性增强的教学环境中，教师的角色由知识的传授者转变为引导者和协助者。教师需要根据学生的学习需求和兴趣，设计更加开放和灵活的教学活动，引导学生主动探索和学习。

（二）强化学生的参与性

高校思想政治教育应鼓励学生从被动接受知识转变为主动探索知识。通过研究性学习、项目式学习等方式，学生可以在教师的指导下自行选择研究主题，开展深入的调查和研究。这种学习方式能够激发学生的学习兴趣和探索欲，增强他们对知识的理解和应用能力。思想政治教育的内容应与社会实践紧密结合。通过参加社会调查、志愿服务、社区参与等活动，学生可以将所学知识应用于实际情境中，加深对社会现象和政治理论的理解。这些实践活动也有助于培养学生的社会责任感和公民意识。高校还应建立机制，鼓励学生自主参与思想政治教育的内容制定和活动组织。学生可以参与课程的设计、教学材料的制作、讲座和研讨会的策划等，这不仅能提高他们的参与度，还有助于培养他们的组织能力和领导能力。

四、理论与实践的结合

在高校思想政治工作的现代转型过程中，理论与实践的结合是实现教育目标的关键途径。这种综合不仅包括将抽象的政治理论与具体的社会实践相结合，还包括将理论教育与学生个人经历、当代社会现象和国际动态相融合，使思想政治教育更加生动、实际和有影响力。

在快速变化的社会和复杂多变的国际环境中，单纯的理论教育已无法满足学生对知识的需求和对现实的理解。理论与实践的结合能够帮助学生更好地理解和运用政治理论，增强他们的社会参与意识和能力。这种结合使学生能够在参与实际社会活动的过程中深化对理论的理解，增强对社会现象的洞察力，并且培养解决实际问题的能力。案例教学是理论与实践结合的有效方法。通过分析具体的社会事件、政治现象或历史案例，学生可以在具体情境中学习和运用政治理论。案例教学不仅能够提高学生对理论的兴趣，还能帮助他们培养分析和解决问题的能力。组织学生进行社会调查和实地考察，让他们直接接触社会现象和问题是理论与实践相结合的重要方式。通过这些活动，学生可以将理论知识与现实情况相结合，能够对社会问题有更深入的了解和思考。

通过模拟联合国、模拟法庭等活动，学生可以在模拟的政治或法律环境中运用所学的理论知识，这种活动既有趣味性也有实践性。角色扮演可以使学生从不同角度理解和分析问题，增强对政治理论和社会现象的多维理解。高校应鼓励学生进行课题研究和项目学习，特别是围绕当代社会和国际热点问题的研究。这些研究项目可以让学生深入探索特定主题，将理论知识与实际问题相结合，培养研究能力和批判性思维。参与志愿服务和社会实践活动可以使学生在服务社会的过程中理解和实践政治理论。这些活动不仅能够增强学生的社会责任感，还能让他们在实际环境中体验理论的实际应用。

理论与实践的结合是提高思想政治教育质量和效果的关键。这种结合使政治理论不再是抽象和遥远的，而是与学生的个人经历、社会生活和国际视野紧密相关。通过将理论与实践相结合，高校思想政治工作能够培养学生的综合素质，增强他们的社会参与意识和实践能力，使他们成为能够适应新时代要求的复合型人才。

五、跨文化和国际化视角的融入

在经济全球化深入发展的当代，高校思想政治工作的一个重要方向是融入跨文化和国际化的视角。这一转型不仅是对教育内容的扩展，还是对教育方式的创新，旨在培养学生的国际视野，增强他们对全球政治经济动态的理解，并提高在多元文化背景下的思考和应对能力。这种转型对于培养适应经济全球化时代要求的复合型人才具有重要意义。

在经济全球化背景下，各国之间的交流和合作日益加深，国际问题和事件对每个国家乃至每个个体都产生了深远影响。因此，高校思想政治教育需要跳出传统的国内视角，加入对全球政治经济动态、国际关系、跨文化交流等方面的考量。这种视角的融入不仅有助于学生理解不同国家和文化的政治体系、价值观念和社会习俗，还能培养学生的全球意识，增强他们在复杂多变的国际环境中的适应能力和应对能力。具体方法如下。

第一，全球政治经济动态的融入。高校可在教学内容中加入全球政治经济动态，如国际政治经济形势、经济全球化挑战、国际组织的作用等。这些内容有助于学生了解世界各国的政治经济格局，培养他们分析和解读国际问题的能力。

第二，国际关系与跨文化交流的教学。高校应系统地教授国际关系理论，并结合具体的国际事件进行分析，通过组织跨文化交流活动（如国际学术会议、学生交换项目等），让学生亲身体验不同文化，增强对多元文化的理解和尊重。

第三，国际视野下的思想政治教育。高校可在思想政治教育中融入国际视野，让学生从更广阔的角度理解中国的发展和国际地位（包括中国在经济全球化中的角色、中国与世界的互动等内容），增强学生的国际责任感和自豪感。

第四，跨文化能力的培养。高校可通过课程和实践活动培养学生的跨文化沟通能力和适应能力。这不仅包括学习外语能力，还包括理解和尊重不同文化背景下的行为习惯和价值观念。

第五，全球问题的探讨。高校应引导学生关注和探讨全球性问题，如气候变化、可持续发展、国际安全等。这些问题的讨论有助于学生认识到作为地球村一员的责任和义务。

将跨文化和国际化视角融入高校思想政治工作，对于培养具有全球意识和国际竞争力的人才具有重要意义。这种教育不仅提高了学生对国际事务的理解和分析能力，还增强了他们在多元文化背景下的适应能力和应对能力。通过这样的教育，学生能够更好地理解中国在经济全球化中的地位和作用，为他们未来在国际舞台上的发展奠定坚实的基础。

第二章　高校思想政治工作环境探讨

第一节　高校思想政治工作环境概述

在探讨高校思想政治工作的过程中，理解其运作环境的重要性不容忽视。这一环境涵盖了从内部校园文化到外部社会、政治、经济的多个方面，深刻影响着思想政治教育的内容、形式和效果。

一、高校思想政治工作环境的含义

所谓环境，就是指环绕中心体的周边体。[①] 高校思想政治工作的环境指的是影响和制约这一工作的所有内外部因素和条件，不仅包括校园内部的具体环境，还包括校园外部更广泛的社会、政治、经济和文化背景。高校思想政治工作环境是一个综合性的概念，涵盖了多个层面的因素，包括教育政策、社会文化趋势、经济发展水平、政治氛围以及技术进步等。内外部因素环境的构成既包括高校内部的因素（如教育资源、校园文化、师资队伍和学生构成），也包括外部因素（如社会价值观念、法律法规、国家政策和国际

---

① 陈张承，魏茹冰，郎彩虹 . 新时期高校思想政治教育有效教学研究 [M]. 北京：新华出版社，2016：229.

趋势）。影响教育活动的背景作为思想政治教育活动的背景，能够对教育的内容、方法和效果产生深刻影响，决定了高校思想政治工作的目标设定、策略选择和实施方式。高校思想政治工作环境是动态变化的，随着社会经济、政治和文化的发展，这一环境也在不断演变。这要求高校能够灵活应对环境变化，及时调整思想政治工作策略。理解高校思想政治工作环境的含义是实施有效教育策略的前提。这一环境的多维性和动态性要求高校在思想政治教育中不断适应外部变化，充分利用内部资源，以达到教育目标。

二、高校思想政治工作环境的基本特点

高校思想政治工作环境的特点不仅影响着教育内容的选择和传递方式，还在很大程度上决定了教育效果的优劣。具体来说，高校思想政治工作环境的特点主要体现在以下几个方面（图 2-1）。

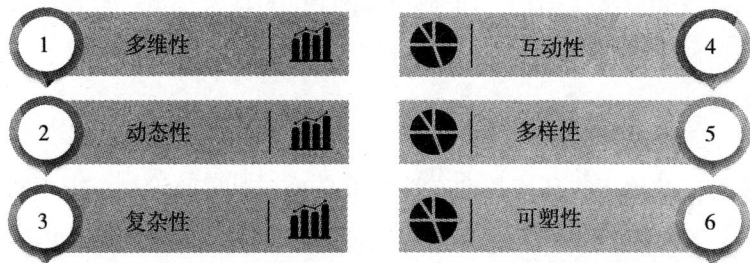

1	多维性	互动性	4
2	动态性	多样性	5
3	复杂性	可塑性	6

图 2-1　高校思想政治工作环境的特点

（一）多维性

多维性在高校思想政治工作环境中是全面且深入的。这种多维性不仅丰富了教育的内容和方法，还为学生的全面发展提供了必要条件，能够帮助高校思想政治工作更好地适应社会的快速变化。

在教育内容的设计和实施中，多维性表现为综合考虑政治、经济、文化和技术等因素。例如，当讨论国家政策时，多维性要求学生不仅关注政策本身，还要考虑经济背景、文化价值和技术发展等多个方面的影响。这种综合性的内容设计要求教师不仅传授知识，还要培养学生的批判性思维，使学生

能从多个角度分析和理解社会现象。

在教学方法上，多维性要求教师采用多样的教学手段和技术，以适应不同学生的学习需求和背景。这可能包括传统的课堂讲授、小组讨论、案例研究、网络教学等。例如，教师可以利用网络和数字媒体为学生提供更丰富的学习资源，增强教学的互动性和趣味性，同时培养学生的信息素养和自主学习能力。

在学生的全面发展方面，多维性体现在通过不同维度的内容和方法促进学生智力、情感和社会技能的发展。例如，通过讨论社会和政治问题，学生不仅能够获得知识，还能培养同理心、沟通能力和社会责任感。通过这种多维的教育方式，学生能更好地理解复杂的社会现象，成为有责任感、有批判性思维和具备解决问题能力的公民。

在快速变化的社会环境中，多维性使高校思想政治教育能够更灵活地适应社会的需求和挑战。例如，面对经济全球化和技术变革，教育内容和方法需要不断更新，以包含新出现的社会问题和技术应用。

（二）动态性

高校思想政治工作环境的动态性要求高校在思想政治教育中不断适应变化的政策、经济、技术和文化环境。这种适应性不仅体现在教育内容的及时更新上，还体现在教育方法的创新上。通过对环境动态性的深入理解和有效应对，高校能够为学生提供一个既具时代性又具前瞻性的学习环境，帮助他们成为能够适应社会变化、具备批判性思维和综合素养的公民。

政治领域的变化，尤其是国家政策和法律的修改，能够对高校思想政治工作产生直接影响。新的政策可能会引入新的教育目标、方法或重点，要求高校及时调整教育内容以符合最新的政策导向。高校必须对这些变化保持敏感，并能够迅速适应，确保教育内容与国家的最新政策保持一致。

经济发展的阶段和特点在不同时期会有所变化，这些变化反映在学生的就业前景、社会观念和价值观上。随着经济的发展和转型，学生可能面临不同的挑战和机遇。高校思想政治工作需要不断调整，以应对经济变化带来的新问题和需求，如加强职业道德教育、培养创新精神和适应市场经济的能力。

科技，尤其是信息技术的快速发展，为高校思想政治工作带来了新的教育平台和工具。数字化和网络化改变了信息的获取和传播方式，对学生的学习习惯和思维方式产生了影响。高校需要利用新技术提高教育的互动性和趣味性，教育学生理解和批判性地使用这些技术。

随着社会文化的发展，公众的价值观和道德标准也在不断演变。这种变化对高校思想政治教育的内容和方法提出了新的要求。高校需要及时捕捉这些文化变化，并在思想政治教育中反映出来，培养学生的文化敏感性和适应能力。

在经济全球化背景下，国际政治、经济和文化的变化对高校思想政治工作同样具有重要影响。国际事件和全球问题成为高校思想政治教育不可忽视的内容。高校应教育学生理解国际事务，培养他们的国际视野和全球责任感。

（三）复杂性

高校思想政治工作环境的复杂性体现在其成分的多样性、相互作用的复杂性以及由此产生的不可预测性上。这种复杂性不仅来源于环境内部各个要素之间的动态关系，还受外部社会、政治、经济和技术变化的广泛影响。

高校思想政治工作环境包含了多种因素，如政治环境、经济条件、社会文化、技术发展等。这些因素相互交织，形成一个网状结构，每个因素都可能以不同的方式影响教育的实施。例如，政治决策可能影响经济政策，经济变化又可能引起社会观念的转变，这些因素最终共同影响着高校思想政治教育的内容和方法。高校思想政治工作环境不仅受内部因素（如校园文化、教育资源和学生构成）的影响，还受外部因素（如社会变革、政治动态和国际关系）的影响。这种内外部因素的互动增加了高校思想政治工作环境的复杂性，使环境分析和策略制定变得更加困难，也更加丰富和有深度。由于多种因素的复杂交互，高校思想政治工作环境具有一定的不可预测性。这要求高校在制定和实施教育策略时保持高度的灵活性和适应性。例如，社会事件或国际危机可能会改变学生的关注点和讨论话题，高校需迅速调整教育内容以应对这些突发事件。

由于环境的复杂性，高校在进行思想政治工作时需要进行综合性分析，包括考虑环境中各个因素的影响、预测其可能的变化趋势以及制定相应的教育策略。通过综合分析，高校可以更全面地理解环境的复杂性，制定更有效的教育计划和应对措施。环境的复杂性虽然会带来挑战，但也为高校提供了深入理解社会现象和培养创新思维的机会。面对复杂多变的环境，学生需要进行批判性思考、多角度分析和创新解决问题，这些技能对他们未来的学术和职业生涯都是至关重要的。

（四）互动性

互动性是高校思想政治工作环境的一个关键特征，它指的是高校内部环境与外部社会环境之间的相互作用和影响。高校思想政治工作环境的互动性要求高校不仅要对外部环境变化作出反应，还要积极参与到社会的发展和进步中去。通过这种互动，高校不仅能够提高教育的实效性，还能够为社会培养出更多具备全面发展和社会责任感的学生。

高校不是在一个封闭的系统中运行，而是与外部社会环境密切相关。社会的政治、经济、文化和技术变化会影响高校思想政治工作的方向和内容。高校通过培养学生的知识、技能和价值观，也会对社会产生影响。高校需要对社会变化保持敏感，并据此调整思想政治教育的内容和方法。例如，面对社会热点问题和公共危机，高校应及时在课程中纳入相关讨论，引导学生理解并对这些问题作出反思。高校在培养未来社会成员方面扮演着关键角色。通过思想政治教育，学生不仅能够学习知识和技能，还能培养社会责任感和公民意识，这对社会的长远发展具有重要影响。高校思想政治教育应鼓励学生积极参与社会活动和公共事务。通过这种参与，学生可以将课堂上学到的理论知识应用到实践中，为社会贡献自己的力量。高校的校园文化不仅受社会文化的影响，还会反过来影响社会文化。高校通过举办文化活动、公开讲座和社区服务等，可以促进校园文化与社会文化的交流和融合。在信息技术迅猛发展的今天，高校应利用这些技术进行信息共享和知识传播。通过网络平台、社交媒体等渠道，高校可以与社会各界进行更广泛的交流和合作。

（五）多样性

高校思想政治工作环境的多样性特点体现在不同高校面临的环境差异以及在同一高校内部所经历的多种情境和挑战上。这种多样性不仅包括高校所处的地理位置、社会文化背景和经济条件，还包括学生群体的多元性、教学资源的差异和校园文化的多样化。

高校所处的地理位置直接影响其面对的社会环境和文化背景。例如，城市高校可能面临更多元的文化环境和更丰富的社会资源，而乡村或偏远地区的高校可能更加侧重于本地社会和文化的问题。高校学生群体的构成在性别、种族、文化背景、经济状况等方面可能存在显著的差异。这种多元化要求高校在思想政治教育中考虑不同学生的特点和需求，以确保教育的包容性和有效性。不同高校拥有的教学资源和采用的教学方法也可能存在差异。一些高校可能拥有更先进的教育技术和更丰富的教育资源，而其他高校可能更侧重于传统的教学方式。高校的校园文化和价值观也体现出多样性。每所高校都有其独特的历史传统、教育理念和校园氛围，这些因素共同塑造了高校的特色和学术环境。这种多样性给高校思想政治教育带来了挑战和机遇。高校需要根据自身的特点和条件以及学生群体的多样性，制定和实施适合的教育策略，满足不同学生的需求并促进其全面发展。为了应对环境的多样性，高校需要展现出高度的适应性和灵活性，包括对教育内容和方法进行持续调整，以适应不断变化的学生需求和社会环境。

（六）可塑性

高校思想政治工作环境的可塑性指的是这一环境能够通过高校自身的努力和外部影响的相互作用而发生变化。这种特性意味着高校不仅是环境变化的被动接受者，还是积极的参与者和形塑者。通过对环境的主动塑造和适应，高校可以更有效地开展思想政治教育，实现其教育目标。

高校可以通过各种措施主动塑造其思想政治工作环境。例如，通过改进课程内容、更新教学方法和提高教学质量，高校能够对学生的学习经历和价值观产生积极影响。可塑性还体现在高校对社会变化的响应上。面对社会、政治、经济的变动，高校可以调整其思想政治教育的重点，以确保教育内容的时效性和相关性。高校可以通过建立积极的校园文化、促进学术自由和鼓励批判性思维来塑造一个有利于思想政治教育的环境。这样的校园文化鼓励学生自由地讨论和思考，促进他们的个人成长和思想发展。在技术日新月异的今天，高校可以利用新技术和创新手段来改善和丰富思想政治教育，包括采用在线教学平台、数字化资源和互动式教学等方法，以增强教育的吸引力和有效性。

高校可以通过参与公共政策制定和社会讨论来影响外部环境。通过提供专业知识和研究成果，高校能够对社会问题提供见解，从而影响社会观念和政策方向。高校思想政治工作环境的可塑性体现在对未来社会成员的培养上。通过教育，高校不仅能够传授知识，还能够塑造学生的价值观、社会责任感和公民意识。

第二节　高校思想政治工作环境的主要影响因素

在高校思想政治工作中，理解和分析其环境的主要影响因素对于制定有效的教育策略至关重要。这些因素从不同维度塑造了高校的教育环境，影响着教育实践的方向和效果。下面将深入探讨三个核心领域：宏观环境、微观环境以及网络环境。它们分别代表了影响高校思想政治工作的外部大环境、内部具体条件和日益重要的虚拟信息空间。全面分析这些环境因素有利于更准确地把握高校思想政治教育面临的挑战和机遇，从而有效地提升教育质量，实现教育目标。

一、宏观环境

宏观环境在高校思想政治教育中扮演着至关重要的角色。高校需要充分理解和适应这些外部环境的变化，以确保教育内容的相关性和有效性。通过对宏观环境进行深入分析和适应，高校能够为学生提供一个与时俱进、全面发展的学习环境，培养出能够适应社会需求、具备全面视野和批判性思维的未来公民。高校思想政治工作的宏观环境影响因素主要包括以下几点，如图2-2所示。

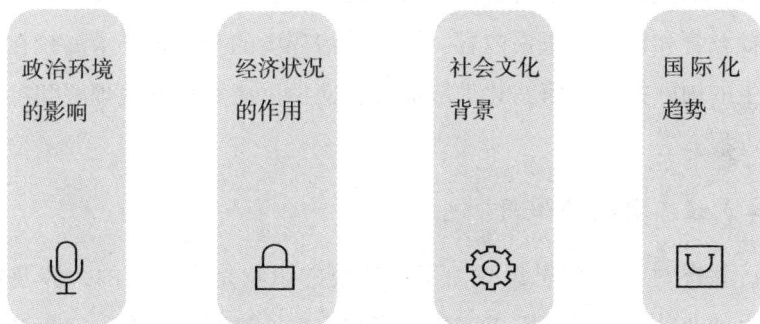

图 2-2　高校思想政治工作的宏观环境影响因素

（一）政治环境的影响

政治环境在高校思想政治工作中占据了核心地位。作为教育过程中的一个不可忽视的外部因素，政治环境能够通过多种方式对高校的运作、教育内容和学生的思想观念产生影响。

国家的政治方向和政策选择直接决定了教育领域的优先事项和重点领域。例如，一个注重科技发展和创新的政策可能会促使高校增强相关领域的教育和研究，而强调社会公正和平等的政策导向可能推动高校加强社会科学和人文学科的发展。政府对教育的投资决策和资源分配也反映了政府的政治优先级，影响着高校在不同学科和领域的资源配置。政治稳定性是高校长期发展规划的关键。在政治稳定的环境下，高校能够制订和执行长期的发展计划和教育战略，而政治动荡或不确定性可能导致教育方向的频繁变化，影响教育质量和连续性。政治稳定性还影响着高校与政府、社会及其他机构的合作。在稳定的政治环境中，这些合作关系通常更加稳固和长期，有助于高校资源的积累和教育质量的提升。在政治体制和法律框架下，学术自由是高校思想政治工作的重要组成部分。政治体制的开放性和法律对学术自由的保护程度不仅能够影响教师的教学和研究，还能影响学生的学习和思考。在一个保护学术自由和言论自由的政治环境中，学生和教师能够更加自由地探讨和研究各种观点和理论，从而促进知识的创新和思想的多元化。

在经济全球化的背景下，国际政治环境对高校的思想政治工作也有着不可忽视的影响。国际关系的变化、跨国合作项目以及国际冲突和事件都可能成为高校教育和讨论的重要内容。国际政治环境的变化也要求高校在教育中培养学生的国际视野和跨文化理解能力，使学生能够更好地理解和参与经济全球化进程。

（二）经济状况的作用

经济状况对于高校思想政治工作环境的影响是多方面的，涉及资金投入、学生就业前景、社会需求变化等多个方面。这些因素在一定程度上决定了高校如何进行思想政治教育以及如何适应社会的经济发展。

高校的经费主要源于政府拨款、学费、捐赠及其他收入。经济状况直接影响政府的教育投入和捐赠者的捐赠能力，进而影响高校的运营和发展。资金的投入决定了高校能够提供的教育资源水平，包括师资力量、设施建设、科研投入等。在资金紧张的情况下，高校可能需要缩减某些项目或课程（包括思想政治教育相关的活动），这可能对教育质量产生不利影响。经济环境对学生的就业前景有着显著影响。在经济繁荣时期，就业机会增多，学生对未来的职业发展持乐观态度，这可能促进学生更积极地参与学习和校园活动。相反，经济衰退可能导致就业市场紧缩，增加学生的就业压力。这种压力可能影响学生对学习的投入和对未来的期望，进而影响其对思想政治教育的态度和参与度。经济状况的变化也反映了社会对不同职业技能的需求变化。高校需要根据这些变化调整教育内容和专业设置，以适应市场需求。在这个过程中，高校的思想政治教育也需要与时俱进，如通过增加与当前经济状况相关的案例分析和讨论，使教育内容更加贴近实际，提高学生的实际应用能力和社会理解力。

经济全球化为高校带来了新的挑战和机遇。这不仅影响了高校的国际合作和交流，还要求高校在思想政治教育中增加对全球经济问题的分析，培养学生的国际视野和跨文化交流能力。经济不平等现象要求高校在思想政治教育中加强对社会正义和责任的讨论，培养学生的社会责任感和批判性思维。

（三）社会文化背景

社会文化背景对高校思想政治工作的影响是全方位的，涉及社会的价值观、传统、习俗以及公众对各种社会现象的态度和反应。这些文化因素不仅影响学生的思维方式和行为模式，还决定了高校思想政治教育的接受度和实施方式。

社会价值观是社会文化背景中最重要的组成部分，在很大程度上定义了"正确"和"错误"，影响着人们的行为和决策。在思想政治教育中，价值观的影响体现在教育目标的设定、教育内容的选择以及教学方法的应用上。例如，在强调个人自由和创新的社会中，思想政治教育可能更侧重于培养学生的独立思考能力和创新精神；而在更注重集体和传统的社会中，思想政治教育可能更侧重于社会责任和遵循传统价值。文化传统和习俗在一定程度上形成了社会成员的基本行为模式。这些传统和习俗不仅会影响学生的思维和行为，还会影响他们对思想政治教育的接受方式。在实施思想政治教育时，高校需要考虑到这些文化因素，确保教育内容与学生的文化背景相契合，从而提高教育的有效性。社会文化是不断变化的，这种变化要求高校思想政治教育能够适应时代的发展。随着社会观念的演变和新的社会问题的出现，高校需及时更新教育内容，反映新的社会现象和挑战。例如，随着环境保护意识的提高，高校可能需要在思想政治教育中增加关于可持续发展和环境伦理的内容。

公众舆论和媒体在形塑社会文化中扮演着重要角色，它们不仅会影响人们对特定事件的看法，还可以塑造社会对某些问题的总体态度。高校思想政治教育需要关注这些舆论动态，以便更好地引导学生理解和分析社会现象，培养批判性思维。在经济全球化的背景下，社会文化背景已不再局限于单一国家或地区。跨文化交流和国际化成为重要的教育内容。高校需要培养学生的跨文化理解能力，使他们能够在多元文化的环境中有效交流和协作。

社会文化背景对高校思想政治教育的影响是综合性的，它要求高校在教育实践中考虑到社会的文化多样性，确保教育内容的相关性和适应性。通过对社会文化背景的理解和适应，高校可以更有效地实施思想政治教育，培养学生的社会责任感、批判性思维和文化适应能力。

（四）国际化趋势

在当前的经济全球化时代，国际化趋势对高校思想政治工作环境产生了显著影响。这一趋势不仅改变了高校的教育内容和方法，还为学生的学习和未来职业生涯带来了新的机遇和挑战。

国际化趋势要求高校培养学生的全球视野，使他们理解和关注国际事务。这不仅包括对全球政治、经济和文化的了解，还包括对国际法律和经济全球化问题的认识。例如，讨论气候变化、国际贸易、跨国公司的影响等议题，可以帮助学生理解全球互联互通的现实，并鼓励他们思考如何在全球范围内解决问题。随着全球交流的增加，高校需要强调跨文化交流和理解的重要性，这涉及教育学生如何在不同文化背景下进行有效沟通和协作。通过学习不同国家的历史、文化、语言和社会习俗，学生可以更好地理解和尊重多元文化，培养跨文化适应能力。高校通过参与国际合作和交流项目，为学生提供了直接体验不同文化和学术环境的机会。这些项目可以是学术交流、国际研讨会或海外实习等。这类国际经历不仅能够拓宽学生的视野，还能增强他们的适应能力和国际竞争力。

在经济全球化背景下，高校需要教育学生理解和应对经济全球化所带来的挑战，如经济全球化对本地就业市场的影响、文化同质化的趋势、全球环境问题等。通过提供相关课程和研讨会，高校可以增强学生的全球责任感和对全球问题的理解能力。国际化趋势还要求高校在思想政治教育中融入国际视角，这意味着高校不仅要让学生关注国内的政治和社会问题，还要让学生了解和分析国际政治和社会现象。国际化趋势为高校思想政治工作带来了新的内容和挑战。在经济全球化的时代，高校需要不断更新和调整其思想政治教育策略，确保学生能够在国际化的环境中成长、学习和竞争，最终成为具备全球视野和国际竞争力的公民。

二、微观环境

微观环境指的是那些直接影响高校内部运作和教育活动的因素，包括校园文化、教育资源、校园环境与设施、师资力量、学生构成（图2-3）。这些因素在高校思想政治教育的实施和效果上起着决定性作用。

校园文化　　　教育资源　　　校园环境与设施

师资力量　　　学生构成

图 2-3　高校思想政治工作微观环境

（一）校园文化

校园文化作为高校微观环境的重要组成部分，对高校的思想政治工作具有深远的影响。通过持续地塑造和发展积极的校园文化，高校不仅能够提高思想政治教育的有效性，还能促进学生全面发展，为他们未来的职业生涯和社会生活奠定坚实基础。

校园文化的核心要素包括历史传统、价值观念、行为规范、教育理念等，这些要素共同构成了学校的精神面貌，影响着学生的思维方式和行为习惯。例如，一个强调创新和独立思考的校园文化将鼓励学生探求新知，培养其批判性思维。校园文化为思想政治教育提供了土壤和环境。一个积极的校园文化能够促进学生接受和理解思想政治教育的内容，帮助他们建立正确的人生观。反之，一个消极的校园文化可能会阻碍这一过程。高校需要积极塑造和发展其校园文化，以支持和增强思想政治教育的效果。这可以通过培养学校精神、加强师生互动、举办有意义的文化和学术活动等方式实现。这些活动和措施应当能够提升学生的社会责任感、道德意识和公民意识。当代高校面临着如何在快速变化的社会环境中保持和发展其校园文化的挑战，这要求高校不仅要保留其传统和特色，还需适应新的社会趋势和学生需求。

校园文化不应局限于学术教育，而是需要对学生进行全面教育，包括对学生进行道德教育、社会教育以及身体和心理健康教育等，这些都是构建积极校园文化的重要方面。校园文化对学生的个人发展有着直接和深远的影响。一个积极和健康的校园文化可以促进学生的自我认知、自我价值的实现以及社会交往能力的提升。高校需不断评估和更新其校园文化，以确保校园文化与时俱进，并持续对学生的全面发展做出贡献。高校可以对校园文化中的不足进行改进，并利用新的社会和技术趋势来丰富校园文化。

（二）教育资源

教育资源在高校思想政治工作中发挥着关键作用。通过提供高质量的课程内容、丰富的学术资料、先进的科研设施和现代化的教学技术，高校能够有效地提升思想政治教育的质量，为学生的全面发展创造有利条件。

优质的课程资源是高校教育的核心，包括课程内容的设计、更新和多样性。思想政治教育的课程设计需要兼顾理论深度和实际应用，以确保学生能够全面理解并应用所学知识。除了传统的课堂教学，现代教育资源还包括在线课程、模拟实验和案例研究等，这些都能够提供更广泛和深入的学习体验。图书馆作为知识的仓库，提供了大量的书籍、学术期刊、研究报告和数据库，这些资源对于学生深入研究思想政治理论和当前社会问题至关重要。图书馆的电子资源和在线数据库使学生能够更方便地获取最新的学术资讯和研究成果，这对于培养学生的独立研究能力和批判性思维非常重要。对于理工科学生来说，实验室和科研设施的质量直接关系到他们实验技能的培养和科研项目的实施。而在人文社会科学领域，研究所和讨论中心等也为学生提供了进行深入研究和交流的平台。在思想政治教育中，科研设施的使用不应局限于实验和数据分析，还应包括对社会政治现象的调查研究，这有助于学生将理论知识应用于实际情境。互联网时代为高校教育带来了革命性的变化。在线学习平台、开放课程、电子图书和互动教学软件等，使学生能够在更灵活的时间和空间内学习。在线资源的丰富性和可访问性对于提高学生的学习效率和动力具有重要作用，特别是在思想政治教育领域，在线资源能够提供更多元的观点和分析框架。教育技术的发展（如智能教学系统、虚拟现实和增强现实技术等）为高校教育提供了新的可能性。这些技术能够使教学更加生动和具有互动性，增强学生的学习体验。在思想政治教育中，高校可以利用这些先进技术模拟社会政治过程，帮助学生更好地理解复杂的政治现象和理论。

（三）校园环境与设施

校园环境与设施对高校思想政治工作具有重要影响，它们不仅为学生提供了学习和生活的物理空间，还创造了特定的社会氛围和文化环境，直接影响着学生的学习体验和发展。

校园的物理环境包括教学楼、图书馆、实验室、学生宿舍等，为学生的学习和生活提供了基础设施。一个舒适、安全、具备现代化设施的校园环境能够有效促进学生的学习和个人成长。教室和讲座厅的设计应考虑功能性和舒适性，以便于实施有效的教学活动。图书馆、实验室等设施的现代化则直接影响学生获取知识和进行科研的能力。校园内的体育设施、艺术中心、学生活动区等不仅为学生提供了休闲和娱乐的场所，还是学生社交互动和发展兴趣爱好的重要空间。这些设施的多样性和可用性对于提升学生的整体校园体验至关重要，有助于培养学生的团队协作能力、社交技能和个人兴趣。校园的美化（如绿化、艺术装饰、标志性建筑等）不仅提升了校园的美观度，还反映了学校的文化和精神面貌。这些元素能够营造出积极向上的学习和生活环境，激励学生积极参与校园生活和学习。高校通过校园环境的精心设计，可以传达学校的价值观和教育理念，增强学生对学校的归属感和认同感。校园安全设施（如紧急呼叫系统、消防设施、监控摄像头等）确保了学生和教职员工的安全。健康设施（如校医院、心理咨询中心等）关注学生的身体和心理的健康。这些设施的完善对于创造一个安全和支持性的学习环境是至关重要的，有助于学生在学习和生活中保持良好的状态。可持续性和环保也是现代校园环境建设的重要方面。采用环保材料、节能建筑和绿色管理措施等，不仅减少了对环境的影响，还体现了学校对可持续发展理念的实施。这些举措也为学生提供了学习和实践环境保护的机会，培养了他们的环境意识和责任感。

（四）师资力量

在高校的思想政治工作中，师资力量扮演着至关重要的角色。教师不仅是知识和技能的传授者，还是学生价值观和世界观形成的关键引导者。教师的专业知识和教学能力直接影响着教育质量和学生的学习效果，尤其在思想政治教育领域，教师需要具备深厚的学科知识以及能够将复杂理论内容转化为学生易于理解的形式的能力。教师的研究背景和专业经验丰富了教学内容，使学生能够从不同角度和层面理解政治、社会和文化现象。教师在塑造学生世界观和价值观方面也发挥着重要作用，他们不仅在课堂上传授知识，还通过讨论、辩论和指导学生的学术研究等方式，帮助学生形成独立思考的能力和批判性分析的习惯。在思想政治教育中，教师还需要引导学生正确理解和评价社会现象，培养学生的社会责任感和道德判断力。教师的言行会对学生产生深远影响，教师的职业道德、教学态度和行为举止在无形中树立了榜样，影响着学生的行为标准和道德观念。在日常互动和课堂教学中，教师展示的专业精神、批判性思维和公正客观的态度，能够激励学生追求卓越和发展个人品质。

教师的持续专业发展对于维持和提升教学质量至关重要。通过参与教师培训、学术研讨和教学研究，教师能够不断更新其教学方法和学科知识。高校应支持教师参与国内外的学术交流，促进他们的职业成长和教学创新，从而提升整体的教学质量。教师与学生之间的互动关系也是影响思想政治教育效果的关键因素。良好的师生关系可以增进学生对学习的兴趣和参与度，促进更深层次的理解和探讨。通过建立开放、互相尊重的师生关系，教师能够更有效地进行思想引导和知识传授，鼓励学生积极表达自己的观点和想法。

（五）学生构成

学生构成在高校思想政治工作中占据了极其重要的位置，这一构成不仅包括学生的文化、经济、地理背景，也涉及他们的个人兴趣、职业目标和学术倾向。这些因素共同决定了学生的学习需求、接受信息的方式以及对教育内容的反应。

学生群体通常来自不同的文化和社会经济背景，这些背景的多样性带来了不同的价值观、生活经验和世界观，这些因素对学生的学习态度和行为有着显著影响。在思想政治教育中，理解并尊重这些背景的多样性对于设计和实施有效的教育计划至关重要。教育内容和方法需能够反映和适应这种多样性，以确保所有学生都能有效地参与和受益。学生的学术兴趣和专业选择也会对思想政治教育产生影响。不同专业的学生可能对某些话题更感兴趣，或者更容易从特定的角度理解和分析问题。高校需在思想政治教育中融入跨学科内容，使思想政治教育既具有普遍性又能关联到学生的专业学习。这样的教育不仅增强了相关性，还提高了学生的参与度。学生的个人经历包括家庭背景、成长经历和早期教育，对学生世界观的形成有着深远影响，这些经历在很大程度上塑造了学生的价值观、信念和行为模式。在进行思想政治教育时，教师需了解并考虑到这些个人经历的影响，通过引导和讨论帮助学生扩展视野，形成更全面和成熟的世界观。学生的未来期望和职业目标也是影响思想政治教育的重要因素。学生对未来的期望会影响他们对教育内容的兴趣和参与程度。高校的思想政治教育应当与学生的职业发展目标相结合，提供相关的知识和技能，帮助他们为未来的职业生涯做好准备。学生对教育过程的参与和反馈对于改进和优化思想政治教育至关重要。通过调查问卷、讨论会和反馈机制，高校可以收集学生的意见和建议，不断调整教育策略以满足学生的需求。

三、网络环境

网络环境对高校思想政治工作的影响是全方位的。高校不仅要关注网络技术的发展和应用，还要重视网络文化的影响和网络素养的培养。通过有效利用网络资源和工具，教育学生如何在网络环境中保持批判性思维和正确的价值观，高校可以在这个数字时代有效地实施思想政治教育。

信息技术的飞速发展，特别是互联网和移动通信技术，极大地改变了信息的获取和传播方式。学生现在可以通过网络获取大量信息和知识，这既丰富了他们的学习资源，又对他们的思想观念产生了影响。这种技术进步使信息传播更加迅速和广泛，但也带来了信息过载和信息真实性的问题。学生在面对大量信息时，需要具备辨别信息真伪的能力。社交媒体成为当代学生获取信息和进行社交的主要平台。这些平台不仅影响着学生的社交习惯，还在某种程度上塑造了他们的价值观和世界观。社交媒体上的信息呈现形式多样，包括新闻、博客、论坛和视频等。学生需要学会在这些平台上进行批判性思考，辨别有价值和负面的内容。网络文化对高校学生的价值观和行为模式有着显著影响。网络上的各种文化现象（如网络语言、网络潮流和虚拟社群）在一定程度上影响着学生的思维方式和行为习惯。在思想政治教育中，教师需要了解和适应这种网络文化，利用网络平台和资源进行有效的教学和引导。面对网络上海量的信息，学生需要具备筛选和辨识信息的能力。这不仅涉及对信息真实性的判断，还包括对信息价值和重要性的评估。高校应教授学生如何批判性地评价网络信息，培养他们的信息素养，以免受到错误或有害信息的影响。

在网络环境下进行的思想政治教育需采取新的策略和方法。教师可以利用网络资源和工具进行教学，也需关注网络环境对学生思想观念的影响。网络论坛、在线课堂和虚拟社群等都可以成为思想政治教育的新平台。教师可以在这些平台上开展讨论、发布教学内容，甚至组织在线活动。

第三节　高校思想政治工作环境的优化

在新时代背景下，高校思想政治工作面临着诸多挑战。优化工作环境不仅关乎教育质量的提升，还是培养合格人才、应对社会变迁的关键。高校可以通过创造积极的学习氛围、加强师资队伍建设、优化教育资源配置、促进校园文化发展以及加强网络素养的培养等多方面措施，来优化高校的思想政治工作环境，从而有效提升教育成效，促进学生全面发展。

一、创造积极的学习氛围

在高校思想政治教育中，创造一个积极的学习氛围是至关重要的。一个良好的学习环境不仅能提高学生的学习兴趣和动力，还能促进他们的全面发展。具体措施如下（图2-4）。

· 提供开放和包容的教育环境

· 鼓励学生参与和互动

· 提供多样化的学习资源

· 构建学习共同体

· 强化学生的自主学习能力

图2-4　创造积极的学习氛围

（一）提供开放和包容的教育环境

提供开放和包容的教育环境是高校思想政治工作环境优化的核心要素之一。在这样的环境中，学生可以自由地表达观点，这不仅有助于培养学生的批判性思维，还能增强他们的独立思考能力。更重要的是，这种环境能够促进学生间的相互理解和尊重，为他们提供一个多元文化和观念共存的平台。要实现这一目标，高校需要采取多种措施。

第一，教学方式的多样化是关键。传统的单向讲授方法应该让位于更加互动和更具有参与性的教学模式，如小组讨论、辩论和案例分析等。这些方法不仅能激发学生的学习兴趣，还能帮助他们在讨论和交流中锻炼思维能力和表达能力。

第二，教师的角色需要转变。在开放和包容的教育环境中，教师不再是唯一的知识传递者，而成为学生学习旅程的引导者和伙伴。教师应鼓励学生提出问题，挑战传统观点，从而促进学生的批判性思维发展。

第三，学校应促进文化多样性，尊重和包容不同的文化背景和观点。这可以通过举办多元文化活动、研讨会等来实现，让学生在了解和体验不同文化的过程中，学会尊重和理解多元化的价值观。

（二）鼓励学生参与和互动

学生的主动参与能够显著提升学习效果，增强他们的实践能力和团队协作精神。积极的参与和互动也能够帮助学生建立起批判性思维和创新意识。

课堂内的参与可以通过多种方式实现。教师可以设计互动性强的教学活动，如小组讨论、角色扮演和互动式讲座。这些活动不仅能够使学习过程更加生动有趣，还能提高学生的参与度。在这些活动中，学生不仅是知识的接受者，还是参与者和创造者，这有助于提高他们的自信心和学习动力。

课堂外的学习和互动同样重要。高校可以通过组织各类学术讲座、研讨会、工作坊等活动，为学生提供更广泛的学习和交流机会。这些活动不仅能够丰富学生的课外生活，还能帮助他们拓宽视野，提高综合素质。

高校还应鼓励学生参与校园管理和社会实践活动。通过参与学生会、志愿服务、社区活动等，学生可以在实践中锻炼领导能力、团队协作意识和社会责任感。这样的经验不仅能够增强他们的实际操作能力，还能够培养他们的社会参与意识和公民责任感。

（三）提供多样化的学习资源

多样化的学习资源不仅能满足不同学生的学习需求，还能激发他们的学习兴趣，促进知识的深入理解和创新思考。因此，高校应构建一个包含传统与现代学习资源的综合体系。

第一，图书馆资源的丰富化是基础。除了传统的教科书和参考书，图书馆还应增添最新的学术期刊、专业书籍以及跨学科的阅读材料。图书馆应成为一个学习和研究的中心，能够提供舒适的学习环境和必要的学习辅助工具。

第二，数字化学习资源的开发至关重要。高校应积极利用网络平台，提供各类在线课程、视频教程、互动软件等。这些数字资源不仅可以拓展学生的学习渠道，还能够满足他们随时随地学习的需求。特别是在信息技术迅猛发展的今天，这些资源对于培养学生的信息素养和自学能力极为有益。

第三，实践资源的提供也不容忽视。通过建立实验室、研究中心、模拟实训基地等，高校可以让学生通过实际操作来加深对理论知识的理解，提高实践技能。这些资源也有助于学生将学习与实际工作和社会需求紧密联系起来。

（四）构建学习共同体

一个良好的学习共同体不仅能促进知识的共享和传播，还能增强学生之间的互助与合作，从而创造一个积极、健康的学习氛围。

学习共同体的构建需要以学生为中心，鼓励他们在学术社团、研究团队、学习小组中相互协作和交流。在这些小组中，学生可以与其他人共同讨论学术问题、分享学习经验、合作完成项目，通过这些互动活动，增加学习的深度和广度。

教师也应积极参与到学习共同体中。作为知识和经验的传递者，教师可以在学习共同体中担任指导和协调的角色，引导学生进行深入探讨和研究。教师还可以通过定期的座谈会、研讨会等形式，与学生共同探讨学术问题，分享研究心得。

高校还应促进跨学科和跨年级的学习共同体建设。通过跨学科研讨会、学术竞赛等活动，学生可以在不同学科间建立联系，拓宽视野。跨年级的交流可以让资深学生传授经验给新生，形成良好的学术氛围。高校应提供必要的资源和支持（如学习空间、资金、设备等）来促进学习共同体的发展，这些资源和支持不仅能帮助学生更好地开展学习和研究活动，还能增强他们对学习共同体的归属感。

（五）强化学生的自主学习能力

自主学习能力是指学生能够独立规划学习目标、选择合适的学习方法、有效利用资源以及自我评估学习成效的能力。这种能力的培养对于学生的终身学习和未来职业发展具有深远影响。

高校需要为学生提供自主学习的机会和环境，这意味着高校应减少对学生学习的过度干预，给予他们更多的自由和选择权。例如，高校可以提供选修课程、自主研究项目和个性化学习计划，让学生根据自己的兴趣和职业规划选择学习内容。教学方法的创新对于培养学生的自主学习能力至关重要。传统的填鸭式教学方法不利于学生自主学习能力的培养。因此，教师应采用更加具有参与性和互动性的教学方法（如项目导向学习、问题导向学习等），这些方法能够鼓励学生主动探索和解决问题。培养学生的信息素养和批判性思维也很关键。在信息爆炸的时代，学生需要学会如何筛选、评估和利用信息资源。通过开设信息素养课程、批判性思维训练等，高校可以帮助学生提高独立处理信息的能力。高校还应提供相应的辅导和支持服务。例如，学习顾问、时间管理工作坊和学习方法指导课程可以帮助学生提高学习效率，解决学习过程中遇到的问题。这些服务不仅能够支持学生的自主学习，还能提高他们的自我管理能力。鼓励学生进行自我反思和自我评估是强化自主学习能力的一个重要方面。学生应定期反思自己的学习过程、成果和挑战，并据此调整学习策略。高校可以通过设置学习日志、学习报告和定期反馈会议等方式，帮助学生进行自我评估和反思。

二、加强师资队伍建设

在高校思想政治工作环境的优化过程中，加强教师队伍建设是一个至关重要的环节。教师是高校教育的主体，他们的素质和能力直接影响着教育质量和学生的发展。因此，高校需要采取一系列措施来加强教师队伍的建设，确保教师能够有效地履行教育和引导的义务，具体措施如下（图2-5）。

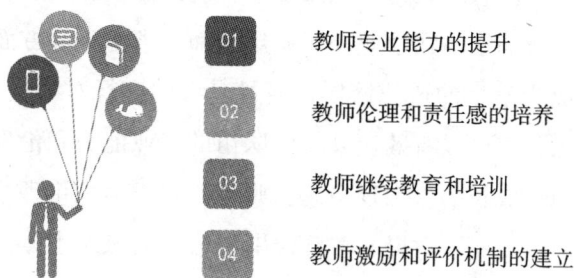

01	教师专业能力的提升
02	教师伦理和责任感的培养
03	教师继续教育和培训
04	教师激励和评价机制的建立

图2-5　加强师资队伍建设

（一）教师专业能力的提升

教师的专业能力直接影响教育质量和学生的学习效果。因此，高校需要采取一系列措施来提升教师的专业技能和知识水平。具体措施如下。

第一，专业知识更新。随着科学技术和学术领域的迅速发展，教师需要定期更新自己的专业知识。高校可以通过建立学术更新平台，提供最新的学术资源和研究成果，帮助教师保持专业领先。

第二，教学方法革新。为适应当代学生的学习特点，教师应掌握和应用各种现代化教学方法，如翻转课堂、案例教学、在线互动教学等。这些方法能够提高课堂的互动性和学生的参与度。

第三，技术能力培养。在数字时代背景下，教师需要掌握一定的信息技术能力（如教学管理系统、在线评估工具等），以提高教学的效率和质量。

第四，学术研究能力提升。高校应鼓励教师参与学术研究，提高他们的研究能力。高校可以为教师提供研究资金支持、学术交流机会和合作平台，促进他们的学术成长。

（二）教师伦理和责任感的培养

教师的伦理和责任感对于学生的思想道德建设至关重要。高校应定期组织教师伦理培训和研讨，强化教师的职业道德和伦理规范，包括教师的职业行为准则、师生关系处理、学术诚信等方面。教师不仅是知识的传递者，还应是学生品德和思想的塑造者。高校应强调教师在学生全面发展中的重要作用，提高他们的责任感。教师应深入了解学生的需求和发展状况，对学生进行个性化指导，帮助学生在学业、职业规划和心理健康等方面取得进步。高校应鼓励教师成为学生的道德榜样，通过自身的言行对学生产生积极影响。通过上述措施，高校可以有效提升教师队伍的专业能力和伦理水平，为学生创造一个更有利于成长的教育环境。教师的专业发展和伦理培养是构建高质量高等教育体系的关键，对提高教育效果和培养优秀人才具有重要意义。

（三）教师继续教育和培训

教师作为教育的直接执行者，他们的专业知识、教学技能以及对教育趋势的理解会直接影响教育的效果。因此，高校需要通过一系列综合性的措施来加强教师的继续教育和培训。高校可以组织定期的教学技能培训，如采用新的教学方法和技术、应对多样化的学生群体以及如何有效地使用数字化教学工具。教育心理学的培训也十分重要，它有助于教师更好地理解学生的心理特点和学习需求，从而在教学中做出适当的调整。学术研讨和交流也是提升教师专业能力的重要途径。通过参与国内外的学术会议和研究项目，教师可以了解教育领域的最新发展，拓宽视野，并将这些新知识和理念应用于自己的教学和研究中。

（四）教师激励和评价机制的建立

建立教师激励和评价机制在高校中的重要性不容忽视。这一机制能够通过合理评价和激励教师的工作表现，促进教师的专业成长和积极性，从而提高教学质量。

评价机制需公平、透明，综合考虑教师的教学效果、学术成就、对学生的指导以及社会服务等方面。这要求评价不应只依赖学生的评价或考试成绩，还应包括同行评审、教学观摩、教育项目参与等多元化评价方法。

激励机制的建立也非常关键。激励除了经济激励（如薪酬、奖金和研究资金等），还应包括职业发展的机会（如晋升、学术交流、专业发展培训等）。这些激励措施能够激发教师的工作热情和创新能力，增强他们的职业满意度和归属感。教师的个人发展与职业规划应被高度重视。高校应提供必要的支持和资源，帮助教师实现职业目标，如提供研究时间、减轻教学负担、提供进修和访学机会等。

三、优化教育资源配置

优化教育资源配置是高校思想政治工作环境优化的关键方面。这个过程要求高校全面审视和改进教育资源的分配和使用，确保资源能够高效地服务于教学和学习目标。在这一过程中，高校需要关注资源的多样性、可获取性和有效性，确保教育资源能够满足师生的需求，促进整体教育目标的实现。

具体来说，优化教育资源配置需要确保教学设施和实验室等硬件资源的现代化和适应性，这意味着高校要定期评估和升级这些设施，以适应新的教学和研究需求。信息资源的管理和利用也至关重要，高校需要通过建立高效的信息平台和数字资源库，使师生能够轻松获取所需的学术和教学资源。高校还应重视人力资源的合理分配和发展，这涉及教师队伍的构建、专业发展以及行政支持团队的效能提升。教师的培训和职业发展机会，学生的学术和职业支持以及行政人员的服务效率，都是优化教育资源配置的重要组成部分。在实施资源优化策略时，高校还应考虑资源的可持续发展。这不仅涉及财务资源的合理分配，还涉及对环境资源的可持续利用以及建立长远的发展规划。

四、促进校园文化发展

在高校思想政治工作环境的优化中，促进校园文化发展是一个非常重要的方面。校园文化是高校精神生活的重要组成部分，不仅能够反映一所学校的教育理念和学术氛围，还能极大地影响学生的思想观念、价值取向和行为习惯。

校园文化的多元化与包容性是促进校园文化发展的首要任务。在经济全球化背景下，高校学生来自不同的文化背景，因此创造一个多元、包容的校园文化环境对于促进学生的全面发展和社会适应能力至关重要。这种文化环境鼓励不同文化观念的交流与碰撞，能够促进学生的文化素养和跨文化交际能力的提升。高校可以通过组织多样化的文化活动来实现这一目标，如国际文化节、多元文化研讨会、外国语言日等活动不仅能够丰富学生的校园生活，还能增进不同文化背景学生之间的理解与尊重。课程设置也应反映文化的多元性，如设置世界历史、跨文化交流、国际关系等课程能够帮助学生拓宽视野，增进对不同文化的理解和尊重。

校园精神文化的培育是建设校园文化的另一个重要方面。高校应该根据自己的办学理念和特色，塑造独特的校园精神文化。这种精神文化通常包括学术诚信、创新精神、社会责任感等方面，能够指导学生的行为，影响学生价值观念的形成。为了培育校园精神文化，高校可以通过各种方式进行宣传和实践。例如，高校可通过校园广播、报刊、网站等传媒手段宣传学校的办学理念和精神面貌，通过举办学术诚信教育活动、创新创业大赛、社会实践等活动来实践这种精神文化。高校应鼓励教师和学生共同参与到校园文化的建设中来，形成共建共享的良好氛围。

校园物质文化与环境建设也是促进校园文化发展的重要组成部分。一个优美、和谐的校园环境不仅能够提供良好的学习和生活条件，还能反映学校的文化品位和教育理念。为了打造良好的校园环境，高校需要在校园规划设计中充分考虑美学和实用性的结合。校园中的建筑风格、绿化景观、公共艺术品等都是校园文化的重要组成部分。高校还应注重校园历史文化的保护和传承，使之成为校园文化的一部分。校园的建筑和空间设计应体现学校的特色和文化内涵。例如建筑风格可以反映出学校的历史传统或现代创新精神，而公共空间的布局应促进师生之间的交流和互动。通过创造各种功能性和美观性兼具的学习、交流和休息空间，高校可以为师生提供一个舒适和激励创新的环境。绿化景观的规划和维护也是校园环境建设的关键部分。绿色植被、宁静的庭院和休闲区域不仅美化了校园环境，还为学生和教职员工提供了休息和放松的场所，有助于缓解学习和工作的压力。绿化景观的设计应考虑生态和可持续性，这不仅是为了美观，还应该为校园生态系统的构建做出贡献。例如，高校通过种植本地植物、创建雨水花园等方式，既能美化校园环境，又能维护生态平衡。公共艺术品的布置同样重要。雕塑、壁画和其他艺术作品不仅能够美化校园环境，还能够激发学生的艺术兴趣和创造力。公共艺术品应反映学校的精神和文化价值，鼓励学生对艺术的探索和思考。校园历史文化的保护和传承也是促进校园文化发展的重要方面。保留和修复校园中的历史建筑、举办校史展览、记录和展示校园的发展历程，这些都有助于增强学生对学校历史的了解和校园归属感。

五、加强网络素养的培养

加强网络素养的培养是高校思想政治工作环境优化的重要组成部分。在数字化时代背景下，网络已成为学生获取信息、交流思想和展现自我的重要平台。因此，高校必须重视网络素养的培养，以帮助学生正确理解和使用网络资源，培养良好的网络行为习惯，提高他们的信息筛选、处理和创新能力。

网络素养是指个体在使用网络资源、处理网络信息和参与网络交流时展现出的能力和素质，包括信息识别、评估、应用和创新能力以及网络道德和安全意识。在当前信息爆炸和网络普及的时代，网络素养对学生的学习、生活和未来的职业发展都至关重要。高校可采取以下措施来加强网络素养的培养（图2-6）。

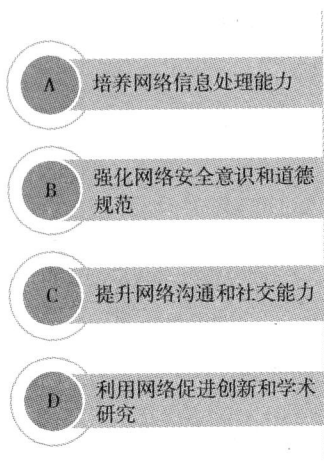

A 培养网络信息处理能力

B 强化网络安全意识和道德规范

C 提升网络沟通和社交能力

D 利用网络促进创新和学术研究

图 2-6　加强网络素养的培养

（一）培养网络信息处理能力

在培养网络信息处理能力方面，高校需要采取综合性的教育策略，帮助学生在庞大的网络信息海洋中有效导航。高校需要教授学生识别和评估信息的真实性和可靠性，可以通过课堂教学、研讨会和在线课程等多种方式，教授学生如何分辨信息来源的权威性和准确性，以及如何辨别假新闻和误导性信息。学生还需要学会有效利用各种数字工具和资源进行信息检索，这不仅包括搜索引擎的高效使用，还包括如何利用在线数据库、学术期刊和其他专业资源来进行深入的学术研究。高校应教授学生如何对收集到的信息进行批判性思考、分析和综合信息以及如何在学术和专业领域内合理地应用这些信息。

（二）强化网络安全意识和道德规范

网络安全意识和道德规范的教育对于保护学生免受网络风险的侵害同样重要。高校应开展关于网络安全的教育活动，让学生了解如何保护自己的个人信息，如何识别和防范网络诈骗、网络欺凌以及其他网络安全威胁。这些教育活动包括密码安全的最佳实践、安全浏览习惯的养成以及对电子邮件附件和链接的谨慎处理。网络道德和法律教育也至关重要。学生需要了解网络环境中的法律规定，包括版权法、隐私保护法规等。高校应培养学生的网络道德观念，教育他们在网络空间中尊重他人，避免网络欺凌和不实信息的传播，以及如何负责任地使用社交媒体。

（三）提升网络沟通和社交能力

提升网络沟通和社交能力对于当代大学生来说至关重要。在数字化时代，网络已成为主要的信息交流和社交平台。为了在这样的环境中取得成功，学生需要具备高效利用这些工具的能力。高校在这方面的教育可以包括多个方面。

第一，电子邮件交流的规范。电子邮件是正式的学术和职业沟通方式。学生需要学会如何撰写清晰、专业的邮件，这包括邮件的格式、语言风格和礼节等。

第二，社交媒体的恰当使用。社交媒体是当代学生展示自己、交流想法和建立社交网络的重要平台。高校应教育学生如何在社交媒体上保持积极的形象，避免不当言论，并有效地利用这些平台进行学术交流和职业发展。

第三，在线讨论和协作技能的培养。鼓励学生参与在线讨论，提升其团队协作和远程沟通的能力。这不仅有利于学术上的交流与合作，还对未来职场中的远程工作模式有着重要的意义。

第四，网络礼仪和道德规范的强调。网络环境虽然较为自由，但遵守基本的礼仪和道德规范是必要的。教育学生在网络交流中尊重他人，避免网络欺凌和不实信息的传播。

（四）利用网络促进创新和学术研究

网络为学术研究提供了丰富的资源和便利的交流平台。高校应鼓励学生利用这些资源进行学术探索和创新实践。教授学生如何使用在线图书馆、学术数据库、电子期刊等资源进行学术研究，提高他们的信息检索和分析能力。鼓励学生加入各种学术社群和论坛，参与专业讨论，拓宽学术视野，与国内外学者进行交流。指导学生如何在网络平台上展示自己的研究成果，如学术博客、视频分享等。这不仅可以提升他们的学术影响力，还能增强公众交流和科普能力。鼓励学生利用各种网络工具和平台进行学术创新。这包括在线调研工具、数据分析软件以及各种协作工具的使用，以提高研究效率和质量。

第三章 高校思想政治工作的主要内容

第一节 统筹推进课程育人

课程育人不单是传授专业知识，更是引导学生形成正确的世界观、人生观、价值观的关键途径，在高校思想政治工作中占有重要地位。对课程思政的深入分析，能够为高校提供有效的课程育人策略，促进学生的全面和谐发展。

一、课程育人的内涵

课程育人就是课程既要促进学生的知识学习与能力发展，也要促进学生思想政治素质与品德的发展，并让知识与能力的发展和思想政治素质与品德的发展相互促进，培养德、智、体、美、劳自由全面发展的社会主义事业建设者与接班人。课程育人涵盖了从知识教育到价值观培养的全方位教育，旨在培养全面发展、理论与实践兼备、具有个性化特点的学生，最终实现教育的实效性和针对性。通过这样的课程设计和教学方法，高校能够更好地完成思想政治教育的任务，培养适应社会发展需求的优秀人才。

课程育人不仅仅是教师传授学科知识的过程，更重要的是将社会主义核心价值观、良好道德规范等价值观念融入教育过程。这种方式使学生在掌握专业知识的同时也能建立正确的世界观和人生观。例如，在经济学课程中讨论社会责任，或在历史课程中分析不同的政治理念，都是课程育人的实际应用。课程育人的目标是培养全面发展的学生，这不仅包括学术方面的培养，也包括道德、情感和社会责任等方面的培养。这种教育模式旨在帮助学生形成均衡发展的个人品质，通过跨学科的课程设计和丰富的课堂活动，学生可以获得更全面的教育体验。课程育人强调理论知识与实践技能的结合，这不仅要求课程内容紧贴实际，更要求教学方法能够鼓励学生将所学知识应用于现实问题。通过实验、实习、案例研究等形式，学生能够更好地理解理论，并学会将其应用于实际情境。课程育人注重考虑不同学生的学习需求和背景差异，提供个性化和差异化的教育，这意味着教学内容和方法需要灵活多变，以适应不同学生的特点。例如，对于不同兴趣和专业背景的学生，教师可以采用不同的教学案例和讨论话题，以提高课程的相关性和吸引力。课程育人的最终目标是提高教育的实效性，使学生能够在社会中发挥积极作用。因此，教育内容应与社会需求紧密相连，强调知识与能力的实际应用。通过与行业专家合作、关注社会热点问题，高校可以确保课程内容既现代化又具有实践价值。

二、课程育人的特点

课程育人是高校思想政治工作的一个重要组成部分，其核心在于通过专业课程实施思想政治教育。课程育人的特点主要体现在以下几个方面（图3-1）：

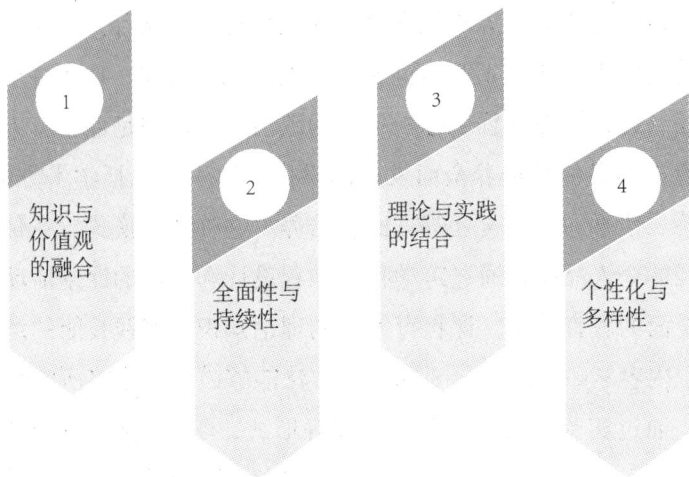

图 3-1　高校课程育人的特点

（一）知识与价值观的融合

在课程育人中，知识与价值观的融合是其显著特点之一，它体现了高校教育在传授专业知识的同时对学生的价值观和道德观进行塑造。这种融合旨在培养学生的全面素质，不仅限于学术成就，更包括个人品格和社会责任感的提升。在这种教育模式下，课程内容不再是单纯的知识传授，而是成为价值观教育的载体。例如，在教授历史课程时，教师会引导学生探讨历史事件背后的道德和伦理问题，使学生在学习历史知识的同时反思和形成自己的价值观。在科学和工程课程中，讨论科技进步对社会和环境的影响，鼓励学生发展对科技伦理的理解。这种融合还体现在教学方法上，教师通过讨论、案例分析、角色扮演等教学方法，引导学生参与深入的思考和讨论，而不是单向灌输。这样的教学方式不仅使课堂更加生动有趣，还有助于激发学生的思考和批判性分析能力。

通过知识与价值观的融合，课程育人不仅促进了学生对专业知识的掌握，更重要的是帮助学生建立了健全的价值观和道德观，为其未来的社会生活和职业生涯打下了坚实的基础。这种教育方式对于培养学生成为对社会有用的人才具有重要意义，是高校应对复杂社会环境变化的有效教育策略。

（二）全面性与持续性

课程育人的全面性与持续性是其实现高校思想政治教育的关键。这不仅使学生能够在学术上获得全面发展，更为其价值观的形成和个人品格的塑造提供了持续的支持，为高校培养既具备专业知识又具备强烈社会责任感的毕业生提供了坚实基础。

课程育人的全面性意味着思想政治教育不局限于某个特定的学科或课程，而是渗透所有的教育活动，这包括专业核心课程、通识教育课程以及实验、实习等各种实践活动。在这种全面性的指导下，思想政治教育成为学生学习的自然部分，而不是被视为一个单独的、附加的元素。例如，在工程学课程中讨论工程项目对社会和环境的影响，或在经济学课程中探讨经济发展与社会公平之间的关系，都是课程育人全面性的体现。课程育人的持续性强调思想政治教育应当在对学生的整个教育过程中持续进行，而非仅在特定阶段或课程中出现。这种持续性确保了学生能够在不断变化的学习环境中，持续接受并加深对重要价值观和道德原则的理解。为实现这一目标，高校需要确保思想政治教育的内容、方法和材料能够随着学生的成长和学习阶段的变化而适时调整。例如，为低年级学生提供基础的道德教育，而对于高年级学生，则要为他们提供深入讨论更复杂的社会和伦理议题的环境。

在课程育人中，全面性与持续性的结合为学生提供了一个连续的、多元化的思想政治教育环境。通过在不同学科、不同阶段持续地融入思想政治教育元素，教师能够使学生在不断发展的学习过程中建立起坚实的价值观体系。这种教育方式不仅有助于培养学生的专业技能和知识，更有助于促进他们成为有社会责任感、道德观念清晰的公民。

（三）理论与实践的结合

在课程育人的特点中，理论与实践的结合是一项关键方面，它不仅强调教师要在课程设计中传授理论知识，还需要让学生将这些理论应用于实际情境，从而使他们加深理解和提升实践能力。这一特点表现为在课程结构中同时包含理论学习和实践操作。例如，法律专业的课程不仅包括对法律理论的学习，还包括对模拟法庭的实践。通过学习法律专业的课程，学生能在实际模拟中理解和运用法律知识。

通过理论与实践的结合，课程育人能够提升学生的综合应用能力。教师在实践中运用理论知识，能够帮助学生更好地理解复杂概念，并帮助他们在真实或模拟的工作场景中培养解决问题的能力。将理论知识与实践结合起来，还能增强课程的现实意义和吸引力。学生能够看到所学知识在现实生活和职业实践中的直接应用，从而更加积极主动地参与学习过程。理论与实践的结合也有助于培养学生的创新思维。在实践活动中，学生不仅需要运用已有的理论知识，还需要创新性地解决新出现的问题，这样的过程有助于他们形成独立和具有创造性的思考方式。

（四）个性化与多样性

课程育人中的个性化与多样性是适应不同学生需求的关键特点，它强调教育内容和方法应因材施教，满足学生的多元化需求。个性化与多样性体现在课程内容和教学方法的灵活性上，旨在适应不同学生的学习风格、兴趣和能力。例如，对于理论学习能力较强的学生，教师可能会提供更深入的理论探讨；对于实践能力突出的学生，教师则可能会提供更多的实验和项目式学习机会。个性化的教学方法鼓励学生根据自己的兴趣和目标选择课程，进行主动探索。例如，学生可以根据自己的职业规划选择相关的专业课程或实践活动，从而更有效地实现个人发展目标。多样性不仅体现在课程设置方面，还体现在教学方法的多元化方面，包括传统的讲授法、案例教学、讨论式教学、在线教育平台等，这些不同的教学方式能够满足不同学生的学习偏好，增加教育的可接受度和有效性。个性化与多样性不仅有助于学生专业技能的提升，还有助于其全面发展，包括思想政治素质、创新能力和社会实践能力的提高。教师通过为学生提供广泛的学习选择，令其拥有丰富的学习经验，能够更好地促进其个性化成长和综合素质的提高。

三、课程育人的原则

课程育人的原则是指导高校思想政治教育的基本方针，它们确保了课程育人能够全面、有效地促进学生知识、能力和价值观的发展。通过遵循这些原则，高校可以更好地实施课程育人，为学生提供一个丰富、全面、高效的学习环境，从而培养既具有专业能力又具有良好价值观的优秀毕业生（图3-2）：

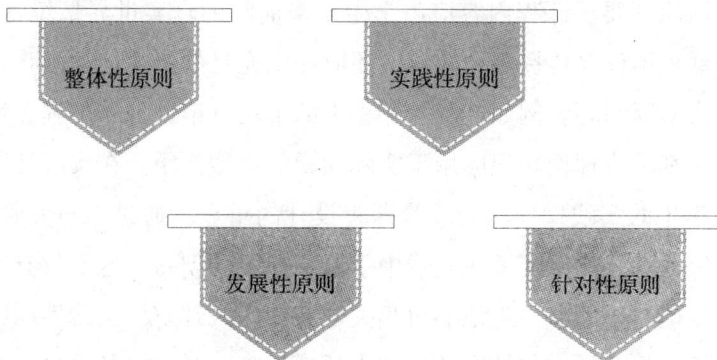

图 3-2　高校课程育人的原则

（一）整体性原则

整体性原则为高校课程育人提供了一个全方位发展的框架，确保学生不仅能够在学术上取得成功，还能够在社会和职业生活中展现良好的品质和强大的能力。

整体性原则是课程育人的重要指导原则，它要求高校在设计和实施课程时，应全面考虑学生的知识学习、技能发展、情感态度、价值观塑造和道德培养。这一原则的核心在于不仅关注学生的学术成就，还关注其作为一个全面发展的个体的成长。在整体性原则的指导下，高校课程不再是孤立的知识传授，而是一个多维度的教育体系，旨在全面提升学生的综合素质。这种教育模式重视学生的个性发展和社会责任感的培养，强调学生必须具备应对现代社会挑战所需的各种技能和知识。整体性原则还强调课程的设计和教学方法应灵活多样，以适应不同学生的需求。它鼓励教师采用多种教学手段，如讨论、合作学习、项目式学习等，以提升学生的主动学习能力和创新思维。这一原则还要求教育工作者关注对学生情感和道德素养的培养，使其在学术上的成长与个人品格的塑造并重。

（二）实践性原则

实践性原则强调将理论知识与实际应用相结合，以确保学生能够在真实世界的情境中应用所学知识，并在此过程中加深对这些知识的理解。

实践性原则要求课程内容应与学生未来面临的真实世界情境密切相关。这意味着课程不仅要传授理论知识，还应提供充足的机会让学生将这些知识应用于解决实际问题。例如，商业课程中的市场营销计划、工程课程中的设计项目等，都是将理论知识应用于实际问题的典型例子。在实践性原则指导下，强化学生的实践操作能力成为课程设计的重点。通过参与实验、实习、项目工作等活动，学生能够在实践中学习、探索和创新，这不仅有助于他们掌握专业技能，还能够促进他们对相关领域的深入理解。实践性原则还强调通过实践活动提升学生的社会认识和责任感。参与社会服务项目、社区活动或其他形式的公共参与，可以让学生在实践中树立社会责任和公民意识，这对于培养具有社会责任感的公民至关重要。实践性原则鼓励在教学中整合理论与实践，通过真实的案例研究、模拟演练等方式，学生能够在类似真实环境中应用和测试他们的知识。这种教学方法不仅提高了学习的趣味性，还提高了学生解决复杂问题的能力。

（三）发展性原则

发展性原则不仅关注学生当前的学术成就，更重视其长期的成长和发展。发展性原则要求教育工作者在设计和实施课程时，考虑学生的长期发展目标。这意味着教育不仅仅是传授知识或技能，更是引导学生发掘自身潜力，促进其个性化成长和终身学习的能力。在发展性原则的指导下，高校应为学生提供多样化的学习机会，以适应不同学生的兴趣和潜力。这包括提供不同主题和难度的课程，鼓励学生根据自己的兴趣和职业目标选择合适的学习路径，从而发挥他们的最大潜能。发展性原则还强调教师的教学方法应灵活多变，以适应不同学生的学习风格和需求。通过个性化的教学方法，如小组讨论、项目式学习、在线学习等，教师能够更好地满足学生的个性化需求，帮助他们在不同领域取得成长。发展性原则鼓励学生主动参与学习过程，培养他们的自主学习能力和自我驱动的精神。这包括为学生提供各种学习资源和机会，激励学生探索自己的兴趣领域，设定个人学习目标，并在教师的指导下实现这些目标。

（四）针对性原则

针对性原则强调教育内容和方法应紧密结合学生的具体需求、背景和未来发展目标。这一原则的核心在于为学生提供定制化的教育体验，确保每位学生都能从课程中获得最大的收益。在实施针对性原则时，高校需要深入了解学生群体的多样性，包括他们的学术背景、兴趣、职业规划和学习风格。基于这些信息，课程设计应足够灵活，以适应不同学生的需求。例如，对于理工科学生，课程中可能会加入更多与工程实践相关的元素；而对于文科学生，则可能更侧重批判性思维和文本分析。针对性原则还意味着教学方法的多样化。不同的学生可能对不同的教学方法有更好的反应，因此，教师应采用多种方式进行教学，如讲座、研讨会、实验、项目式学习等，以满足不同学生的学习偏好。针对性原则也要求教育内容具有一定的灵活性和适应性，以反映社会和技术的最新发展。这种持续更新的教育内容不仅能够保持学生的学习兴趣，还能确保他们毕业时具备当下社会所需的知识和技能。

四、统筹推进课程育人的必要性

在新时代的教育背景下，统筹推进课程育人显得尤为重要，主要体现在以下几个方面（图3-3）：

1 适应教育发展的新要求

2 促进学生全面发展

3 建设和谐校园文化

4 加强思想政治教育的实效性

5 提高教育教学质量

图 3-3 统筹推进课程育人的必要性

（一）适应教育发展的新要求

在新时代的背景下，高等教育面临前所未有的机遇和挑战，特别是在全球化趋势和信息技术快速发展的大环境下。这些变化不仅仅是在挑战传统的教育模式，更是对教育目标和方法的全面革新。传统的高等教育在很大程度上侧重知识的传授和专业技能的培养，而在新时代，这种教育模式已经不能完全满足社会和学生的需要。今天，高等教育更重要的任务是培养学生的综合素质，包括创新能力、批判性思维、团队合作能力以及适应快速变化的社会的能力。

统筹推进课程育人恰恰是对这一新教育理念的积极响应。它强调在课程设计和教学实践中融合思想政治教育和专业教育，不仅要关注学生的知识和技能培养，更要注重对其价值观的塑造、人格的全面发展和社会责任感的培育。通过这种方式，高等教育不仅可以更好地适应教育发展的新要求，还能够培养出更适应社会发展需要的高素质人才。在这一过程中，教育工作者需要不断创新教学方法和内容，使之更加符合学生的需求和时代的发展趋势。这包括但不限于采用更加灵活多样的教学方式，加强实践教学和跨学科学习，以及鼓励学生的创新思维和独立思考。高校还需要加强与社会的联系，如通过企业合作、社会实践等方式，让学生更好地理解和适应社会发展的需求。

（二）促进学生全面发展

统筹推进课程育人是一种更加全面和深入的教育方式，它不仅能够提高学生的专业技能，更重要的是能够促进学生全面素质的提升，为他们未来的全方位发展奠定坚实的基础。

统筹推进课程育人的实践强调教师要在课程设置和教学过程中综合考虑思想政治教育和专业知识的教授。这种做法不仅提升了学生的专业技能，更重要的是促进了学生的全人教育。通过进行思想政治教育，学生不仅能学习到专业知识，还能在道德、伦理、社会责任等方面得到引导和提升。这种全面的教育方式有助于学生形成正确的世界观、人生观和价值观，为他们在未来社会和职业生活中的成功奠定坚实的基础。这种教育模式还鼓励学生的个性化发展和创新思维。通过提供多样化的课程选择和教学方法，学生被鼓励探索自己的兴趣和潜能，发展自己的独特见解和创新能力。在课程育人的过程中，学生不仅能学习到书本知识，还能学习如何学习，如何思考，如何创新，这对于他们适应不断变化的世界具有重要意义。

（三）建设和谐校园文化

统筹推进课程育人对于构建和谐校园文化具有重要的作用。这不仅有助于学生的全面发展，还有助于形成积极向上、健康和谐的校园氛围，培养出具有社会责任感和集体荣誉感的高素质人才。

统筹推进课程育人能够在学生中培养一种积极向上的学习氛围，这种教育方式鼓励学生深入思考、主动学习，而不是被动接受知识。在这样的教育环境中，学生被激励去探索新知，挑战自我，实现自身潜能的最大化。当学生在这样的环境中成长，他们更可能形成积极主动的人生态度，这对于他们未来的学术和职业生涯都是极为宝贵的资产。在统筹推进课程育人的过程中，学生不仅仅会学习专业知识，还会在日常的学习和交流中学习如何与人相处，如何在集体中发挥作用。这种教育模式鼓励学生在学习过程中进行合作和交流，这不仅有助于知识的深入理解，还有助于学生社交技能的提升和人际关系的和谐发展。在这样的环境中，学生能够学会尊重他人、倾听不同的意见，以及如何在团队中发挥自己的作用。通过融入思想政治教育元素的课程，学生能够更深入地理解社会责任和集体荣誉的重要性。在学习过程中，学生不仅仅是在获取知识，还是在学习如何成为一个负责任的社会成员。他们学习到的不仅仅是为了自己的发展，还包括如何为社会作贡献。这种教育方式有助于学生形成更加全面的世界观，理解个人行为对社会的影响，从而使他们明白应如何在社会中发挥积极的作用。强调思想政治教育的这种教育模式还有助于深化学校文化的核心价值观。学校文化不仅是学校精神的体现，也是引导学生行为的重要力量。通过统筹推进课程育人，学校的核心价值观和教育理念能够更深入学生心中，使他们与学校形成一种共同的认知和追求，从而促进校园文化的和谐与统一。

（四）加强思想政治教育的实效性

在传统的教育体系中，思想政治教育往往被视为独立于专业教育的一个领域，这种分离很可能导致学生认为思想政治教育与他们的日常生活和专业学习没有直接联系。通过统筹推进课程育人，高等教育机构能够将思想政治教育与专业学习有效结合，从而显著提高其实效性。

统筹推进课程育人的一个核心要素是将思想政治教育与专业学习相结合。在这种模式下，思想政治教育不再是一个孤立的、被动的学习过程，而是融入学生的日常学习和实践活动。例如，教师可以在讲授专业课程时，强调相关的伦理标准、社会责任和国家发展的大局，这种方法可以帮助学生理解思想政治教育在他们所学专业领域中的实际意义和应用。为了提高思想政治教育的吸引力和感染力，课堂教学需要更加生动和贴近实际，这意味着教育内容应当与学生的生活经验和时事相关联，以增加其相关性和吸引力。通过使用案例研究、角色扮演、小组讨论等互动式教学方法，教师可以激发学生对思想政治教育主题的兴趣和深入思考。实践活动是加强思想政治教育实效性的另一个重要方面。通过组织社会实践、志愿服务、参观展览等活动，学生可以在实际环境中应用和深化他们在课堂上学到的理论知识，这种实践经验不仅有助于学生更好地理解和吸收思想政治教育的内容，还可以增强他们的社会责任感和民族认同感。为了确保思想政治教育的有效性，高校还需要建立一个反馈和持续改进的机制，通过定期收集学生和社会各界的反馈，不断调整和优化教学内容和方法。高校还应鼓励教师进行专业发展，提高他们在思想政治教育领域的教学能力。

（五）提高教育教学质量

统筹推进课程育人不仅是对教育内容的革新，更是对教学方法和教育理念的深刻变革。它要求教育者不断适应时代的发展，创新教育方法，提升教学质量，从而为学生提供更加全面和深入的学习体验，为他们未来的成功奠定坚实的基础。

在教学方法上，创新意味着使用更多具有互动性和参与性的教学方式，如项目式学习、翻转课堂、案例研究和小组讨论等。这些方法能够激发学生的兴趣，提高他们的参与度，使学习过程更加生动和有效。在教学内容上，创新则意味着将最新的研究成果、行业动态和社会问题纳入课程，使学生能够及时了解和理解当下及未来可能面临的挑战。通过创新的教学方法，教育者可以使课堂更加生动有趣。例如，通过实际案例的分析、角色扮演和模拟实验，学生可以在寓教于乐的环境中学习。鼓励学生参与课堂讨论和项目设计，不仅提高了他们的学习动力，还锻炼了他们的批判性思维和创新能力。为了实现教学的创新，教师自身的专业成长和教学能力提升也是必不可少的。高校应该为教师提供持续的专业发展机会，如教学技能培训、学术交流和研究支持，帮助教师掌握最新的教学方法和学术趋势。教师的成长不仅能提升教学质量，还能激发学生的学习兴趣和潜能。从更宏观的角度来看，统筹推进课程育人，通过创新教学方法和内容，提高教学互动性，以及促进教师的专业发展，对于提升整个教育体系的质量具有长远的影响。这种全面的改革有助于培养更适应社会发展需求的人才，也推动了教育领域的持续发展和创新。

第二节　着力加强科研育人

教学与科研相融合，才能培养出真正的创新型人才。[①] 科研育人突破了传统教育模式中理论与实践分离的局限，强调通过实际的科学研究活动来激发学生的创新思维、批判性思考和解决问题的能力。在快速发展的知识经济时代，科研育人成为高校培养创新型人才的关键策略，对学生未来的学术发展和职业生涯具有深远影响。

一、科研育人的内涵

高校科研育人的内涵在不同学科视角下呈现出多样性。从思想政治教育学的角度看，它主要关注通过参与科研活动过程中对大学生思想道德素质的培养，强调培育正确的世界观、人生观和价值观；从教育学或高等教育学的视角出发，高校科研育人的重点在于引导学生参与科学研究，使他们通过科研方法和能力的培养，提高自身的综合素质，与传统的课程教学相互补充，共同完成人的全面发展的教育目标。科研育人不仅仅是知识和技能的传授，其是一种全面育人的方式，强调思想道德和知识技能的并重，前者是后者的基础和前提。作为时代发展的产物，科研育人是一种目标明确、富有责任感和意识的教育引导行为，能够有效地促进大学生综合素质和创新能力的提升。

在新时代背景下，坚持科研育人意味着高校需引导学生热爱科技创新、重视科学研究、掌握科研方法，并在创新科研成果中实现自我提升。这包括

---

① 任旭东，马国建 . 新时代高校科研育人理论与实践 [M]. 镇江：江苏大学出版社，2021：1.

教师通过言传身教激励学生，鼓舞他们追求最新的科技成果，并以严谨的科研精神塑造学生。此外，教师也要引导学生主动参与，包括在课堂上学习科技前沿知识、在课外活动中提升科研操作能力，以及在交流互动中增强科研信心。

高校科研育人应将对学生思想道德品质的培养贯穿指导学生开展科研活动的始终，在培养提高大学生科研方法与能力的同时，重点培养他们具有爱国胸怀不甘落后、践行科学精神知难而上、训练严谨思维知行合一、遵循科学规律循序渐进的思想品质。[1] 为实现科研育人，高校应探索多元化的方法和渠道，促进科研育人与教学、学生管理、学校服务的有效结合；还需要营造有利于科研育人的环境，激发学生热爱科研的心态；深挖潜力，动员校内外各方面资源支持科研育人工作，形成强大的合力。此外，建立健全的科研育人机制也至关重要，将其纳入学校整体目标的考核体系中，有利于确保科研育人工作的顺利推进和持续发展。

二、科研育人的特点

高校科研育人通过将学生置于实际的科研环境中，不仅在物质与精神层面实现了超越，而且在实践性、应用导向和综合能力的培养上发挥了重要作用。这些特点共同构成了高校科研育人的核心，对学生的全面发展起到了决定性的作用（图3-4）：

物质与精神层面的双重超越性

实践性与创新性的结合

跨学科知识整合与应用

科研能力与个人发展的同步提升

图3-4　统筹推进课程育人的必要性

---

[1]　毛现桩. 大学科研育人：内涵意蕴、本质特征与时代价值 [J]. 安阳工学院学报，2020，19（3）：91-93.

（一）物质与精神层面的双重超越性

物质与精神层面的双重超越性这一特点深刻地体现了科研活动不仅仅是对物质世界的探索和改造，更是参与者精神层面的一次飞跃和提升。从物质层面来看，科研活动要求学生不断探索未知领域，创造新的知识和技术。这一过程往往涉及使用先进的科技工具，处理复杂的数据，以及设计和实施创新的实验，从而超越了传统的知识和技术边界。这种超越不仅推动了科学技术的发展，也促进了学生在专业领域的深入理解和技能提升。科研活动在精神层面上也具有超越性。在科研过程中，学生不断面临新问题和挑战，需要展现出坚持不懈、勇于探索的精神。这种精神超越表现在对复杂问题的深入思考，对挑战的勇敢面对，以及对失败的积极态度方面。通过克服科研过程中的困难，学生能够培养更强的自信心、责任感和创新精神，这些都是精神成长和人格完善的重要体现。

高校科研育人的物质与精神双重超越性，不仅促进了学生在知识和技术层面的成长，也对他们的个性发展和价值观形成产生了深远影响。

（二）实践性与创新性的结合

高校科研育人中实践性与创新性的结合是新时代教育的重要特征，体现在教育过程中对学生实际操作能力和创新思维的双重培养。这种结合不仅为学生提供了将理论知识应用于实践的机会，还鼓励他们在解决问题的过程中发展新的方法和想法。

在科研育人的实践性方面，学生通过参与真实的科研项目，得以直接接触学术界的前沿问题和挑战。这种实践机会使学生能够将在课堂上学到的理论知识应用于具体的研究项目，通过实际操作来深化自己对专业知识的理解。例如，在实验室工作中，学生不仅学习如何使用科研工具和技术，还学习如何设计实验、收集和分析数据。这种学习方式有助于学生更好地理解科学原理，培养解决复杂问题的能力。实践性的科研活动为学生提供了探索未知领域和测试新想法的机会。在解决实际问题的过程中，他们经常需要超越传统的思维模式，发展新的解决方案。这种经验不仅增强了学生的适应能力和灵活性，还激发了他们的创新精神。例如，在面对一个复杂的科学问题时，学生可能需要结合不同学科的知识，创造性地思考问题，提出独特的解决方案。

（三）跨学科知识整合与应用

跨学科知识整合与应用不仅是高校科研育人的一个重要特点，也是学生适应现代科研和教育需求的必然趋势。这一特点的核心在于推动学生将不同学科领域的理论、方法和技术相结合，以创新的方式解决科学和社会的复杂问题。在这个过程中，学生不仅会学习如何将知识从一个领域迁移到另一个，还会学习如何在不同学科之间建立连接，创造全新的解决方案。

在当前的科研环境中，许多重大的科学发现和技术创新都是在多学科交叉的背景下产生的。例如，生物信息学结合了生物学、计算机科学和数学，而环境科学则融合了生态学、地理学和化学等多个领域。在这样的趋势下，高校科研育人强调跨学科知识的整合与应用，鼓励学生打破传统学科界限，探索学科交叉的新领域。通过跨学科项目的参与，学生可以从不同的角度理解同一个问题，这不仅拓宽了他们的视野，还增强了他们的创新能力。例如，参与一个涉及生物学和化学的研究项目，可以帮助学生理解这两个学科如何相互作用，如何利用化学知识解决生物学问题。这种学习方式有助于学生理解复杂系统的工作原理，并培养他们的系统思维能力。跨学科知识的整合与应用也促进了学生批判性思维的发展。在跨学科的学习过程中，学生需要评估和整合来自不同学科的信息和观点，这要求他们具备高度的分析能力和批判性思维。例如，解决一个环境问题可能需要考虑生态、经济和社会因素，这要求学生能够综合这些不同领域的知识，提出全面且可行的解决方案。跨学科知识的整合与应用还有助于学生未来的职业生涯。在多变的工作环境中，能够跨领域工作的人才越来越受到欢迎。学生通过跨学科学习获得的技能，如适应性、协作能力和创新思维，对于他们未来在各行各业的成功至关重要。

（四）科研能力与个人发展的同步提升

科研能力与个人发展的同步提升强调高校要在培养学生科学研究技能的同时，促进他们个人素质的全面发展。这一特点不仅关注学生在专业领域的知识和技术能力，还重视他们的心理、情感、社交和道德发展。

在科研能力方面，高校教育着力培养学生的科学探究能力，包括实验设计、数据分析、批判性思维以及科学沟通能力。这些技能不仅在学术研究中至关重要，也对学生未来的职业生涯具有深远的影响。例如，学生在实验室中学习如何设计实验和解释数据，这不仅提高了他们的科学素养，也锻炼了他们解决实际问题的能力。个人发展的同步提升也是高校科研育人的重要组成部分，这包括提高学生的自我意识、社交技能、团队合作能力以及领导能力。例如，科研项目通常需要团队合作，这要求学生学习如何有效沟通、协调和领导团队。科研过程中的挑战和失败经验也是个人成长的重要部分，它们帮助学生学会如何面对挫折，培养坚韧和适应性。科研育人还注重培养学生的道德意识和社会责任感。在科研活动中，学生会学习遵守科研伦理规范，如诚实报告数据、尊重他人的知识产权等。这些教育不仅对维护科研的诚信至关重要，也对学生作为负责任的公民和专业人士的成长具有重要意义。

科研能力与个人发展的同步提升体现了一种全人教育的理念。在这种教育模式下，学生不仅获得了丰富的科学知识和技能，还发展了全面的个人素质，这为他们成为具有创新精神、责任感和领导力的未来科学家和社会成员奠定了坚实基础。

三、科研育人的原则

高校在着力加强科研育人的过程中，遵循一些核心原则是非常重要的。这些原则不仅指导着科研育人的具体实践，还确保教育活动能够有效地促进学生的全面发展和科研能力的提升。以下是科研育人的一些关键原则（图3-5）：

- 整体性与系统性原则
- 学生中心原则
- 实践导向原则
- 强化伦理和社会责任原则

图 3-5　统筹推进课程育人的必要性

（一）整体性与系统性原则

整体性与系统性是高校科研育人的重要原则，它强调教育过程应当全面、连贯，并且综合考虑学生各个方面的知识和技能。这种方法不仅关注学生在专业领域内的学术成就，而且重视他们跨学科能力和综合素质的发展。

在实施整体性与系统性原则时，教育者需要设计包括基础科学、应用研究，以及跨学科课程的综合教育计划。例如，一个生物科学的学习计划不仅包括生物学的基本知识和实验技能，还应涵盖与化学、物理，甚至计算机科学相关的内容。这样的跨学科整合有助于学生更全面地理解和解决复杂的科学问题。整体性教育还应当包括培养学生的批判性思维和创新能力，这意味着学生应当被鼓励质疑现有知识，探索新的思路和方法。教育者可以通过设计开放性问题、研究项目和创新实验来激发学生的创造性思维和独立研究能力。系统性的教育则要求教育者明确教学目标，并且在整个教育过程中保持一致性和连续性。这包括建立起从基础课程到高级研究的渐进式学习路径，以及确保各个课程和活动之间的相互衔接和支持。

（二）学生中心原则

学生中心原则强调以学生的需求和兴趣为核心，设计和实施教育活动，确保教育过程不仅传授知识，还激发学生的主动性和参与感。将学生置于教育活动的中心，意味着教育者需要从学生的视角出发，考虑他们的背景、兴趣和学习目标。

在实施学生中心的教学策略时，教师需要创造条件，让学生能够在科研项目中扮演更积极的角色，这可以通过项目式学习、问题导向学习或基于研究的学习实现。例如，教师可以引导学生自行设计实验，从提出研究问题到实验设计、数据收集和分析，再到结果解释和报告撰写的整个过程，都由学生主导。鼓励学生根据自己的兴趣选择研究主题，可以提高他们的学习动力和参与度。学生在探索自己感兴趣的科学问题时，更可能投入更多的精力和热情，这不仅促进了深度学习，也有助于培养他们的创新思维和问题解决能力。学生中心的原则还强调培养学生的自主学习能力，这要求教育者为学生提供适当的指导和支持，给予学生足够的空间，让他们能够自主探索和学习。在这个过程中，学生能够学会如何管理自己的学习进度，如何寻找和利用资源，以及如何自我评估和反思。

（三）实践导向原则

实践导向原则强调教师要通过真实的科研经历来培养学生的科研能力。这个原则基于认识，理论知识的学习虽然重要，但没有实际操作经验的科研教育是不完整的。因此，为学生提供参与真实科研项目的机会，是培养他们作为未来科学家和研究人员不可或缺的一部分。

实践导向原则要求教育者将教学内容与实际的科研活动紧密结合，这可能包括将学生纳入正在进行的研究项目，让他们在导师的指导下参与实验设计、数据收集、分析和解释等环节。通过这种参与，学生不仅能够了解科学研究的实际流程，还能够亲身体验科学探索的挑战和乐趣。实践导向原则还强调为学生提供多样化的实践机会，这意味着除了传统的实验室研究，学生还应该有机会参与田野工作、工业合作项目或其他形式的实践活动。这样的经历不仅增强了学生的适应性和灵活性，还能够让他们更好地理解科学研究在不同环境下的应用和意义。实践导向的科研育人还注重反馈和反思的过程，学生在实践中学习的过程应包括对他们工作的定期评估和反馈，帮助他们识别自己的强项和改进领域。同样重要的是，教师要鼓励学生对自己的学习经历进行反思，使他们了解在实践中获得的经验如何与理论知识相结合。

（四）强调伦理和社会责任原则

强调伦理和社会责任原则是为了培养具有良好伦理观念和社会责任感的科研人员。通过这种培养，学生不仅成为技术上的专家，更成为能够对自己的研究成果及其社会影响负责的科学家。这对于保持科学研究的诚信和推动科学的健康发展具有重要意义。

强调科研伦理包括教育学生如何诚实地报告研究结果，避免数据的篡改和误导。这对于维护科学研究的诚信至关重要，因为科学研究的可靠性和有效性依赖数据的真实性和准确性。因此，学生需要学习如何严谨地记录实验过程、客观分析数据，以及诚实地呈现研究成果。尊重知识产权是科研育人的重要方面，这意味着学生需要了解和遵守有关知识产权的法律和规范，包括引用他人的知识成果时要正确标注，保护自己和他人的知识成果不被不当使用或盗用。考虑研究对社会和环境的影响也是科研伦理和社会责任的一个重要组成部分，学生应被教导去思考他们的研究可能对社会产生的长远影响，包括科技发展可能带来的伦理问题和社会变革。例如，在进行生物医学研究时，学生需要考虑相关伦理问题，如个人隐私保护和基因编辑的道德界限。

四、着力加强科研育人的必要性

着力加强高校的科研育人具有多重必要性，这不仅是实现教育目标的重要途径，也是提升高校综合实力和社会贡献的关键。具体如下（图3-6）：

图3-6　着力加强科研育人的必要性

（一）是坚持社会主义办学方向和立德树人根本任务的必然要求

在当代中国，高等教育的发展不仅仅是传授知识和培养技能的过程，更是一个融合社会主义核心价值观，弘扬中华优秀传统文化，培育良好思想道德品质的过程。高校作为培养高素质人才的重要场所，其肩负的不仅是知识传授和技能训练的职责，还有立德树人的根本任务。在这一背景下，着力加强科研育人成为高校坚持社会主义办学方向和立德树人根本任务的必然要求。

社会主义办学方向要求高校在科研育人过程中，不仅要注重对学生科技创新能力的培养，还要注重社会主义核心价值观的融入和传播。这意味着在科研教育中，学生不仅要学习科学技术知识，还要理解并践行社会主义核心价值观，如爱国、敬业、诚信、友善等。通过将这些价值观融入科研项目设计、实施及成果展示等各个环节，学生能够在实践中加深对这些价值观的理解和认同。立德树人的根本任务要求高校在科研育人过程中重视学生的全面发展，包括道德素质、思想品德、社会责任感等方面的培养，这不仅仅体现在传统的课堂教学中，更应在科研实践中得到体现。例如，通过参与解决社会问题的科研项目，学生能够理解和体会科学技术对社会发展的重要作用，增强服务社会的意识。在科研实践中遵守科研伦理、尊重知识产权、诚实报告研究结果等，都是对学生道德素质和思想品德的重要培养。科研育人在培养学生科学精神和创新能力的同时，也在传承和发展中华优秀传统文化。通过科研活动，学生可以深入了解中国的历史文化、哲学思想及其在现代科技发展中的作用和意义。这种文化的传承和发展，对于增强学生的文化自信和民族自豪感具有重要作用。

（二）实现"三全育人"的重要体现

"三全育人"是当前高等教育改革的重要方向，即全员育人、全过程育人、全方位育人。在这一背景下，着力加强科研育人不仅是高校教育改革的重要组成部分，也是实现"三全育人"战略的重要体现。

"三全育人"战略强调教育的全面性和系统性，要求高校在育人过程中注重学生的知识、技能、情感、价值观等多方面的发展。在这个框架下，科研育人为学生提供了一个实践、探索和创新的平台，让他们在掌握专业知识的同时，也能培养解决实际问题的能力和社会责任感。通过参与科研项目，学生能够将课堂上学到的理论知识应用于实际问题，这种学习方式不仅提高了他们的专业技能，还锻炼了他们的实践能力。在科研过程中，学生需要学会如何设计实验、分析数据、解决问题，这些都是在传统教育模式下难以获得的经验。科研育人还促进了学生情感和价值观的发展。在科研活动中，学生不仅需要掌握技术知识，还要学会团队合作、沟通协调和道德判断，这些技能和品质对于他们成为社会中的有用人才至关重要。例如，在团队科研项目中，学生需要与其他成员协作，这不仅提升了他们的团队精神，还增强了他们的社交能力。科研育人在培养学生全面发展方面发挥着关键作用。在科研过程中，学生会遇到各种挑战和困难，这些经历有助于他们培养坚韧的性格和解决问题的能力。科研活动中的成功和失败经历也是学生情感和心理发展的重要部分，有助于他们形成正确的世界观和价值观。

（三）实施素质教育的内在要求

高校实施素质教育的内在要求不仅涵盖了对学生进行知识层面的培养，更重要的是提升学生的综合素养。科研育人恰恰能够在这些方面为学生提供丰富的实践经验和学习机会，是实现素质教育目标的重要手段。通过参与科研活动，学生能够全面提升自己的科研能力、创新精神、社会责任感以及人际沟通和团队合作能力，从而实现全面发展。

素质教育强调的是对学生个性化、全面化发展的关注，而非仅仅侧重学术知识的灌输。这意味着教育过程应当培养学生的批判性思维、解决问题的能力、创新能力，以及有效沟通和团队合作能力。在科研育人的过程中，学生有机会参与真实的科学探究，这不仅能够让他们应用和巩固专业知识，还能够在实际操作中培养这些重要的软技能。通过参与科研项目，学生能够在实践中学习如何独立思考和解决问题。科研活动往往充满挑战，需要学生去发现问题、提出假设、设计实验、分析数据，并最终得出结论。这个过程不仅锻炼了学生的科研技能，更重要的是培养了他们的批判性思维和创新意识。科研育人还促进了学生社会责任感和伦理意识的发展。在科研活动中，学生需要考虑自己所研究的伦理问题，如确保实验的安全性和合理性，以及对实验结果的负责任态度，这些体验有助于学生形成对科学研究和社会责任的深刻理解。科研育人同样是培养学生团队合作和沟通能力的有效途径。在科研项目中，学生通常需要与导师、实验室同伴，甚至其他学科的专家合作，这种多元化的合作模式能够显著提升学生的沟通能力和团队协作能力。

（四）提升科技创新能力的必然要求

高校提升科技创新能力是当代教育发展的必然要求，特别是在全球化和信息化时代背景下，科技创新已成为国家具备竞争力的关键。在这样的背景下，高校着力加强科研育人成为提升科技创新力的重要途径。

科研育人能够直接促进学生创新能力的培养。通过参与真实的科研项目，学生不仅能够学习最新的科学技术，还能够在实际的科研活动中锻炼自己的创新思维和问题解决能力。这种实践经验使学生能够更好地理解科学理论背后的实际应用，为其将来在科学研究和技术开发领域的工作打下坚实的基础。

科研育人还有助于建立学生的科研网络和合作关系。在科研活动中，学生有机会与来自不同领域的教师、研究人员及行业专家进行交流和合作，这些经历不仅能够拓宽学生的视野，还能够帮助他们建立宝贵的专业网络，这对于他们未来的科研工作和创新活动极为重要。科研育人还能够促进学生对科学研究的热情和兴趣。通过参与具有挑战性的科研项目，学生能够更加深入地理解科学的魅力，激发他们对科学探索的热情。这种热情和兴趣是科技创新的重要驱动力，对于培养未来的科学家和技术创新者至关重要。科研育人还有助于高校与社会和产业界的紧密结合。通过与企业和社会组织合作科研项目，学生能够了解科技创新在社会发展和产业进步中的实际作用，这有助于他们将科研成果转化为实际的社会和经济价值。

第三节　扎实推进实践育人

随着社会对应用型、创新型人才需求的不断增长，高校教育不仅要注重对学生进行理论知识的传授，更要重视对学生实际操作能力和创新思维的培养。因此，扎实推动实践育人不仅是高校适应教育发展趋势的必然选择，也是培养学生综合素质、满足未来社会需求的关键途径。

一、实践育人的内涵

实践育人是一种遵循教育活动的规律和大学生成长成才的规律，通过激发学生课外自我教育和互相学习的热情和兴趣，以大学生在学校课堂中掌握的理论知识和间接经验为基础，以开展与大学生专业发展和成才成长密切相关的各种实践活动为途径，加强对大学生的思想政治教育，并使他们形成高尚品格、祖国观念、人民观念、创新精神、实践能力的育人方式。[1] 实践育人的内涵是全面和多元的，它不仅关注学生的技能和知识培养，更重视他们的个人发展和综合素质的提升。通过实践育人，学生能够在真实的世界中学习和成长，为未来的职业生涯和社会生活打下坚实的基础。

高校实践育人强调通过实践活动，如实验、实习、社会调研等，培养学生的综合实践能力。这些活动使学生能够将在课堂上学到的理论知识应用于实际情境，从而更深入地理解这些知识。在实践活动中，学生面临的不仅仅是技术层面的挑战，更多的是需要他们运用创新思维来解决问题。实践育人鼓励学生提出新的想法，对现有知识进行批判性分析，从而培养他们的创新意识和批判性思维。实践育人还包括对学生职业技能和职业道德的培养。通

---

① 李红，王谦. 新时代高校实践育人理论与实践 [M]. 镇江：江苏大学出版社，2021：1.

过实践活动，学生不仅能够学习专业技能，还能够在实际工作环境中学习职业道德，为未来的职业生涯做好准备。高校实践育人也侧重培养学生的社会责任感和团队合作精神。在参与社会实践和团队项目的过程中，学生学习如何与他人协作，如何为社会贡献自己的力量，这些经验对于他们成为有责任感的社会成员至关重要。在实践活动中，学生不仅需要掌握技术和专业知识，还需要了解社会的运作方式和人际交往的技巧，这种培养有助于提高学生的人文素养和社会适应能力。现代社会的问题往往是复杂且多元的，需要跨学科知识的融合来解决。实践育人鼓励学生将不同学科的知识结合起来，以创造性的方式解决问题。

二、实践育人的特点

高校实践育人以其导向性、参与性、体验性、渗透性和综合性的特点，在高等教育中发挥着不可替代的作用（图3-7）：

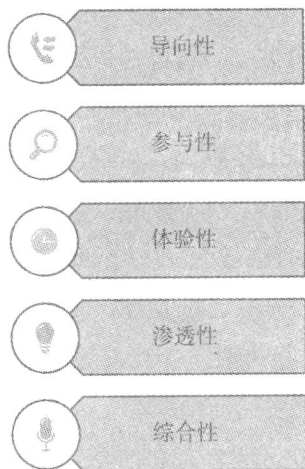

导向性

参与性

体验性

渗透性

综合性

图 3-7　高校实践育人的特点

（一）导向性

实践育人作为育人途径的一种，是一种目的性和针对性都很强的教育实践活动。[①] 实践育人策略的导向性体现在其设定的明确目的和路径上，旨在通过多样化的实践活动，全方位提升大学生的综合能力，以培养他们成为适应社会主义建设需求的优秀人才和领导的潜力继承者。这种策略的核心属性要求其活动不仅要有清晰的目标指向，而且要紧密联系思想政治教育的总体要求。高校在设计和实施实践育人项目时，重点要放在增强学生的思想政治理解、创新实践技能及推动其全人发展上，利用实践活动作为教育的平台，以实现教育的终极目标。

从更宏观的视角来看，专注育人目标的实践活动，在本质上与一般实践活动存在明显差异，大学生参与的社会实践被视为其成长和进步的关键途径。这类社会实践活动与其他类型的世界认知和改造活动不同，它们本质上是一种通过改变学生的主观世界来进行的学习过程。实践育人的导向性明确要求，所有实践活动的内容和设计都应聚焦加强学生的理想信念、提高学生的社会责任感、塑造学生优秀的道德风貌和身心素养、培育探索精神及解决问题的技能，从而服务于思想政治教育和全面育人的总体目标，实现育人的终极目的。在具体执行层面，这种导向性还体现在高校在实施实践育人项目时，必须紧扣提升学生综合素质的目标，根据全面育人的要求进行战略规划和布局，对实践育人的周期、策略、成效等进行前瞻性的规划和监督，确保活动的实效性。高校实施的实践育人活动虽然形式多样、内容丰富，但均围绕育人这一中心任务展开，把提高学生的实践创新技能和综合素质作为工作的主要内容和追求方向。

（二）参与性

实践育人不同于传统的理论教学，其最显著的特点在于强调学生作为主体的参与。实践育人强调的是通过学生的主动参与实践活动，从而实现对客观世界的认识和个人世界的转化。它以提高学生的实践创新能力和综合素质为目标，通过让学生在主观与客观世界的互动中进行学习，引导他们通过实践活动来达到自我教育和成长。这种参与性的教育方式是实现真正教育的

---

① 赵巧玲，宗晓兰. 高校实践育人研究 [M]. 长春：吉林人民出版社，2020：4.

关键，因为它促进了学生的自我教育，使实践育人成为实现自我教育的重要手段。

在实践育人的过程中，学生的角色并不局限于被动的知识接收者，而是转变为各种实践活动的中心参与者，包括但不限于教学实践、军事训练、社会服务等。这种以学生为中心的实践活动，其参与性体现在以下几个方面：其一，学生作为实践活动的主要执行者，直接参与每一个环节。实践育人强调所有活动都应围绕学生展开，无论是通过主动探索还是参与设计，学生都应成为实践过程的核心。通过这种方式，学生能够获得直接的体验和深刻的认识，进而实现个人视野的扩展和能力的提升。其二，学生在实践育人活动中的主动参与，对于教育活动的安排和实施具有显著的影响。作为活动的主体，学生的参与为实践育人的设计和执行提供了重要的反馈和指导。因此，教育机构在规划和实施实践育人项目时，应充分考虑学生的主体性，根据学生的需求和反馈来调整和优化活动的内容和形式，确保教育活动的目标能够实现。其三，学生具有在实践过程中自主选择参与内容和方式的权利。学生可以根据自己的兴趣、能力和实际情况，选择合适的实践活动进行参与，必要时可以寻求教师的指导和帮助。这种自主性不仅体现了学生在实践育人过程中的主体地位，也有助于培养学生的自我管理能力、团队合作精神以及解决实际问题的能力，进一步促进了学生全面素质的提升和个人潜能的发挥。通过这种自主参与的实践活动，学生不仅能够实现知识的应用和技能的提升，还能够在实践中学会如何学习，从而为未来的个人发展和社会参与打下坚实的基础。

（三）体验性

实践育人的体验性是指教师要在大学生参与实践活动的过程中，围绕一定的育人工作目标，根据大学生的实际情况和特点，为大学生提供、创造或还原各种实践机会及现实情景，使他们在参与实践的过程中深化对知识的理解和掌握，获得丰富的情感体验和感悟，提升综合素质，最终实现育人工作的目标和效果。[1] 实践育人的体验性特质超越了对技能与知识的简单掌握，扩展至深入洞察社会、文化及职业生态，这对学生未来适应社会与职场环境具有不可替代的重要性。这一特性与教育的根本规律相契合，体现了通过实践体验来实现教育目标的有效途径。在高等教育阶段，虽然学生的学习主要集中在获取课堂理论知识上，但单一的理论学习模式往往因其较低的参与性和互动性，限制了学生在思想道德素质及意志力方面的发展。个体只有亲身经历和体验，才能深刻理解和内化自己遇到的各种事件和变化，正如无法通过他人的经验完全理解某一概念一样。因此，实践育人中的体验性不仅是提升特定教育成果的关键，也是实现深度学习和个人发展的重要驱动力。

通过将理论与实践紧密结合，实践育人为学生提供了一系列丰富的实践体验，从而不断强化学生在学习过程中的主体性，激发其参与和主动探索的意愿。这种体验导向的教学方法有效促进了学生创新思维的发展，锤炼了他们的身心意志，加深了他们对社会归属感和价值观的认同。在参与实践活动的过程中，学生不仅能将课堂理论知识应用于现实情境，还能在解决具体问题的实践中提高自我能力和素养。实践育人的体验性也极大地促进了学生对知识的深入理解和吸收。实践活动提供的直观、生动的学习环境，使学生能够从多维度和多角度接触和理解知识，这种全面的认识有助于他们在未来的学术研究或职业生涯中更加有效地利用所学解决实际问题。通过这样的体验学习，学生可以更好地将理论与实践相结合，理解其背后的深层逻辑和原理，进而在复杂的社会和职业环境中做出更加明智和有效的决策。

（四）渗透性

实践育人在大学生全面培养综合素质的过程中渗透各个环节，涵盖了极为广泛的内容，并采取了多样化的实现形式。它不限于传统的教学型实践，如课程实习、毕业实习、生产实习等，还包括更加具有探索性和体验性的实践，如课程试验、科技创新、创业实践等。实践育人的这种渗透性主要从两个层面体现：

---

[1] 赵巧玲，宗晓兰．高校实践育人研究 [M]．长春：吉林人民出版社，2020：6.

其一，实践育人不仅自身是一种全面的育人方式，而且还与其他育人活动相融合，成为育人工作的基石和主要手段。在高等教育机构中开展的各类育人活动，无论是德育、美育还是体育，都在不同程度上融入了实践育人的理念和方法。这种融合使实践育人与其他类型的育人工作形成了相互促进、相互强化的良性互动，共同推动了学生的全面发展。其二，实践育人对于实现高等教育中的其他育人目标起到了显著的推动作用，有效增强了其他育人活动的效果。实践活动不仅是获取知识的渠道，更是深化理解和提升认知的基础。通过将理论知识应用于实际情境，大学生能够更加深入地掌握知识的真谛和内涵，进而将其转化为自己的思想和认识。实践育人活动成为德育、美育、体育等多方面育人工作的实施平台，是实现素质教育目标的根本途径。个体能力的提升依赖知识的积累和实践的锻炼，而个人素质的养成则需要通过连续的实践经历来内化，并通过实践活动的表现来显化。相较于仅通过理论学习获取的知识，通过实践活动获得的经验和技能对于个人综合素质的提升有着不可比拟的重要性，这种经历不仅能够提升学生的实践能力，还能够促进其个性的发展和全面成长。

（五）综合性

实践育人构成了一个跨领域的系统项目，其成功实施不仅依赖地方政府和各相关部门的支持，还需要高等教育机构的主动参与和贡献。实践育人内容的多样化和丰富性保证了其教育成效的全方位和深远影响。因此，理解实践育人的综合性需要从工作实施的全面性和教育成效的深度两方面来探讨。

就工作实施而言，实践育人覆盖了教育领域的多个方面，是一项涵盖广泛支持和合作的系统性任务。这不仅包括教育管理机构、商业实体、社会组织的共同努力，也包括高校内部的积极建设与支持，如不断完善实践育人平台和资源。实践育人的顺利推进依托专业教师的引导和学生作为实践的主体的主动加入。这一过程的实施是集合了多方资源和力量的复合型活动，通过各方的积极配合和协作，确保实践育人项目的成功实施。从教育成效和目标的角度来看，实践育人的综合性同样显著。对学生、教育机构乃至国家层面而言，实践育人承载着深远的意义，它是贯彻落实教育政策、融合社会主义核心价值观于国民教育、深化素质教育实施、提高高等教育水平的关键路径。实践育人不仅可以加强学生的专业知识和技术技能，还能培养他们的实际操作能力和创新思维，同时促进学生身心健康的发展，增强其对理想信仰和社会责任的认识与承担。

三、实践育人的原则

实践育人的原则确保了教育活动的系统性、全面性和有效性，促进了学生综合素质的全面提升（图3-8）。通过这些原则的实施，高校能够更有效地推动实践育人，培养适应社会发展需要的高素质人才。

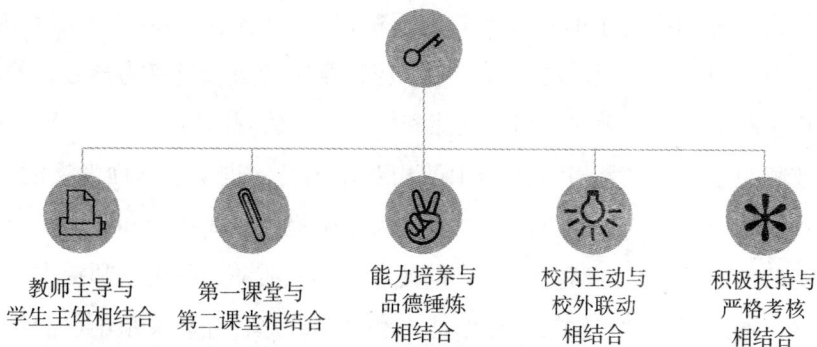

图3-8　高校实践育人的原则

（一）教师主导与学生主体相结合

在当代高等教育体系中，构建一个有效的实践育人模式要求教师与学生在整个教育过程中共同作用，发挥各自的角色以推进教育目标的实现。这种教育模式强调教师的引导作用与学生主体性的结合，旨在通过双方的互动合作，培养能够适应社会发展需求的全面发展人才。

教师在实践育人体系中扮演着至关重要的角色，他们不仅是知识的传递者，更是学生学习过程中的引领者和支持者。教师的主导作用主要体现在以下几个方面：首先，教师负责确保实践育人活动沿着正确的方向发展，帮助学生明确个人的发展目标和方向，及时纠正偏差。这一点尤为重要，因为学生在职业规划和个人成长的路径选择上可能存在不确定性。其次，教师在整合和协调实践育人所需资源方面起着关键作用。他们不仅能够动员校内外的教学资源，还能够联络社会资源，为学生的实践活动提供支持。最后，教师通过提供专业知识和实践指导，帮助学生将理论知识应用于实际情境，尤其是在专业实习、科研项目和社会服务等方面，教师的专业引导不可或缺。在实践育人模式中，学生的主体地位同样重要。实践活动的设计和实施应围绕学生的需求和兴趣展开，确保每项活动都能促进学生的个人成长和技能提升。学生的主体地位主要体现在以下几个方面：首先，实践育人活动应以学生的成长需求为出发点，要尊重他们的个性化发展需求，设计符合学生兴趣和职业发展目标的实践项目。其次，应鼓励学生在实践活动中发挥主动性和创造性，充分利用学生的自主性和创新精神，让他们在实践中学习和成长。最后，教师在评价实践活动的效果时，应以学生的成长进步为核心，关注学生通过实践活动所获得的知识、技能和树立的价值观的转变。

教师与学生在实践育人过程中的相互作用是促进学生全面发展的关键。教师通过主导实践活动的方向和内容，为学生提供专业指导和资源支持，创造有利的学习环境。同时，学生应积极参与实践活动，利用教师提供的资源和指导，通过实践学习发展自己的能力和素养。这种互动关系不仅能够提升学生的实践技能和专业知识，还能够促进对学生独立思考能力、创新能力和社会责任感的培养。

（二）第一课堂与第二课堂相结合

在现代高等教育体系中，实践育人的原则之一是实现第一课堂和第二课堂的有效融合，这两个领域在学生综合能力培养中扮演着至关重要且互补的角色。高等教育机构的人才培养架构将这两个课堂视为推进学生全面成长的双轮驱动，它们各自承担着独特的职责，通过协调一致的合作，致力培育具有全方位能力的学生群体。为了确保高校实践育人工作的成效，将第一课堂与第二课堂的各自优势和特色进行有机整合，形成协同增效的教育模式，是实践育人策略中不可或缺的一环。

　　第一课堂是基于学校教育计划，在特定的空间和时间内，依据教学大纲进行的系统性教学活动。这一环节作为人才培养的基础，以其内容的规范性和师生互动的系统性，对学生的基础知识建设和理论学习发挥着核心作用。在高校实践育人体系中，第一课堂具备两方面的基础性功能：首先，它为学生参与各类实践活动，如科研项目和技术创新，提供了必要的理论基础和专业知识。这些活动深深植根学生在课堂学习中获得的知识，并依赖教师的专业引导。其次，第一课堂通过为实践活动提供资源支持，如课时安排、资金投入和师资力量，确保了实践育人的质量和效率。第二课堂即课堂教学之外的教育活动，代表了学习的延伸、补充和进阶。在人才培养过程中，第二课堂以其育人功能的日益凸显，对实践育人的重要性愈加明显。第二课堂的活动特点，如生动性和主动性，成为实践育人的关键资源，为学生提供了更为多样化的学习形式和更广阔的实践空间。与第一课堂的系统性知识学习相比，第二课堂更能激发学生的主观能动性和创新意识，这与实践育人的目标密切相连。例如，参与志愿服务等第二课堂活动本身就蕴含了实践育人的价值，既能促进学生服务社会的意识的树立，也助力其个人能力和社会责任感的提升。

　　将第一课堂和第二课堂的独特优势和功能进行综合，对于高校实践育人工作的成功至关重要。第一课堂通过其规范化的教学活动，为学生提供了坚实的理论基础和专业技能，而第二课堂则通过多样化的实践平台和活动，激发了学生的实践兴趣和创新精神。两者的有机结合不仅能够促进学生技能的全面提升，还能激发其对知识的深入探索和实践应用，为学生提供必要的资源和条件，支撑其在实践活动中的成功。实现第一课堂与第二课堂的有效整合，还需高校在策略制定和资源配置上进行精心规划。通过建立跨学科的协作平台，鼓励学生在课堂学习与实践活动之间建立连接，高校可以促进理论与实践的相互补充和融合。教育机构还应提供充足的支持，如创新实践基金、实验室资源和指导教师，确保学生在第二课堂的活动中获得有效的学习和成长。

（三）能力培养与品德锤炼相结合

在高等教育的实践育人框架内，培育学生的能力与塑造其品德是并行且相辅相成的，它们共同铸就了培养全面发展人才的基石。此双轨并行的教育模式不仅旨在提升学生的职业技能和个人能力，还侧重培养其正直的品德和积极的生活态度。能力的提升重点在于学生专业技能的培养和个人素养的提高，确保学生能够适应社会变革和发展的需求。同时，品德的锤炼则侧重塑造学生的道德观念和积极的人生观，包括培养他们对社会的责任感和对劳动的尊重。实践育人策略通过整合这两个方面的教育目标，致力学生的全面发展和素质的全方位提升。

在能力培养方面，实践育人强调三个核心领域：首先，提高学生的社会认知能力是至关重要的，通过组织社会实践活动，如社会调查、社区服务等，使学生能够直接接触社会，了解社会结构和功能，加深对社会问题的认识，从而培养他们成为对社会发展的有用人才；其次，创新实践能力的培养同样重要，实践活动如科研项目、创业挑战等鼓励学生将理论知识应用于实际问题解决，通过动手实践培养其解决问题的能力和创新思维；最后，培养学生进行基本劳动的能力也是必不可少的，通过参与劳动教育和勤工助学等活动，学生能够体验劳动的价值，增强体魄，提升劳动技能。在品德锤炼方面，实践育人着眼几个关键领域：首先，通过参与志愿服务、社会服务等活动，引导学生理解并承担社会责任，培养他们的集体荣誉感、责任感和使命感；其次，面对挑战和困难，学生应在实践活动中坚持不懈，这种过程有助于锻炼他们的坚强意志和优秀品质；最后，通过直接参与劳动实践，学生可以深刻体会到劳动的辛苦和劳动者的伟大，从而培养对劳动和劳动者的深切敬爱。

实践育人策略的成功在于能够平衡能力培养与品德锤炼两个方面，确保学生不仅在职业技能上有所成就，也在道德品质上得到提升。忽视任何一方都可能导致教育目标的偏离，只有在两者之间找到恰当的平衡点，才能培养既具备专业能力又拥有高尚品德的全面发展人才。这种全面发展的人才培养模式，不仅符合马克思的教育理念，也是培养适应未来社会主义建设需要的人才的必然选择。通过实践育人，学生能够在参与社会实践的过程中，全面提升自我，成为既有能力又有德行的社会栋梁。

（四）校内主动与校外联动相结合

在现代高等教育体系中，实践育人的原则强调校内资源的积极动员与校外资源的有效整合，校内与校外资源共同构成了实践教育的双轮驱动力。这一原则不仅要求高校内部采取主动策略，开展丰富多样的实践活动，还要求高校外部积极拓展合作渠道，利用外部资源为学生提供更广泛的实践平台和机会，实现校内外资源的协同效应。

校内的积极措施是实践育人成功的关键。高校需要建立一个内部机制，鼓励和支持教师及学生参与实践活动，这包括但不限于提供必要的财力、物力支持，以及创造一个鼓励创新和实践的文化氛围。高校应当利用自身的教育资源，包括师资力量、实验室、图书馆等，为学生提供丰富的实践学习资源。此外，高校还需定期评估和更新实践教育的内容和形式，确保教育活动能够紧跟社会发展的步伐，满足学生的成长需求。校外联动的实施为高校实践育人策略提供了额外的动力和资源，高等教育机构应通过与政府部门、行业企业及社会组织的合作，建立起一个校外实践教育的网络，为学生提供实习、调研、社会服务等实践机会。这些合作不仅可以为学生提供实际的工作经验，还可以帮助学生建立职业网络，增强其未来就业的竞争力。此外，高校应积极争取外部的政策和资金支持，为学生参与实践活动提供充足的保障。

为了实现校内外资源的有效联动，高校需建立一个跨部门的协调机制，确保校内外活动的有效对接。这包括建立信息共享平台，让学生及时了解到校外实践机会；还包括需要有专门的团队或部门，负责与外部机构的沟通和协调工作，确保合作项目的质量和效益。通过这种机制，高校可以为学生提供一个更为宽广、多元的实践教育环境，促进学生能力的全面发展。

（五）积极扶持与严格考核相结合

在实践育人计划中，采取积极的支援策略和实施严密的评估流程是互为补充的两大关键策略。支援策略主要涉及通过公共关系活动、政策扶持、基础建设加强以及财政资助等手段，激发实践教育项目的活力，确保项目的实施有足够的资源保障。与此同时，教师要通过利用细致的评估机制，包括评估学生的亲身体验、教师的辅导效果及综合表现评价等手段，强化对实践教育成果的监督，保障教育目标的达成。

支持体系作为实践教育成功的基石，需要在多个维度得到加强：其一，加大舆论引导力度，利用媒体推广等方式普及实践教育的理念，增强师生对实践活动的认同感和参与意愿。其二，关注实践教育基地的构建和完善，比如建立和规范思想政治教育中心、实验实训中心等，以规范化的管理和运作模式，增强教育功能的实效。其三，扩大资金来源，学院需设定专项基金，通过各种渠道筹集资金，确保实践教育项目持续有效开展。

严格的评估流程是确保实践教育成效的核心。一个综合性的评价体系，将结合学生的个人体验反馈、教师的指导效果评估及整体绩效评价，对实践教育的成效进行全方位的考查。具体而言，一方面，需要对实践教育基础设施的建设和运用进行严格的检查，将实践教育的具体成果纳入学校整体教学质量的评估体系中；另一方面，构建一个以学生的全面发展和实践技能提升为核心的评估标准，以学生的创新实践能力和综合素质的提高作为评价的主要内容。教师在引导和支持学生进行实践活动时的表现，也应作为评价其职业成就的一个重要方面。

四、扎实推进实践育人的必要性

扎实推进实践育人的必要性在高等教育领域是不容忽视的。这种必要性主要体现在以下几个方面（图 3-9）：

社会繁荣昌盛和国家
创新发展的重要保障

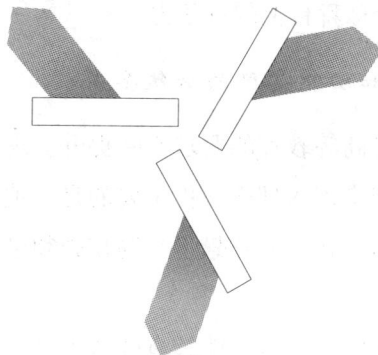

大学生成长和全面
发展的有效促进

高校改革发展和功能
实现的必然要求

图 3-9　扎实推进实践育人的必要性

（一）社会繁荣昌盛和国家创新发展的重要保障

实践育人在促进社会繁荣昌盛和国家创新发展方面扮演着至关重要的角色。这一教育方法的核心在于培养学生的创新能力和实际操作技能，使他们成长为能够直接促进国家科技创新、经济增长和社会进步的高素质人才。这些人才不仅要具备理论知识，更要将这些知识应用于解决现实问题，推动社会的全面发展和繁荣。

实践育人通过为学生提供实际操作的机会，使学生能够在实践中学习和运用理论知识。这种学习方式有利于学生更深刻地理解复杂概念和理论，并将这些理论应用于现实世界的挑战和问题解决。例如，通过参与科研项目、工程实践和社会服务活动，学生能够在实际操作中掌握技能，培养解决问题的能力，这对于培养创新思维至关重要。实践育人还能够促进学生对专业领域的深入理解。在实际操作中，学生不仅能够应用所学知识，还能够通过实践经验发现新的问题，提出新的解决方案。这种学习过程不仅提高了学生的专业技能，还激发了他们的创新精神和探索欲望。在全球化和快速变化的时代背景下，创新能力成为国家竞争力的关键。实践育人为学生提供了发展这些关键技能的机会，使他们成为能够推动国家科技创新、经济发展和社会进步的重要力量。学生通过实践育人所获得的技能和经验，将直接推动国家的可持续发展，增强国家在全球舞台上的竞争力。

（二）高校改革发展和功能实现的必然要求

社会和经济的发展，对高等教育的要求不断提升。现阶段，社会对学生的要求不仅包括对理论知识有深入理解，更重要的是，他们要具备对这些知识在现实世界中应用的能力。在这一背景下，高校必须进行改革和发展，以满足这些新的教育需求。

实践育人强调知识与实践的结合，能够有效地提升学生的实践能力和创新思维。这种教学方式不仅有助于学生更好地理解和应用所学知识，还能够激发他们的创新精神和解决问题的能力。通过实践育人，学生能够在真实的环境中学习，为将来的职业生涯做好准备。实践育人也是高校适应时代变化、提高教育质量的重要途径。通过引入更多的实践元素，高校能够使教育内容更加贴近实际，提高教育的针对性和有效性。这不仅能够提升学生的学习兴趣，还能够提高他们的就业竞争力。实践育人还有助于高校更好地履行社会责任。通过与企业和社会组织合作，高校可以为学生提供更多实践机会，也可以将学术研究与社会需求紧密结合，促进科学研究和社会服务的发展。

（三）大学生成长和全面发展的有效促进

在高等教育阶段，学生不仅需要从课本中学习理论知识，还需要通过实际的经验来培养解决问题的能力、创新思维和社会适应力。实践育人为学生提供了这样的机会，使学生能够在实际操作和现实情境中学习和成长。

实践育人有助于加深学生对专业知识的理解和应用。通过将所学理论知识应用于实际问题解决，学生能够提高自己解决实际问题的能力。这种理论与实践的结合对于学生掌握专业技能和知识具有重要意义。实践育人能够培养学生的创新能力和独立思考能力。在实践活动中，学生面临各种真实且复杂的问题，需要他们主动思考、创新解决方案。这种经验能够激发学生的创新精神，培养他们的独立思考和自主学习的能力，为未来的职业生涯发展奠定坚实基础。实践育人还有助于提升学生的社会适应能力和团队协作能力。在实践活动中，学生往往需要与同伴、教师乃至行业专家协作，这种经验有助于他们学习如何在团队中有效沟通、协作和解决冲突。实践活动还常常涉及社区服务、企业实习等，这些活动能让学生直接接触社会，增强其社会责任感和实际工作能力。实践育人还有助于培养学生的自我管理能力和时间管理能力。在参与各种实践活动时，学生需要学会如何安排自己的学习和活动时间，如何有效管理自己的项目和任务，这些技能对于学生未来的个人和职业生活都是非常宝贵的。

第四节　深化拓展文化育人

一、文化育人的内涵

文化的基本功能是塑造人或教化人，文化功能实现的过程，就是文化育人。[①] 高校文化育人的内涵是多元而全面的，它不仅包括知识教育和技能训练，更重要的是培养学生的价值观、个性和精神文化。通过创建一个丰富的文化环境和提供多样的学习机会，高校能够在多方面促进学生的全面发展。

文化育人的内涵首先体现在价值观的培养上。高校作为学生思想和行为习惯形成的重要场所，对学生价值观的形成有着深远的影响。高校文化通过其独特的校训、传统、规章制度等，传达了一定的价值导向，如诚信、尊重、创新等，对学生进行道德教育和价值观引导。文化育人还体现在个性的培养上。每所高校都有其独特的文化背景和学术氛围，这些文化元素能够影响学生的兴趣培养、个性发展和思维方式。例如，一些高校可能强调创新和

---

① 吴奕，金丽馥.新时代高校文化育人理论与实践 [M].镇江：江苏大学出版社,2021：6.

批判性思维，而另一些学校可能更注重传统和纪律。这些文化特点能够帮助学生形成独立的个性和思考方式。文化育人还注重精神文化的传承。高校的历史、传统、校园建筑、艺术作品等都是一种无形的文化资产，这些文化元素不仅仅是物质的存在，更承载着丰富的精神内涵。通过对这些文化遗产的维护和传承，学生能够学习尊重历史、继承文化的重要性，从而更好地理解和珍视本国的文化。文化育人还注重为学生创造一种积极的学习环境。通过丰富多样的校园活动、俱乐部和社团，学生有机会在各种非正式的环境中学习交流，发展自己的兴趣爱好，也能学会团队合作和社交技巧。这些活动不仅丰富了学生的校园生活，也为他们提供了自我表达和自我实现的平台。

二、文化育人的要素

文化育人作为文化教育实践活动，其构成的基本要素包括主体要素、客体要素、媒介要素、环境要素，这四个要素不是独立存在的，它们共同协作并相互补充，确保文化育人的有效进行（图 3-10）：

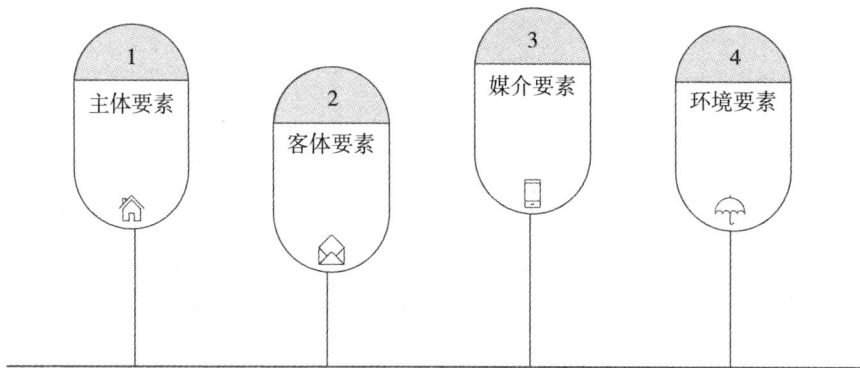

图 3-10　文化育人的要素

（一）主体要素

教育者在文化育人中扮演着至关重要的角色，他们不仅是知识的传递者，还是学生面对文化时的第一导引。即"以社会的要求为准绳，科学地影响教育对象，不断把教育对象的思想政治品德提升到社会需要的水平"①。教育者持有的文化观念、价值取向和方法，将直接影响大学生的文化接受与建构。在文化育人的过程中，教育者的文化素养和教育观念对于学生的成长具有深远的影响。一个高素质、有文化修养的教育者能够更好地为学生提供丰富、多样、深入的文化体验。这不仅涉及学术知识的传授，更包括人文情怀、思想启示以及对传统和现代文化的融合与批判。

教育者在文化育人中的职责不仅是传授知识，更重要的是引导学生在面对复杂的文化现象时，培养其独立的判断能力和批判思维。这样的教育者不仅仅是信息的提供者，更是思想的启蒙者，他们通过自身的行为和态度，展示如何在文化的海洋中游刃有余，如何在多元的文化中找到自己的定位。教育者在文化育人中还需要对自己持有一种开放的态度。面对快速发展的现代社会，文化的形态和内容都在不断地发展和变化，这就要求教育者必须具备持续学习和自我更新的能力。他们需要关注时代的发展，对各种新的文化现象保持敏感和关注，这样才能为学生提供最新、最具有时代感的文化教育。

在具体的教育实践中，教育者应充分利用现代教育技术和手段，打破传统的教学模式，使学生能够更加主动、深入地参与文化的探索和实践。例如，通过组织学生参与文化交流活动、开展跨文化沟通的实践、引导学生进行文化创作等方式，激发学生的文化兴趣和创造力。

（二）客体要素

大学生作为文化育人中的知识接收者和参与者，占据了核心的位置。他们是时代的焦点，是未来的希望，也是文化继承与创新的主体。如何让大学生在复杂多变的文化环境中成长为有文化素养、有理想追求、有批判思维的现代公民，是文化育人所面临的重要问题。文化对大学生来说，不仅是知识和信息，更是一种世界观、人生观和价值观的塑造工具。在大学阶段，学生正值思想观念形成的关键时期，他们对各种文化现象都持有好奇和探索的态

---

① 刘书林，高永.思想政治教育的对象及其主客体关系[J].思想理论教育导刊,2013(1):97-99.

度，这为文化育人提供了有利的条件，但也带来了诸多挑战。

大学生在接受文化教育时，往往会面临多种文化的交织和碰撞。这些文化既有传统的，又有现代的；既有本土的，又有外来的。在这样的环境中，大学生需要学会如何辨别各种文化的价值，如何从中选取对自己有益的部分，如何将其内化为自己的思维方式和行为准则。在此过程中，大学生需要培养一种文化的批判性思维，这意味着他们不仅要接受文化，还要学会对文化进行分析、评价和创新。他们要学会从多角度看待文化，不盲从，不拒绝，而是有选择地、有判断地去接受和使用文化。大学生在文化育人中还需要学会如何与他人交流和合作。在多元文化的背景下，学生会遇到来自不同文化背景的同学和老师，他们需要学会如何跨越文化差异，与这些人实现有效的沟通，如何共同创造和分享文化。但也不能忽视的是，大学生在文化育人中也是主动的参与者。他们不仅是文化的接收者，还是文化的创造者。他们可以通过参与各种文化活动，如文学创作、艺术表演、文化研究等，来实践自己的文化理念，展现自己的才华。

为了更好地实现大学生的文化育人，高校和社会需要为他们提供一个开放、多元、包容的文化环境。这个环境应当鼓励学生探索和实践，应当尊重学生的个性和选择，应当为学生提供丰富的文化资源和机会。在这个环境中，大学生会面临各种文化的挑战和机会，他们需要学会如何在这个环境中成长、学习和创新，如何在多种文化之间找到自己的位置，如何为自己和社会创造新的文化价值。

（三）媒介要素

文化载体在文化育人的过程中犹如桥梁，将文化知识与价值观念传递给学生，让其内化为自身的思维方式和行为准则。文化载体的多样性和特性，为育人提供了丰富而有效的工具，使文化育人成为一个多元、开放且富有创意的过程。

从传统意义上来说，书籍、文献、艺术品等都是文化的主要载体，它们蕴含丰富的历史、文化和哲学思想，为学生提供了学习和探索的平台。而在现代社会，随着科技的进步，电影、音乐、数字媒体、互联网等新型的文化载体也逐渐崭露头角。这些载体为文化教育带来了新的机会，也带来了新的挑战。文化载体的多样性，意味着教育者需要根据学生的特性和需要，选择合适的载体进行文化传递。对于大学生这一特定群体，他们熟悉数字技术，善于使用互联网工具，对新媒体有着天然的好奇和热爱。因此，数字媒体、互联网、社交网络等新型载体，可能更加适合他们。通过这些载体，教育者可以传递更为现代、开放、多元的文化内容，更可以鼓励学生参与、互动、创新，使文化教育不再是单向的传递，而是双向的交流。

但新型文化载体也带来了挑战。由于其开放性、流动性和多元性，使文化内容容易受到多种因素的影响，如市场需求、审美趋势、技术限制等。这就要求教育者在选择和使用载体时，需要具备批判性思维，能够分辨哪些内容是有价值的，哪些是浅显的，甚至是具有误导性的。除此之外，传统的文化载体，如书籍、文献、艺术品等，依然具有不可替代的价值。它们蕴含深厚的历史文化底蕴，为学生提供了宝贵的学习资源。通过这些载体，学生可以深入了解一个民族、一个时代、一个文化的精髓，可以培养自己的文化鉴赏能力和审美情趣，更可以形成自己的文化观念和价值观。

（四）环境要素

文化环境在育人过程中占据了至关重要的位置，这个环境不仅为学生提供了文化的知识和信息，更重要的是，它影响并塑造了学生的思维方式、价值观和行为习惯。特别是在大学这样的学术和文化的圣地，文化环境的作用更为凸显。以先进文化为主导的文化环境，能够让学生接触到最前沿、最先进的文化思潮和价值观。这样的环境鼓励学生开放思维，勇于探索，追求卓越，对新的文化知识和信息充满好奇。

大学生在成长过程中，正处于形成自己独立思考能力和世界观的关键时期。在以先进文化为主导的文化环境中，他们可以广泛地接触各种文化，学会从多个视角和层面看待问题，培养对传统和现代、本土和国际文化的全面理解和深刻洞察。文化环境也为学生提供了丰富的实践机会。通过各种文化活动、交流和合作，学生可以将所学的文化知识应用于实际，体验文化的魅力，培养自己的文化审美和鉴赏能力。这些活动不仅加深了学生对文化的理解，更重要的是，它们锻炼了学生的组织、沟通、协作等综合能力，为他们未来的生活和工作打下了坚实的基础。

以先进文化为主导的文化环境也带来了一些挑战。在这样的环境中，文化信息的更新速度很快，学生需要不断地学习和适应。而在众多的文化信息中，如何筛选、评价和吸收，也是一个需要解决的问题。教育者在这一环节有着不可或缺的作用，他们需要引导学生，帮助他们建立正确的文化价值观，培养他们的文化批判能力。文化环境也需要不断地更新和优化。随着社会和文化的发展，先进的文化也会发生变化，教育者和学校需要密切关注文化的发展趋势，及时调整和完善学校的文化环境，确保它始终处于先进的位置。

三、文化育人的原则

文化育人作为高校教育的重要组成部分，其实施必须遵循一系列基本原则，以确保教育活动的有效性和全面性。这些原则旨在指导高校如何通过文化活动和环境来促进学生的全面发展（图 3-11）：

图 3-11　高校文化育人的原则

（一）坚持马克思主义指导原则

坚持马克思主义指导原则是高校文化育人的根本方向和基础。马克思主义，作为 19 世纪中叶由马克思和恩格斯创立的革命学说，涵盖了哲学、政治经济学和科学社会主义等三个领域。其理论核心在于揭示人类社会和自然界发展的普遍规律，为无产阶级和劳动人民认识世界、改造世界提供理论指导和思想武器。

马克思主义的产生与 19 世纪的社会现状和科技水平密切相关，它提供了一套关于事物发展普遍规律的理论框架，为人们全面理解和改造世界提供了基本立场、观点和方法。正如恩格斯所强调的："马克思的整个世界观不是教义，而是方法。它提供的不是现成的教条，而是进一步研究的出发点和供这种研究使用的方法。"① 作为一个开放的、与时俱进的理论体系，马克思主义在其发展过程中始终与具体的社会实践紧密结合，它不断在实践中丰富和完善，展现出强大的生命力和理论深度。随着时代的变迁和科技的进步，人类社会和自然条件发生了巨大变化，马克思主义理论也需要与这些变化相适应，以保持其时代性和现实指导性。

在当代中国，特别是在高校文化育人领域，坚持以马克思主义为指导具有重要的现实意义。当前中国处于社会转型期，思想文化领域呈现多元化和多样化的特点。各种信息和思潮交织在一起，给人们的思想认识和价值选择带来了挑战。因此，坚持马克思主义的指导地位，运用其立场、观点、方法分析和鉴别不同的思潮，对于引导学生树立正确的世界观、人生观和价值观显得尤为重要。中国特色社会主义文化作为当代中国的先进文化，其核心是马克思主义，没有马克思主义的指导，中国特色社会主义文化就无法找到正确的发展方向，难以凝聚社会主义建设的力量。在高校的文化育人过程中，马克思主义的核心地位不仅是理论上的要求，更是实践的必然选择。

作为一种教育手段，文化育人在思想政治教育中占据了重要位置。从宏观到微观，思想政治教育的各个层面都需要马克思主义哲学的指导。马克思主义提供的不只是抽象的哲学思想，还包括具体的教育方法和实践策略。它的方法论，如实践论和历史唯物论，是理解和改造世界的重要工具。因此，

---

① 马克思，恩格斯 . 马克思恩格斯选集：第 4 卷 [M]. 北京：人民出版社，1995：742.

在文化育人的实践中，将马克思主义哲学方法贯穿始终，对于培养学生的世界观、价值观和方法论具有不可替代的作用。

（二）尊重学生发展与教育规律原则

尊重学生发展与教育规律原则是文化育人的一个关键原则，它强调教师在文化育人过程中必须充分考虑学生的个性差异、成长阶段和心理特点，以及教育过程的内在规律。这一原则的核心在于认识并尊重学生的个体性，以及他们在不同发展阶段的特定需求和能力，从而使教育更加人性化、有效化。

尊重学生的个体差异意味着在文化育人过程中，教育者需要认识到每个学生都有其独特的个性、兴趣和能力。因此，教育方法和内容应当灵活多样，要能够适应不同学生的需求。例如，一些学生可能对文学艺术有浓厚兴趣，而另一些学生可能更倾向科学技术。教育者应鼓励学生探索和发展自己的兴趣，提供多元化的学习资源和活动，以激发学生的学习动力和创造力。尊重教育的内在规律意味着教育者应当理解并遵循学生认知和心理发展的规律。教育活动不应仅仅是知识的灌输，而应当是引导学生主动学习、探索和思考的过程，教育者应当创造条件，让学生在实践中学习，在活动中成长，帮助他们构建起自己的知识体系和价值观。尊重学生发展与教育规律原则还强调学生主体性的重要性。学生不应被动地接受教育，而应成为教育过程的主动参与者，教育者应鼓励学生表达自己的想法和观点，参与教学活动的设计和实施，从而提高学生的自主学习能力和批判性思维能力。

（三）坚持合力育人原则

文化育人作为高校教育的重要组成部分，其核心在于为学生搭建一个积极向上的校园文化环境，以促进学生的全面发展。校园文化，作为文化育人的主要载体，是在长期的学校运营过程中由师生共同创造和形成的，包含了物质文明和精神文明。它不仅包括校园的环境，还包括学校的制度、传统、价值观等。其中，精神文化尤为关键，因为它汇集了全体师生的价值观，对校园文化具有核心和引领作用。校园文化对学生的成长具有深远的影响，一个健康的校园文化环境能够促进学生的知识获取、情感陶冶，提高他们的综合素质。通过各类文化活动和实践，学生不仅能学习专业知识，还能在道德、审美、情感等方面得到培养，这对于实现高校的人才培养目标至关重要。

校园文化在功能和结构上具有系统性和复杂性。它由多种要素构成，这些要素分布在不同的组织层面、工作领域，并涉及各类群体。随着社会的发展和学校事业的进步，校园文化也在不断发展和变化，有新的文化元素产生，也有旧的文化元素消退。它作为社会文化的一个分支，是校内外各种教育力量和文化要素相互作用的结果。为了有效地发挥校园文化的育人功能，教育工作者必须坚持合力育人原则，即在校园文化建设中，强调以社会主义核心价值观为统领，将其融入校园文化的各个方面，包括教学、科研、管理、服务等，从而形成一个全面的、统一的育人环境。这种环境能够整合校园内的多种教育资源，形成教育合力，共同促进学生的成长。

实施合力育人原则意味着要整合校内各方面的力量，包括教学、管理、服务等各个方面的工作力量，以及学生中的优秀榜样力量。每位学生在校期间都将受到这些力量的影响。若这些影响都以社会主义核心价值观为统领，形成积极向上的教育合力，则对学生的影响将更为深远。因此，将核心价值观融入校园文化建设，引导各种教育资源和力量围绕这一核心价值观开展工作，对于提升文化育人效果具有重要意义。

（四）坚持真善美统一原则

坚持真善美统一原则是文化育人过程中的一个基本原则，它要求高校在进行文化教育时，还要培养学生对真理的追求、对善行的实践以及对美的欣赏和创造。这一原则强调的是，教育不仅仅是知识的传授，更是对人的品德、审美和价值观的培养。高校在实施文化育人的过程中，应将这三者有机地结合起来，形成一种全面的、和谐的教育理念。

"真"的培养指的是对知识的真实性和真理的客观性的追求。在教育过程中，教师应引导学生批判性地思考，鼓励他们对知识进行深入探索和质疑。这不仅包括对科学知识的理解和探索，还包括对历史、文化、社会现象等的深刻理解。通过这种方式，学生能够培养独立思考的能力和对事物本质进行深入理解的能力。"善"的培养是指引导学生形成良好的道德品质和社会责任感。高校应通过各种途径，如课程设置、社会实践、志愿服务等，培养学生的同情心、正义感和公民责任感。通过这些活动，学生能够学习如何在现实生活中践行道德理念，如何为社会的进步和他人的福祉作贡献。"美"的培养涉及审美教育和创造力的培养。这要求高校不仅要为学生提供传统的艺术教育，如音乐、绘画、文学等，还要鼓励学生发展自己的创造力和想象力。美的培养不仅限于艺术领域，还应融入日常生活和其他学科中，使学生能够在不同的环境和情境中感受和创造美。

四、深化拓展文化育人的必要性

随着社会的快速发展和全球化的不断深入，高校肩负着为社会培养具有全球视野、创新精神和社会责任感的高素质人才的重任。在这个背景下，文化育人不仅仅是传授知识的过程，更是塑造学生全人格发展的关键环节（图3-12）：

01 促进个人综合素质的全面发展

02 增强社会责任感和公民意识

03 提升跨文化交际能力

04 弘扬和传承文化遗产

图 3-12 深化拓展文化育人的必要性

（一）促进个人综合素质的全面发展

深化拓展文化育人在促进学生综合素质的全面发展方面发挥着关键作用。它不仅丰富了学生的知识体系和技能，还提高了他们的创造力、情感智力和社会适应能力。这种全面的发展是学生适应快速变化的社会环境、实现个人潜能的重要基础。通过实施深化拓展的文化育人，高校能够有效地培养适应未来挑战的全面发展人才。

文化育人在艺术教育方面的重要性不言而喻。艺术教育，如音乐、绘画、戏剧等，不仅丰富了学生的审美体验，还激发了他们的创造力。通过艺术创作和欣赏，学生能够学会从不同角度和视角看待问题，培养他们的想象力和创新能力。艺术教育还帮助学生表达和理解情感，增强他们的情感智力和人际交往能力。历史教育在文化育人中同样占有重要位置。通过学习历史，学生能够更好地理解当下社会的根源和发展脉络。历史教育不仅是对过去的回顾，更是对未来的展望和思考。它教会学生从历史的角度审视社会和个人的发展，培养他们的历史意识和批判性思维能力。

文学教育作为文化育人的另一重要组成部分，对于提升学生的语言表达能力和思维深度至关重要。文学作品丰富了学生的想象空间，为他们提供了理解人性、社会和文化的多样视角。通过阅读和创作文学作品，学生能够学会如何用文字表达复杂的情感和思想，提高他们的沟通能力和文化素养。深化拓展文化育人还意味着引导学生进行跨学科学习和实践。通过将不同学科领域的知识和技能相结合，学生可以更全面地理解复杂问题，并在实际中灵活运用所学知识。这种跨学科的学习方式不仅增强了学生的学习能力，也为他们的创新思维提供了更广阔的空间。在社会适应能力的培养方面，文化育人通过提供多样化的校园文化活动和实践机会，如社团活动、文化节、讲座等，使学生有机会在实际环境中运用所学知识和技能。这些活动不仅提高了学生的团队合作能力，还增强了他们的社会交往和解决问题的能力。

（二）增强社会责任感和公民意识

增强社会责任感和公民意识是深化文化育人过程中的一个关键方面，它关乎培养学生成为负责任、有道德的社会成员。在新时代社会背景下，这一点尤为重要，因为社会责任感和公民意识不仅会影响个人的行为和决策，还会对社会的和谐与发展产生深远影响。

参与社区服务和志愿活动是培养社会责任感和公民意识的有效途径。通过这些活动，学生可以直接接触社会，了解不同群体的需求。例如，在参与社区环境清洁、支教活动、老年人关怀等志愿服务中，学生不仅能学习如何帮助他人和改善社区环境，还能从中体会到帮助他人的成就感和满足感。这些经历有助于培养他们的同理心，让他们理解并关注社会问题，逐渐形成积极参与社会公益活动的习惯。高校还可以通过课程设计、讲座和研讨会等方式，教授学生关于公民权利和责任的知识。例如，开设有关社会学、政治学、法律基础的课程，可以帮助学生了解社会运作的基本原则和法律框架，增强他们作为公民应有的权利意识和责任感。通过这些学术和理论学习，学生能够更加深入地理解他们在社会中的角色和责任，以及如何以积极的方式参与社会建设。深化文化育人的过程还包括培养学生的批判性思维和问题解决能力。通过鼓励学生对社会问题进行深入思考和讨论，学校可以让学生形成自己的观点，并学会用建设性的方式表达自己的想法。这不仅有助于他们成为有见解的思考者，还能够使他们在未来的职业和社会生活中成为有责任感的行动者。

（三）提升跨文化交际能力

提升跨文化交际能力对于当代大学生而言是非常重要的。深化文化育人不仅能够帮助学生了解和尊重多元文化，还能够提升他们在复杂国际环境中有效沟通和协作的能力。这种能力对于他们未来在全球化背景下的个人发展和职业生涯具有重大意义，有助于他们成为具有国际视野和拥有跨文化交际能力的全球公民。

深化文化育人可以通过多种方式来提升学生的跨文化交际能力。高校可以为学生提供多样化的文化课程和活动，如外语学习、世界历史、国际关系、比较文化研究等，这些课程和活动可以帮助学生了解和认识不同的文化背景和价值观。通过学习不同国家和地区的历史、文化和社会习俗，学生可以更深入地理解其他文化，形成尊重和包容不同文化差异的态度。国际交流项目如学生交换、海外实习、国际志愿者项目等，是培养学生跨文化交际能力的有效途径。这些项目不仅让学生有机会体验不同的文化环境，还可以锻炼他们的适应能力和沟通技巧。在实际的跨文化环境中，学生需要学习如何有效地与来自不同文化背景的人沟通和合作，这种经验对于他们将来在国际舞台上的职业生涯至关重要。高校还可以通过举办国际文化节、多元文化论坛、跨文化研讨会等活动来强化学生的跨文化交际能力。这些活动为学生提供了一个展示和学习不同文化的平台，也是促进学生之间跨文化交流的重要场所。通过这些互动和交流，学生不仅能够增进对其他文化的理解，还能够提升自己的沟通技巧和团队协作能力。

（四）传承和弘扬文化遗产

高校通过提供丰富的学习资源、组织多样化的文化活动和鼓励学生参与文化遗产的保护工作，不仅能够帮助学生深入理解和欣赏本国的文化根源及其他文化，还能够培养他们对文化多样性的尊重和保护意识。这样的教育不仅有助于学生的个人成长，也对于维护文化多样性和促进全球文化遗产的保护和传承具有重要意义。

高校在传承和弘扬文化遗产方面拥有独特的优势。高校通过设立相关课程，如民族学、考古学、历史学、文学等，能够使学生系统地学习和了解自己国家和世界各地的文化遗产。这些课程不仅涉及文化遗产的历史背景和艺术价值，还包括对这些遗产的保护和传承方法的讨论。通过深入学习，学生能够形成对文化遗产的深刻认识和理解。除课堂教学之外，高校还可以通过组织文化活动、展览、讲座等方式，让学生更直接地接触和体验文化遗产。例如，举办传统艺术展览、民俗节庆活动、传统手工艺工作坊等，不仅能增加学生对文化遗产的兴趣，还能加深他们对中华优秀传统文化的感知和理解。这些活动使文化遗产不再是遥远和抽象的概念，而是成为学生可以亲身体验和参与的活生生的文化实践。高校还可以鼓励学生参与文化遗产的研究和保护工作。通过参与实地考察、参观文化遗产保护项目等，学生能够在实践中学习如何评估、保护和恢复文化遗产。这种实践经验不仅有助于学生更全面地理解文化遗产的重要性，还能激发他们对传承和保护文化遗产的热情和责任感。

传承和弘扬文化遗产在深化文化育人过程中还扮演着另一个重要角色：增强学生对文化多样性的尊重和保护意识。在全球化不断深入的今天，尊重和保护不同文化的多样性是每个公民的责任。通过深入了解不同文化遗产的价值和意义，学生能够建立起对不同文化的尊重和理解，这对于促进文化的多元共存和世界的和平发展具有重要意义。

第五节　深入探索网络育人

网络育人作为思想政治工作质量提升工程的育人体系之一，是一项整体性、综合性、系统性工程。[①] 网络育人就是要构建一个更广泛、更高效、更智能的育人平台，使之发挥网络时代的独特功能和魅力。

一、网络育人的内涵

高校网络育人的内涵是多方面的，它不仅包括知识的传授和技能的培养，还包括网络素养的提升和个人品德的塑造。在信息技术日益发达的今天，网络育人已经成为高等教育中不可或缺的一部分，它对于培养适应现代社会需求的高素质人才具有重要意义。高校在实施网络育人的过程中，需要综合考虑教学资源的建设、网络环境的管理、学生素养的提升等多个方面，以确保网络育人取得良好效果。具体来说，高校网络育人的内涵是指在信息时代背景下，依托网络技术和互联网平台，对大学生进行思想政治教育、知识传授、能力培养和文化塑造的过程。这一概念的提出，是对传统育人模式的重要补充和扩展，它反映了教育方式与时代技术发展的紧密结合。

网络育人不仅仅是简单的线上教育或数字学习，它涵盖了更为广泛的领

---

① 朱诚蕾. 网络育人论 [M]. 武汉：武汉大学出版社，2022：62.

域，包括但不限于在线课程学习、网络互动讨论、虚拟社区参与、数字资源共享等。在这个过程中，学生不仅能够获取知识，还能够在网络环境中培养自主学习能力、批判性思维、信息筛选能力以及网络道德和安全意识。网络育人的重要性在于，它能够打破传统教育的时空限制，为学生提供更加灵活多样的学习方式和资源。学生可以根据自己的时间安排和学习需求，随时随地访问各类教育资源，这极大地提高了他们学习的便利性和个性化程度。网络环境中的互动特性如论坛讨论、在线合作、即时反馈等，也为学生提供了更为丰富的学习体验和社交互动机会。

网络育人同样面临诸多挑战和风险，如信息的准确性、网络环境的健康度、学生的自律性等。这就要求高校在进行网络育人时，不仅要为学生提供高质量的教育资源，还要关注网络环境的建设和管理，确保学生在健康、积极的网络环境中学习和成长。网络育人的实施涉及多方面的策略和举措。高校应建设丰富多样的网络教学资源，如搭建在线课程平台，提供电子图书馆服务，开发互动式学习工具等，使学生能够方便地获取高质量的学习材料，参与互动学习。其次，高校还需加强网络平台的管理，确保网络环境的安全性和健康性，防止虚假信息和不良内容的传播。网络育人也应重视学生网络素养的培养。这包括教育学生如何正确使用网络资源，如何进行有效的网络沟通，如何判断网络信息的真伪，以及如何在网络空间中展现良好的道德品质和公民素养。通过接受这些培训和教育，学生能够在网络环境中培养独立思考和自主学习的能力，也能够增强他们的网络安全意识和道德责任感。

二、网络育人的特点

网络育人作为当代高校教育体系中的重要组成部分，具有一些鲜明的特点。具体如下（图3-13）：

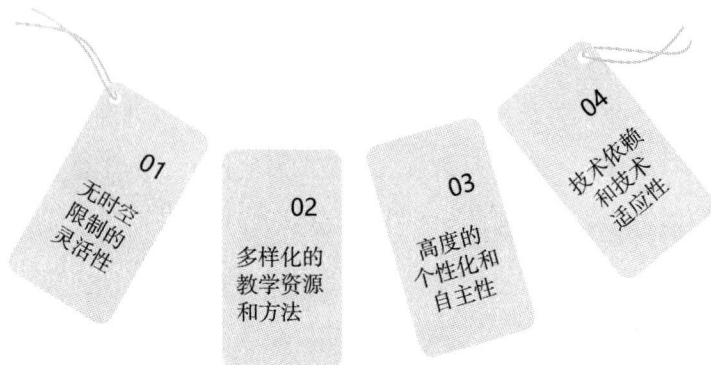

图 3-13　高校网络育人的特点

（一）无时空限制的灵活性

无时空限制的灵活性是网络育人的一个显著特点，它不仅为学生提供了更加便捷和个性化的学习方式，也为满足不断变化的教育需求提供了有效途径。这种灵活性是现代教育发展的重要趋势，对于促进教育公平、满足学生终身学习的需求具有重要意义。

在传统教育模式中，学习活动通常受限于固定的时间表和物理空间，如教室、图书馆等。然而，网络育人通过利用互联网技术，打破了这些限制。学生可以在任何有网络连接的地方，无论是家中、咖啡厅还是移动环境，随时开始他们的学习旅程。这种灵活性使学生能够根据自己的生活和工作安排来规划学习时间，特别适合那些兼职工作的学生、居住在偏远地区的学生或有特殊家庭责任的学生。这种学习方式也为学生提供了更加个性化的学习体验。在线学习平台通常能够为学生提供丰富的课程选择，学生可以根据自己的兴趣和职业规划来选择合适的课程。这不仅有助于提高学生的学习欲望，也使学习更具目的性和实用性。许多在线课程还提供了自适应学习技术，这意味着课程内容和难度可以根据学生的学习进度和理解程度进行调整，进一步提高了学习的个性化程度。网络育人的这种灵活性还特别适合成人教育和终身学习。随着社会的快速发展和知识更新的加速，终身学习成为现代社会的必要条件。网络育人可以使在职人员和成年学习者在不影响工作和家庭责任的情况下持续学习，提升自己的技能和知识。

网络育人的这种灵活性也存在一些挑战。例如，学生可能需要更强的自我管理能力和学习动机来保持学习的连续性和效果。为了解决这些问题，高校需要在为学生提供灵活的学习资源的同时，为他们提供必要的学习指导和支持，如在线学习顾问、学习社区、互动讨论组等，以帮助学生更有效地进行自主学习。

（二）多样化的教学资源与方法

多样化的教学资源与方法是网络育人的显著特点，这些特点不仅使学生的学习过程更加丰富多彩和高效，也为学生提供了更广泛的学习选择和更深层次的知识理解。随着技术的发展和教育理念的不断创新，这些特点将继续促进教育方式的革新和学习效果的提升。

网络育人能够为学生提供各种形式的多媒体教学资源，这些资源包括但不限于视频讲座、在线教程、电子书籍、互动模拟实验等。视频讲座使学生能够观看到世界各地顶尖教授的授课，而在线教程则为学生提供了更加灵活和个性化的学习路径。这些资源的多样性不仅使学生的学习内容更加丰富，还提高了他们学习的趣味性，激发了学生的学习兴趣。网络育人还大力推广了互动式学习方法，如在线讨论、虚拟合作、实时反馈等。这些方法使学生的学习过程更加具备参与性和互动性，学生可以与教师和同学即时交流，共同讨论问题，提出疑问，共同解决问题。这种参与性的学习方式不仅增强了学生的学习动机，还促进了知识的深入理解和长期记忆。网络育人的教学方法极具个性化和灵活性，在线学习平台常常可以为学生提供个性化的学习建议和路径，学生可以根据自己的学习进度、兴趣和理解能力来选择不同的学习内容和难度。这种个性化的学习方式使每个学生都能按照自己的节奏和方式进行学习，最大限度地提高了他们的学习效率和效果。得益于网络技术的便利，网络育人中的教学内容可以更快速地更新和扩展。与传统教材相比，网络教材和资源更容易得到及时更新，能够迅速反映最新的学术发展和行业动态。这使学生能够紧跟时代的步伐，学习前沿的知识和技能。网络育人还促进了跨学科和综合性学习的发展。在网络环境中，学生可以轻松接触到不同学科的课程和资源，使他们进行跨学科的学习和思考。这种学习方式有助于培养学生的综合思考能力，激发创新思维，为未来的职业生涯和终身学习奠定坚实的基础。

（三）高度的个性化与自主性

网络育人的一个重要特点是高度的个性化和自主性，这种特点不仅体现了现代教育技术的进步，也符合当代教育理念中对学生个性化需求的重视。在这种教育模式下，学生被赋予了更多的自主权，他们可以根据自己的兴趣、学习目标和时间安排来选择课程和制订学习计划。

网络育人环境为学生提供了丰富多样的课程和资源，覆盖了从基础知识到专业技能的各个领域。学生可以根据自己的职业规划、兴趣爱好或学术需求来选择相应的课程。这种个性化的学习路径使学习更加贴合个人需求，降低了传统教育中"一刀切"的教学模式带来的局限性。在网络育人中，学生需要自主管理自己的学习进度和时间，这不仅是一种学习方式的转变，也是对学生自我管理能力的一种培养。学生需要规划自己的学习计划，设定学习目标，自我监督学习进度，这些都有助于提高学生的自律能力和自主学习能力。每个学生的学习风格和理解速度都不尽相同，网络育人通过提供不同形式的教学资源和工具，能够更好地适应不同学生的学习风格。例如，视觉型学习者可能更倾向观看视频讲座，而阅读型学习者可能更喜欢阅读电子书籍或在线文章。学生可以根据自己的学习偏好选择合适的学习方式，从而提高学习效率。在网络育人环境中，学生可以根据自己的需要灵活利用各种学习资源，如在线讲座、讨论论坛、虚拟实验室、互动式练习等。这种灵活性不仅能够使学习更加多样化，也能够使学生根据自己的学习进度和理解深度来重复学习或深入探索特定主题。高度个性化和自主性的学习环境符合终身学习的理念，随着职业生涯的不断变化和技术的快速发展，终身学习成为现代社会的必然要求。网络育人的灵活性和个性化特点使在职人员和成年学习者能够在工作和家庭忙碌之余继续学习和提升自己，满足个人成长和职业发展的需要。

（四）技术依赖与技术适应性

技术依赖与技术适应性是网络育人的重要特点，它们不仅对学生和教师的技术技能提出了新的要求，也对教育体系的整体技术策略和资源配置提出了要求。教师与学生有效地应对这些挑战，将有助于充分发挥网络育人的潜力，促进教育的公平性和效果。

在网络育人中，技术不仅是实现教育目标的工具，更是教育过程中不可或缺的核心组成部分，包括但不限于网络通信技术、在线教学平台、互动软件工具、多媒体制作技术等。这些技术的应用使教学内容更加丰富、互动性更强，也为学生的个性化学习提供了可能。随着技术的快速发展和更新，学生和教师都需要不断适应新的技术工具和平台。对学生而言，这意味着他们需要学习如何有效利用这些技术来支持自己的学习，如使用在线学习管理系统、参与虚拟课堂、利用数字资源等。对教师而言，除了掌握传统的教学技能，还需要学习和掌握新的技术工具，以便更好地设计和实施网络教学。

技术依赖性要求教育参与者不仅要学会使用现有的技术，还要培养适应新技术的能力。这种能力不仅包括了解和操作新工具，还包括对新技术趋势的理解和适应，以及通过技术创新改进教育实践的能力。对学生来说，这种技能的培养有助于他们在未来的职业生涯中更好地适应技术变革；对教师来说，这不仅提高了教学效果，也有助于他们在教育领域保持创新和领先。

随着技术在教育中的应用日益广泛，对技术使用的责任和伦理也越来越受到重视，这包括网络安全意识、数据隐私保护、版权尊重等方面。学生和教师都需要了解这些伦理和法律问题，确保在网络教学活动中合理、安全地使用技术。技术依赖也带来了教育资源不平等的问题。并非所有学生和教师都能够轻松地获取高质量的技术资源，这要求教育决策者和学校管理层在实施网络育人时，要考虑资源分配的公平性，确保所有学生都能够公平地获取必要的技术资源和支持。

三、网络育人的原则

高校网络育人的基本原则是指导网络教育活动的基础理念和行动准则，

这些原则不仅确保了网络育人的有效性和质量，也保证了教育活动符合教育伦理和社会责任（图 3-14）：

图 3-14　高校网络育人的原则

（一）教育公平性原则

教育公平性原则在高校网络育人中扮演着至关重要的角色。这一原则的核心在于确保每位学生，不管他们的起点如何，都能够平等地获得高质量的教育资源和机会。为了贯彻这一原则，高校需要采取一系列措施，确保网络教育的普及性和包容性。

高校需要确保所有学生都能够访问网络教育资源，在线教育平台和资源应设计得易于访问和使用，界面友好，操作简便，以适应不同技术水平的用户。经济困难的学生可能无法负担必要的技术设备或网络服务花费，因此，高校可以提供资助计划，如提供笔记本电脑、平板电脑或补贴互联网费用，以确保这些学生参与网络学习。高校还可以在校园内设置公共计算机实验室，供那些无法在家上网的学生使用。对于残障学生，高校需要提供无障碍的网络学习环境，这包括对网站和在线课程内容进行无障碍设计，如提供字幕、手语翻译、音频描述等，确保所有学生都能够访问和利用这些资源。

教学内容和方法应考虑学生的多样性。课程设计应兼容不同文化和背景的学生，反映多元化社会的现实。通过提供多样化的课程选择，包括不同文化、语言和视角的内容，学校能够更好地服务于不同背景的学生。为了实现教育公平，高校需要定期评估网络教育项目的可及性和有效性，这包括收集和分析学生的反馈，特别是来自边缘化群体的反馈，以及定期审视和更新教学资源，确保它们符合当前的教育标准和学生的需求。高校还需要在招生和评估过程中确保公平性，避免因技术或资源的不均等而产生的歧视。学校应采取措施，确保在线课程和评估方法能够公正地评价所有学生的学术表现，不受他们的背景或资源状况的影响。

（二）学习者中心原则

高校网络育人的学习者中心原则强调适应每个学生的独特需求和学习风格，即教育应当围绕学生的个人兴趣、能力和发展目标来设计，而不是让学生适应固定的教学模式。在这种教学框架下，教师的角色转变为引导者和支持者，而学生则成为自己学习过程的主导者。

在网络育人的环境中，学习者中心原则的实施尤为重要，因为网络环境提供了更多个性化和自主学习的可能性。为了实现这一原则，高校需要采用一系列策略和方法来确保教育活动真正以学生为中心。网络育人需要为学生提供广泛的课程选择和学习资源，以适应不同学生的兴趣和学习目标，这包括多种学科的课程、不同难度级别的教材，以及多种形式的学习材料，如视频、文本、互动练习等。这样，学生就可以根据自己的兴趣和学习进度选择合适的学习内容。网络教育平台应具备高度的灵活性，允许学生自主安排学习时间和进度。这种灵活性不仅适应了学生各自不同的生活节奏，也有助于他们根据自身情况调整学习计划，从而更好地平衡学习与其他生活责任。网络育人还应强化学生的参与感和互动性。通过在线讨论、小组协作、互动式问答等方式，学生可以更加积极地参与学习过程，与同学和教师进行有效交流。这种参与和互动不仅增强了学习的趣味性，也促进了学生之间的知识分享和社会技能的发展。高校应定期收集学生的反馈，以评估教学内容和方法的有效性，及时调整教学策略，以更好地满足学生的需求。这种持续的反馈和改进机制能够确保教育内容始终贴合学生的实际需求，并在教学过程中不断优化。网络育人应重视学生自主学习能力的培养。通过高校提供的学习策略指导、时间管理工具和自我评估机制，学生可以学会如何有效地规划和管理自己的学习，成为终身学习的主动参与者。

（三）技术适应性和创新原则

技术适应性和创新原则要求教育工作者能够灵活地适应技术的快速变化，并积极探索新的教学方法，以提升网络教育的质量和有效性。随着信息技术的不断进步，高校面临如何将这些技术融入教育过程，以及如何创新教育模式以满足当代学生需求的挑战。

技术适应性意味着高校必须具备及时采纳和应用新兴教育技术的能力，这不仅涉及技术工具本身的使用，如在线学习平台、交互式工具和数字化资源，还包括拥有理解这些技术如何转变教育方式的能力。随着新技术的出现，教育方法和学习体验都在不断演变，高校需要快速适应这些变化，以确保教育活动的相关性和有效性。教育创新在网络育人中同样至关重要，这不仅指的是采用最新技术，更包括创新教学内容和方法。例如，利用虚拟现实技术提供模拟实验环境，或者通过数据分析来个性化学习内容和路径。这种创新不仅提高了学习的趣味性和参与度，也有助于培养学生的批判性思维和解决问题的能力。

为了实现这一原则，高校需要在多个层面努力，这包括为教师提供持续的技术培训，以确保他们能够有效利用新技术和教学方法；创建一个鼓励创新的环境，如设立教学创新基金或奖励机制；以及定期评估和更新教育技术和方法，以确保它们与时俱进。高校还需要关注技术应用的伦理和安全问题，确保学生数据的安全和隐私得到保护，教育学生如何安全、负责任地使用网络资源。

（四）网络伦理和安全原则

网络伦理和安全原则对于保障高校网络育人的质量和有效性至关重要，它要求教育机构不仅要关注技术和教学内容的更新，还要重视网络环境的伦理和安全问题，从而为学生和教师提供一个安全、健康和有利于学习的网络环境。

网络伦理涉及如何在网络环境中维护诚信、尊重和公正。对于高校而言，这意味着要确保网络教学内容的真实性和准确性，防止学术不端行为，如抄袭和剽窃。教师和学生都应该在网络互动中保持尊重和文明，避免网络欺凌或其他不当行为。网络安全是网络育人中的另一个关键要素。高校必须采取适当的技术和管理措施来保护网络系统免受攻击和侵害，确保学生和教师的个人信息安全，这包括使用安全的网络平台，加强数据加密，以及定期更新网络安全协议和软件。教育机构还需要加强对学生的网络伦理和安全教育，这意味着教师不仅要在课程中加入网络安全和伦理的知识，还要教育学生如何在网络环境中做出合理和负责任的决策。例如，教育学生识别和防范网络诈骗、保护个人隐私和数据安全，以及了解和遵守网络版权法。高校需要建立有效的机制来处理网络伦理和安全问题，这包括设立专门的部门或团队来监控网络活动，制定清晰的网络行为准则，以及为学生和教师提供有关网络问题的咨询和支持。

（五）持续改进和质量保证原则

持续改进和质量保证原则要求教育机构对网络教育活动进行持续的监测、评估和优化，确保教学质量和学习体验始终处于最佳状态。在快速变化的教育环境中，只有不断地追求改进和保证质量，高校的网络教育项目才能有效地满足学生的需求，并保持其竞争力和相关性。

持续改进意味着高校需要定期评估网络教育的效果，并基于反馈和数据分析进行必要的调整，这包括课程内容的更新、教学方法的改进、技术工具的优化等方面。通过持续的评估和反馈机制，高校可以及时了解和解决网络教育中出现的问题，不断提升教育质量。质量保证要求网络教育项目满足一定的教育标准和质量要求，这需要高校建立一套完善的质量管理体系，包括明确的教育目标、标准化的教学过程、有效的学习成果评估等。质量保证还包括教师的专业发展和培训，要确保教师具备提供高质量网络教育的能力。高校还应积极采纳最新的教育理念和技术，以提升网络教育的质量和吸引力。例如，利用人工智能和大数据技术进行个性化教学，或者采用虚拟现实和增强现实技术增加学生学习的互动性和现实感。高校需要建立一个开放的反馈和沟通机制，鼓励学生、教师和其他利益相关者参与网络教育的改进过程中。这种开放和包容的态度不仅能够促进教育创新，还能增强学生和教师对网络教育项目的归属感和满意度。

四、深入探索网络育人的必要性

深入探索网络育人的必要性不仅反映了教育领域对技术变革的适应，还体现了国家对当前和未来教育需求的前瞻性思考（图 3-15）：

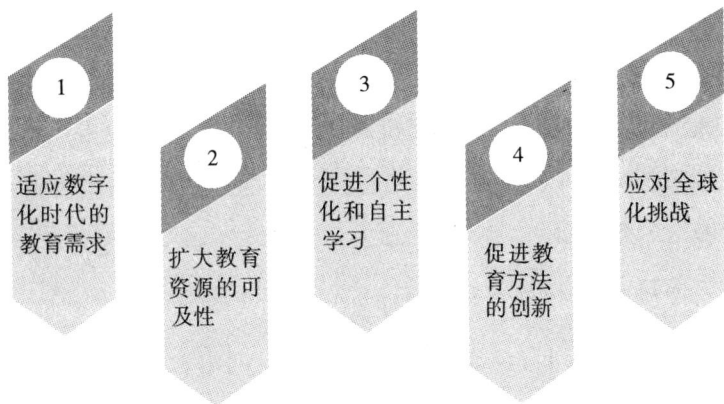

图 3-15　深入探索网络育人的必要性

（一）适应数字化时代的教育需求

数字化时代，网络技术的普及已深刻影响了人们的生活和工作方式，同样地，它也为教育领域带来了革命性的变化。高校网络育人的实施，不仅与学生的数字生活方式相契合，还能够有效地满足他们在现代社会中对于新技能和新知识的需求。

随着网络技术的发展，学生对于信息的获取方式和学习习惯都发生了变化，他们习惯通过网络搜索信息、参与在线讨论和协作，这使网络育人成为一种与他们日常生活紧密结合的教育形式。通过网络育人，学生可以利用丰富的在线资源，如电子书籍、在线课程、视频讲座和互动式学习平台，这些资源不仅为学生提供了灵活多样的学习途径，还有助于学生养成自主学习的习惯。网络育人还能有效培养学生的数字技能。数字化时代，这些技能对于学生未来的职业发展至关重要。例如，教师通过网络教学，可以使学生学习如何有效地利用数字工具进行信息检索、数据分析、在线协作和创意表达。这些技能不仅对学习本身有益，还能帮助学生在未来的工作中更好地适应数字化的工作环境。网络育人还能够促进学生对全球化趋势的理解和适应。通过网络，学生可以接触来自世界各地的教育资源和文化背景，这种跨文化的学习体验有助于他们建立全球化视角，为在国际化环境中的工作和生活做好准备。

（二）扩大教育资源的可及性

网络育人的一个显著优势在于它极大地扩展了教育资源的可及性，这一点对于那些地理位置偏远或者能够获取的资源有限的学生群体来说至关重要。传统教育模式往往会受到物理空间和时间的限制，而网络育人则克服了这些限制，提供了一种更加灵活和包容的学习方式。

通过网络平台，学生能够接触世界各地的教育资源。例如，他们可以在线收听国外名校的公开课程，或是参与国际知名教授的网络研讨会。这些资源的开放不仅提高了教育的质量，也为学生提供了丰富多样的学习选择。网络育人还特别适合那些需要灵活安排学习时间的学生，如兼职学生、职场人士或家庭主妇。他们可以根据自己的时间表自由安排学习，这大大减少了时间和地点对于学习的影响。例如，工作繁忙的人士可以选择在晚上或周末在线学习，这种灵活性大大提高了学习的可行性。网络育人还为那些有特殊教育需求的学生提供了更多的支持和资源。例如，对于视障或听障学生，传统的教室学习可能存在障碍，而网络平台可以提供适应他们需要的特殊教学材料和辅助工具，如有声书和字幕视频，从而使教育更加平等和包容。网络育人的灵活性和可及性也为现代人的终身学习提供了便利。在知识更新换代日益加快的今天，终身学习成为必要，网络育人使人们在任何阶段都能方便地获取新知识，满足持续学习的需求。

（三）促进个性化和自主学习

在传统教育模式中，教学内容和进度往往是统一设定的，这可能不适合所有学生的学习需求和兴趣。网络育人打破了这一限制，使学生能够根据自己的兴趣、能力和时间安排选择学习内容和节奏，从而大大增加学习的灵活性和个性化程度。

个性化学习路径允许学生探索自己感兴趣的领域，这种自由度能够极大地激发他们的学习热情。例如，一个对编程感兴趣的学生可以选择更多与编程相关的课程，而忽略那些他们不感兴趣的内容。这种基于兴趣的学习方式更容易使学生投入，并提高学习效率。网络育人还培养了学生的自主学习能力。在网络学习环境中，学生需要自我管理学习计划和进度，这要求他们学习规划和时间管理的技能。学生还需要自行解决学习中遇到的问题，这不仅能够促进他们的独立思考能力，也能够增强他们解决问题的能力。网络育人环境鼓励学生批判性地思考和评估他们接收到的信息。由于网络资源的多样性，学生有机会接触到各种不同的观点和理论，这要求他们具备分辨信息真伪和质量的能力。通过这种方式，学生能够发展批判性思维，这对于他们的终身学习和未来职业发展都是非常重要的。个性化的学习路径还允许学生按照自己的个人发展需求来选择课程。例如，一名未来希望成为科学家的学生可能会选择更多关于科学和数学的课程，而对于希望进入艺术领域的学生，他们则可能会选择更多关于艺术和设计的课程。这种针对性的学习不仅使教育更加有效，还有助于学生实现个人职业目标。

（四）促进教育方法的创新

在传统的教学模式中，教师和学生之间的互动往往局限于课堂，而网络育人则突破了这一限制，为教育方法带来了新的创新和活力。

网络平台使教育过程更加具备参与性。例如，教师可以利用在线论坛和聊天室来促进课外讨论，使学生能够在非正式的环境中交流想法，增强学习的深度和广度。协作学习也变得更加容易实现，学生可以通过网络工具共同完成项目，提高团队合作能力。游戏化学习方法如通过游戏和模拟实验来学习复杂的概念，不仅提高了学习的趣味性，也增强了学生的实践能力。网络育人还使教师可以利用新兴技术来丰富教学内容和方法。例如，虚拟现实和增强现实技术可以用于创建沉浸式的学习体验，如通过虚拟现实进行历史场景重现，使学生能够"身临其境"地学习历史知识。这种新技术的应用不仅使学习内容更加生动，也有助于提高学生的记忆和理解能力。网络技术还改变了教育评估和反馈的方式。在线测试和评估工具可以提供即时反馈，帮助学生更好地了解自己的学习进度和问题所在。智能教学系统可以根据学生的学习表现和反馈，自动调整教学内容和难度，使教育更加符合学生的需求。网络育人还为个性化教学提供了更多的可能性。通过数据分析和人工智能技术，教师可以更准确地了解每个学生的学习情况和需求，从而为他们提供更加个性化的教学支持。例如，为不同水平的学生提供不同难度的学习材料，或是根据学生的兴趣推荐相关课程和资源。

（五）应对全球化挑战

在全球化日益加深的今天，网络育人在帮助学生应对全球化挑战方面发挥着至关重要的作用。这一教育方式不仅为学生提供了跨文化交流的平台，还为学生参与全球化进程提供了必要的技能和知识。

网络育人使学生有机会与来自世界各地的人进行交流，这种交流不仅限于同龄人，还包括与不同文化背景的教师和专家的互动。例如，学生可以参与国际在线课程，与其他国家的学生一起讨论和学习，从而获得不同文化视角下的知识和理解。通过网络育人，学生可以更好地了解全球趋势和问题，如气候变化、国际贸易和全球健康问题。这种对全球问题的关注对于培养学生的全球竞争力至关重要。网络教育还可以提供与国际标准相符合的课程和资格认证，帮助学生为开启国际职业生涯做好准备。在网络学习过程中，学生需要学习如何在不同文化背景下进行有效沟通，这不仅包括语言技能的提升，还包括对不同文化习俗和沟通方式的理解。例如，通过参与国际合作项目，学生可以学习如何在多元文化背景下协作和解决问题。网络育人还有助于提高学生对不同文化的敏感性和尊重。通过接触和学习不同国家的历史、艺术和社会结构，学生可以更好地理解和尊重多元文化，并在全球化环境中表现出更高的文化智商。

第六节　大力促进心理育人

大学生的身体健康问题不容忽视，心理健康问题更是至关重要。身体健康问题往往更容易被观察和关注到，而心理健康问题则与之相反。心理育人关注的就是大学生身心健康中的"隐匿"部分——心理健康。作为高等教育体系一个重要的组成部分，心理健康育人亟待高校从根本上改变心理健康教育模式，改进心理健康教育方式，整合心理健康教育资源，推动大学生心理育人实现新发展。

一、心理育人的内涵

心理育人不能简单地等同于心理健康教育。心理健康教育的重点在"教育"，主要依靠的是教育方法或者教育载体；而心理育人的重点在"育人"，更多依靠的是教育环境或者教育理念。因此，心理育人主要指在"大思政"视域下，心理育人主体（这里所指的主体是广义上的主体，包括全体教职员工）要在把握和遵循学生成长规律的基础上，将帮助和引导学生健康成长放在首位，以从心理层面关爱、帮助和促进学生全面发展为重点，正确引导和适度干预学生的认知、情感、意志、行为、人格等，使学生拥有健康的心态，进而形成正确的世界观、人生观和价值观。

从这个角度出发，可以界定心理育人主要有三重内涵：一是心理健康育人目标清晰，即培养时代新人，也就是要采取科学的方法来引导和确保学生的身心健康，使其成长为"有理想、敢担当、能吃苦、肯奋斗"的时代新人；二是心理健康育人内容完整，即培养时代新人应该具备的心理品质，如健康心态、积极心理和抗压能力等；三是心理健康育人方法科学，即通过科学的理论和实践证明的方法来育人，主要指高校借助心理健康测评、心理健康课程、心理疏导、心理辅导等途径，运用应用心理学等相关的技术与方法来达到育人的目的。综上所述，新时期，高校心理育人的理论基础主要是马克思主义的全面发展理论和与心理健康相关的理论，遵循的规律主要是学生成长发展规律和心理发展规律，在充分学习和运用理论、把握规律的基础上，心理育人主体将心理学的原理和方法渗透高校学生教育的全过程，特别是注重对三观尚未完全定型的大学生的人文关怀和心理引导。因此，所谓心理育人，就是不仅要帮助学生解决成长中的心理问题，而且要帮助大学生拥有良好的心理素质，实现人格的健全发展，培养自尊、自信、理性、平和的健康心态，实现"心灵教育""道德教育"和"思想教育"的有机结合，最终培养新一代接班人，使他们真正担负起中华民族伟大复兴的任务。

二、心理育人的特点

（一）自助：突出学生的主体性

心理育人是一个"他助—互助—自助"的过程，其最终目的，是达到受助者的"自助"。因此，在心理育人的过程中，必须有学生的全程自主参与。高校要采取各种科学的方法，在课程中融入心理的引导，增加情感的融入，尽量避免学生被动接受知识和理论的灌输，被动接受"他助"。倘若学生完全依靠"他助"，一旦脱离"他助"，则极易再次陷入困境。因此，心理育人强调"育人者"以引导和关爱为主，而学生以参与和融入为主。通过积极地参与和融入，学生能够改变出现的消极和怠惰，提升自身的心理健康水平，并实现在现实生活中思考、改变和完善自身的发展。

（二）感受：注重学生的体验性

不同于其他育人方式的检验效果，心理育人的效果不在于学生能高效接受和熟练掌握相关心理健康知识，而在于学生能否获得真实的心理安慰、情感体验和积极心态。显然，心理育人是一种"体验型"的教育方式，愉悦的教育方式，能够使学生在主动接受的过程中情绪得到释放，问题得以解决，心灵受到触动，自身得到成长。每一个健康的学生个体心理素质的形成一定是"知、情、意、行"四要素共同作用的结果。因此，高校要培育大学生自尊自信、理性平和、积极向上的健康心态，注重学生在接受心理育人过程中每一个点滴的心理感受，构建大学生独立、自主、健康的个体心理素质。

（三）完整：关注学生的成长性

从根本上说，心理育人最终要实现的是学生的健康成长。因此，心理育人应始终坚持以立德树人为根本任务，以促进学生的健康成长，以提高人才培养质量为目标，通过积极整合心理教育资源，开发学生心理潜能，提高学生心理素质，为学生创造发展心理能力的环境，在外在的帮助逐渐向内化的成长过程中不断提高学生良好的心理素质，促进其认知、情感和人格的发展和成长，实现其自我成长的可持续性。

（四）健康：尊重学生的隐私性

心理育人需要高度尊重学生的隐私。心理育人将每一个学生的心理健康问题视为学生的隐私，既要注重学生的健康，更要尊重学生的隐私。新生进校，高校就要对每一个新生进行心理健康测试。如果发现有重点学生及危机学生，要做到"一人一档"，由心理健康教师和辅导员等定期对其开展谈心谈话，掌握学生的心理健康动态，并且保证不泄露学生的隐私。特别是对已经出现的部分学生因心理疾病、精神障碍等不惜伤害自己和他人的案例时，更要注意保护好学生的隐私，让学生拥有安全感，这样才能更好地帮助学生走出困境。

三、心理育人的原则

心理育人是一项科学育人的方法，在育人过程中，教师要遵循学生身心发展规律和心理健康教育的原则。只有教师遵循这些科学且有效的原则，心理育人才能更好地实现其"育心"和"育德"的功能，最终实现"育人"（图 3-16）：

| 科学性与实效性相结合的原则 | 一般性与个别性相结合的原则 | 主导性与主体性相结合的原则 | 保护性与预防性相结合的原则 |

图 3-16　心理育人的原则

（一）科学性与实效性相结合的原则

正如以上所述，心理育人是一门科学，有着非常明显的科学性。高校要做好心理健康教育规划，高度重视心理健康教育课程、心理健康教育活动、心理健康关爱方式等引导学生的强大作用，引导学生养成健康的生活方式，积极参加体育锻炼、保持膳食均衡、拥有充足的睡眠和稳定的情绪。高校还要根据学生身心发展规律和心理健康教育规律，科学开展心理育人工作，逐步完善心理育人体系，切实提高学生心理健康水平，有效解决学生心理问题。同时，心理育人不能停留在"做"和"说"的层面，一定要从实践中检验其是否产生了实效。

（二）一般性与个别性相结合的原则

高校是学生聚集的场所，心理育人必须坚持面向全体学生开展，确保覆盖面达到100%，严格对每一个学生的心理健康负责。同时，心理育人的特点在于，每个学生的心理健康程度、需要等完全不同，不能简单采用"一刀切"或是"万能模式"开展教育，必须提前分析、研判学生的个体差异，注重并采用有针对性、创新性的方式方法，分层分类开展心理育人，以满足不同年龄、不同群体、不同心态的学生群体的心理育人需求。[①]

（三）主导性与主体性相结合的原则

需要明晰的一点是，高校在心理育人的过程中，要始终处在主导地位。

---

① 王缓缓. 新时代高校提升心理育人质量研究 [D]. 杭州：浙江工商大学，2020.

高校要充分发挥心理健康教育教师、辅导员、团学工作人员等育人主体的主导作用，特别是按照中华人民共和国教育部（以下简称"教育部"）相关要求，严格配齐配强专业的心理健康教师，注意加强与周边的专业医疗机构、心理咨询中心等建立合作关系，定期开展相关心理育人活动，帮助学生及时发现和排解心理问题。主体性则要求高校要充分强化和尊重学生在心理育人过程中的主体地位，充分调动学生的主动性、积极性，让学生意识到心理健康是更好关爱自己、教育自己和培养自己的重要方式，进而使他们具备自主自助维护心理健康的意识和能力。

（四）保护性与预防性相结合的原则

心理育人的一个重要目的应该是"保护"，即保护学生身心健康。高校要贯彻落实"树立健康第一的教育理念"，将保护好每一个学生作为自己的职责，构建起家庭配合、同伴关爱、社区支持和网络支撑的一项保护大学生心理健康的系统工程，全员努力及时了解和守护每一个大学生的心理健康发展动态，预防和减少危险行为的发生，保障大学生的心理健康。当然，保护的前提应该是预防。预防各种心理问题的出现，一定要加强心理健康知识的普及和传播，通过引导学生健康饮食，积极锻炼，进行抗压训练等，培养学生积极的心理品质，促进学生身心和谐发展。特别是要高度重视学生已经产生的心理问题，加强心理危机预防干预，最大限度预防和减少严重心理危机事件的发生。

四、大力推进心理育人的必要性

心理健康是大学生成长为担负起国家和民族重任的合格接班人和建设者的前提之一，其重要性不言而喻。因此，深入探索心理育人的必要性也是显而易见的。大力推进心理育人的必要性主要表现在以下几个方面：

（一）心理育人可以帮助大学生坚定理想信念

新时期，心理育人的一个重要意义就是帮助大学生坚定理想信念。心理教育过程是一种价值取向明确的教育过程，其目的就是要培养身心健康的合格接班人和建设者。当前，由于世界格局的变化，国内改革的深入，社会问题的复杂，家庭因素的影响，大学生的心理问题日益突出，甚至某些极端事件的案例日益增多。面对具有潜伏期长、突发性强、伤害性大等特点的大学生心理健康问题，高校思想政治教育工作者迎来了更大的挑战。相关心理研究表明，大学生的心理问题有相当一部分涉及思想、道德和政治层面，直接指向世界观、人生观和价值观的建立。究其根源，大学生价值观的迷失和理想信念的缺失对他们的心理健康有着潜移默化、不可估量的影响。因此，心理育人的开展有利于从心理层面对学生进行深入引导，从心理层面解决学生的思想心理困惑，为理想信念的形成提供心理基础，促进理想信念向内在精神信念的转化，促进理想信念向外在行为的转化。

（二）心理育人可以帮助大学生塑造高尚道德

心理教育不仅仅是对大学生拥有健康、积极、向上心理的培育，更蕴含着塑造学生高尚道德人格的价值，真正体现了"心灵教育"与"道德教育"的内在统一。心理育人可以从"养身、养心、养性、养德"四个方面着手，构建一整套完善且实用的心理育人体系。"养身"是身体基础，学生需要一个健康体魄；"养心"是培育核心，学生需要拥有一颗心智健全的"心"；"养性"是阶段目标，学生需要练就良好的个人修养；"养德"是最终目的，学生需要具有高尚良好的道德品质。一个学生良好道德品质的形成与他们从小接受的社会道德认知、情感、态度和行为密切相关。因此，正如浇花浇根，养人养心一般，要陶冶心灵。塑造大学生高尚道德修养的核心是"心"，大学生只有拥有一颗心智健全、善良、向上的"心"，才能形成高尚的道德情操。心理育人正是通过"养心"，进一步有利于"修德"。通过开设心理健康课程，开展各种心理健康教育活动、全员参与心理育人过程等方式"养心"，以培养学生的道德认知、道德情感和道德行为，培养他们的自尊、自信和自律，使他们从内心深处获得德行的成长，达到"修心"的目的，从而促进健全道德人格的形成。

（三）心理育人可以帮助大学生提高抗压能力

心理育人蕴含激励学生积极行为的重要价值，能帮助大学生提高抗压能力，使他们在遇到任何艰难险阻的情况下都能坚定前行。从心理学的角度来看，奋斗精神的实质是心理学上所指的意志品质，是一种战胜困难、战胜自我的意志品质和积极行为表现。[①] 心理育人过程也是增强学生的意志品质、提高学生抗挫折的能力、塑造学生积极乐观向上的人生态度的过程。当前，受各种外在因素和内在原因的影响，部分大学生抗压能力较弱，不能很好地面对困难和挫折，不能很好地处理问题和困惑。因此，心理育人要凸显对学生昂扬斗志和奋发精神的激励，使学生锤炼意志品质，提高克服困难、经受考验、承受挫折的能力，最大限度地发挥新时代心理育人对学生积极行为的激励作用。

（四）心理育人可以帮助大学生提升心理素质

心理素质是学生综合素质的具体体现，良好的心理素质是时代新人的必备素质。因此，提高学生心理素质是心理育人的核心价值。相关研究显示，系统地学习过心理健康知识，接受过专业的心理健康教育或者是心理健康辅导的大学生，在遇到各种困难或是问题的时候，普遍都能较好地克服困难、战胜自己，总体适应能力较强；反之，那些缺乏心理健康知识、比较抵触心理健康教育或者是心理健康辅导的大学生在面对各种意外情况时，要么躺平放任，要么困于其中，很容易形成心理疾病。心理育人的最终目的是通过心理健康课程、心理健康讲座、心理健康辅导、心理健康活动等形式多样、生动活泼的方式帮助大学生提高心理素质。具体而言，就是以关注和提升大学生积极心理素质为主要着力点，以积极心理学的原理和方法，以各种方式激发学生的学习动机，培养学生的创造力，提高学生的综合能力，进而增强他们的自信心和抗压能力，提升心理素质。

---

① 陈虹.新时代高校心理育人价值实现研究 [D].福州：福建师范大学，2021.

第七节　切实强化管理育人

高校的重要职能之一是管理。曾经，高校的管理仅仅指行政管理，更多将学校简单等同于行政事业单位，强调通过"管"来达到约束学生、规范学生的目的。但是，与过去单纯强调行政管理不同，现在的管理育人更加强调通过科学、有效、以生为本的管理，使高校能够更好地实现立德树人的目标。

一、管理育人的内涵

20世纪80年代，高校管理育人理念开始萌芽并逐渐发展。当时，管理与育人并没有更多的联系，相对简单的内涵仅限于"管理"，主要是指行政管理。随着时代的发展，管理育人的内涵不断丰富和深化。进入新时代，面对国际社会风云变幻的新格局，我国社会主义现代化建设的新发展、高等院校管理模式的新变化、青年学生思想行为发展的新特点，使高校管理育人自然而然出现了新内涵。① 当前，学界对于"管理育人"的概念有很多种阐释，从一般意义上来说，高校管理育人主要是指在新时代"三全育人""大思政"的大背景下，高校全员（主要包括行政管理、教育教学、教辅等部门的人员）要全过程、全方位地利用各种管理方法与手段，充分调动政策、师资、环境等丰富的管理资源，通过一系列有目的、有计划、有组织的管理行为，对学生的政治素质、思想观念、道德品德、行为习惯等施加一定的影响，使之实现高校管理育人目标的动态过程。

① 王东红，高雪.新时代高校管理育人：内涵、特征及优化路径 [J].现代教育管理，2021（11）：19-25.

二、管理育人的特点

高校学生管理是高校整体管理工作中十分重要的组成部分，是根据我国的教育方针内容与政策内容等，将培养大学生人才作为目标，科学开展管理工作，有计划地协调人力资源、财力资源、物力资源与时间资源等，做好预测工作、计划工作、执行工作与反馈监督工作。在新时代的发展进程中，为有效开展高校学生管理工作，高校应积极将精细化管理措施融入其中，制定完善的精细化管理方案与体系，有效提升学生管理工作的效果，打破传统工作的局限性，为其后续发展夯实基础。高校管理育人呈现以下几个特征：

（一）实行精细管理

尽管都在提倡和实行"精细化"管理，但是高校学生管理模式与企业管理模式有着明显的区别。企业管理是一种更贴近实践管理的模式，之所以要实行"精细化"管理，实际上是要采用各种管理手段或者模式来实现企业目标，而高校管理不仅仅有实践管理，同时也有理论管理，是介于二者之间的一种特殊管理，具有管理学生和培育学生的双重功能。所谓"精细化"，是从管理学领域中衍生而来的概念。从企业的角度来说，精细化管理是管理者为了提升工作效率、增强服务能力和提高产品产出的一种技术方法，是管理科学与人文文化相互交融的管理。因此，深入研究精细化管理，不难发现其理念核心是以人为本。精细化管理中必须将"人"放在首位，通过对每一个"人"的关爱、管理、服务，来追求品质、效率和管理的统一。精细化管理特征体现在强调责任落实，强调专业化、信息化方面。经过多年的建设和发展，高校已经形成了具有自己特点的规章制度和教学管理制度。关于高校学生精细化管理的研究，大多学者认为学生精细化管理是适应高等教育大众化发展的要求。高校应秉持人本理念，实现学生管理队伍专业化，管理手段信息化，管理目标精细化。

（二）强调以人为本

每一个时代的大学生都有其独特的个性特点。当今的新时代大学生特点明显，他们热爱祖国家乡，思想积极向上，高度关注时事，自我认知清晰，自我意识强烈，但也存在三观尚未完全定型、职业选择存在困惑、理想信念易被影响等问题。高校学生管理成了一个极具时代性的新课题。因此，将精细化管理理念运用于高校学生管理具有积极意义。正如前文所述，精细化管理高度强调"以人为本"，将其运用到高校管理中，势必要高度重视学生主体作用，这要求高校任何一项工作都要充分考虑学生、高度重视学生，真正做到以学生为本。同时，精细化管理与当代大学生视野开阔特征相适应，学生权力是高校内部权力的组成部分。当前，高校在决策与学生有关的事务时都要征求学生的意见，如运动场所的选择、选修课程的设置等。随着我国高等教育体制不断地改革和创新，学生从接受教育逐步转向购买服务。高校尊重每一个学生的需求，强调以人为本。提高学生满意度可以提高学校管理的针对性，促进大学生成长成才。

（三）全员参与管理

在"三全育人"的大背景下，高校已经逐步转变了观念。就管理而言，其不仅仅是教育行政部门的工作，而转变成为全员参与管理。全员管理育人成为高校管理育人的一个特点，这也意味着高校教职工是育人的主体，要参与育人的过程。首先，全员育人要注重培养一支专业化的教师队伍，这要求管理者必须深度学习和掌握精细化管理的专业知识，具备良好的职业素养，在日常工作中有效实施精细化管理。首先，高校教师要重视继续教育，在做好教学、科研等本职工作的同时，也要熟悉和了解精细化管理的理念，能熟练运用精细化管理的专业技能来提高自身的管理水平。其次，高校要加强对于学生的精细化管理。在教育教学工作中，高校教师必须融入人文关怀理念，更多给予学生关心和爱护，及时发现学生管理工作中存在的漏洞和问题，提出整改建议和补救措施。最后，高校可以通过建立多元化、制度化的培训机制，联合实施精细化管理的模范企业、事业单位等，定期或不定期对教职员工开展培训，推动高校精细化管理走深走实。

（四）管育深度融合

高校突出"管""育"二者的高度融合，这是因为思想政治教育是学生管理的基础，而学生管理是支持思想政治教育的重要方法。思想政治教育和学生管理并不矛盾，二者在培养人才、立德树人方面的目标高度统一。此外，在新时代的背景下，当代大学生的个性化学习需求和学习习惯也发生了很大变化。基于此，大学必须基于学生的个性化要求，从宏观角度改善教育管理计划，高校要在新时代的背景下创新思想政治教育模型，优化学生管理机制，以促进学校教育团队的总体进步，并在协作教育实践中增强思想政治教育的有效性，提高学生的管理水平。因此，高校管理和教育的作用必须反映在精细化的管理服务中，这有利于实现立德树人的目标，并培养高质量的社会主义建设者和接班人。

三、管理育人的原则

落实人才培养的基本任务，管理和教育是一个重要环节。高校要提高管理教育的有效性，迫切需要把教育作为管理工作的出发点和目标。有效的管理手段，可以在不知不觉中促进师生思想道德素质的提高，使他们养成良好的行为习惯。与过去相比，新时期高校的管理教育工作必须遵循管理育人的基本原则，充分掌握这些原则，对于新时期高校的管理和教育具有重要意义（图3-17）：

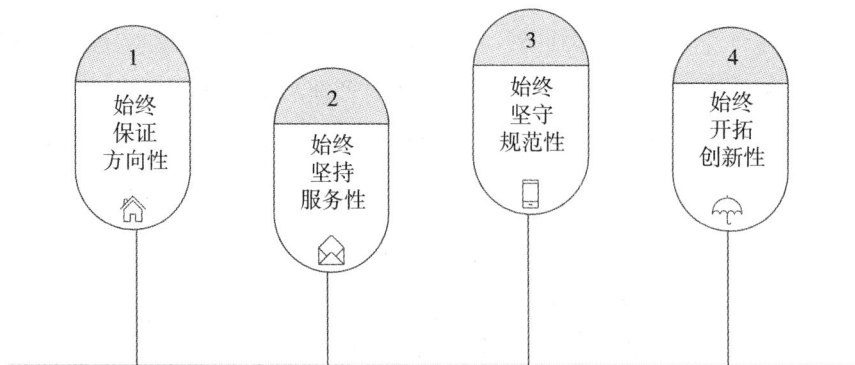

图 3-17　管理育人的原则

（一）始终保证方向性

方向性是管理育人的首要原则。方向一旦错了，全盘皆错。新时期高校管理教育的目标同样是"立德树人"，即解决"为何育人、以何育人、何以育人"的问题。解决这一问题的方式方法多种多样，但是首要前提是坚持正确的政治方向。从教育目标的角度来看，高校管理教育肩负着重要使命，即为党和国家培养人才，培养真正全心全意为中国特色社会主义事业奋斗的人才。因此，从"为党育人、为国育才"的角度来看，高校的管理和教育工作必须坚持党的领导毫不动摇。"始终保证方向性"的原则强调要牢牢坚持党对高校管理教育工作的领导地位，始终把握党对高等教育工作的严格要求，始终坚定党指给高等教育的正确路线，从根本上确保高校管理教育工作朝着正确的方向发展。总体而言，无论是党的要求还是国家的需要，无论是民族的未来还是社会的需求，始终坚持正确的方向一直是新时代高校管理教育的首要原则。

（二）始终坚持服务性

新时代，逐渐褪去"行政化"痕迹的高校管理教育不断走向"以学生为中心"，通过减少行政秩序，强调立德树人，增强服务功能，提升服务能力，管理育人实现了真正的目的——服务学生。从管理育人的理念角度来看，高校管理育人首先改变的是过去传统的强调"管理"的理念，也就是打破了靠行政命令和行政主导实现单向管理的理念。换言之，管理育人已经从强调行政管理的导向转变为强调学生感受的服务导向。管理育人的过程是以学生为中心的，强调人文关怀，强调学生的心理感受。通过对学生的尊重和关怀，高校实现了启智、润心、关爱和激励的目标。从管理教育服务供应的角度来看，高校管理教育通过结合不同学生的内部需求，解决实际和思想问题，来满足各种类型学生的普遍或特殊需求。当然，管理只是一种方式，高校在强调管理育人，为生服务的过程中，应该始终牢记高等教育的本质是育人，始终强调管理育人的价值是教育。

（三）始终坚守规范性

新时代，高校管理教育是基于"制度治理"的原则，强调制度在大学管理教育中的根本作用。恩格斯曾指出："在社会发展的某个很早的阶段，产生这样一种需要：把每天重复的生产、分配和交换用一个共同规则约束起来，借以使个人服从生产和交换的共同条件。这个规则首先表现为习惯，不久便成了法律。"① 恩格斯的重要论述既清晰地阐释了制度产生和发展的起因和过程，也解释了制度的基本特征是个体的"约束"，即规范。制度的规范性决定了高校管理育人的规范性。高校教师从三个方面来考虑管理育人的规范性，一是必须遵守各项法律法规，并依据相关法律法规来制定和完善高校的管理规章制度；二是高校规章制度要跟随法律法规的进步而进步，在征求意见、文件草拟、反复修改和正式下发等过程中充分考虑法律法规；三是正式下发各项规章制度后，校领导、中层干部和广大教职员工务必带头严格遵守，进而引导学生严格遵守，并逐步从他律走向自律。

（四）始终开拓创新性

新时代，高校管理育人开展了彻底的自我革命，打破了完全依赖制度强制管理的教育模式。管理育人既是管理，也是育人，因此，高校要将标准化管理的严格要求与潜移默化的教育模式相结合。这一重大转变，是管理育人积极回应大学生生活、学习、工作方方面面的需求的转变，反映了鲜明的创新性特征。其一，始终开拓创新性要遵循学生的成长规律。年轻的大学生就好比有待灌浆的水稻，正处于个人成长的关键时期，有未定型的行为习惯，未形成的价值观，以及不成熟的情绪和心理。充分考虑青少年的思想和行为特点，新时代的高校管理育人以严格且有爱，深入且有效的管理，发挥管理系统的规范和约束功能，提高了管理育人的可接受性。其二，始终开拓创新性要创新教育方法。新时代，高校应该是人文的高校，人本的高校，要运用情感、文化、精神等教育方式来建立和谐的师生关系，开展科学的教学活

---

① 马克思，恩格斯．马克思恩格斯选集：第 3 卷［M］．中共中央马克思恩格斯列宁斯大林著作编译局，编译．北京：人民出版社，2012：260.

动，传授最新的专业知识，激发学生的内在情感，提升学生的道德品质。其三，始终开拓创新性要开展对学生的个性化引导。当代大学生更为独立，更为自立，更为自主，因此，高校管理育人要高度注重对学生的个性化管理和个性化引导，在管理过程中需要提供层次化、多元化、个性化的教育内容，以满足不同学生的发展需求。

四、切实强化管理育人的必要性

加强管理教育是现代高校管理育人承担教育使命和提高教育质量的迫切需要。因此，高校在"服务全局、规范管理、加强教育、人文关怀"的指导下，在日常管理工作中设计并开展了一系列有效的教育活动。

（一）管理育人是高校立德树人顺利实施的保证

高校管理者及其活动对学生教育工作的影响主要集中在三个方面：学校行政管理、教学管理和生活管理。通过制定和严格执行各项规章制度，形成良好的学习习惯和生活秩序，直接指导、协调、规范和约束学生的思维和行为。管理育人的特殊性，可以促进和监督德育部门人员的工作，实施教学教育和服务教育，确保思想政治工作和教育教学工作的正确方向，确保管理育人工作在高校工作中的重要地位。在管理过程中，针对具体问题的个人活动将直接促进学生思想、政治、道德素质的提高，从而促进高校工作的全面实施和立德树人目标的实现。

（二）管理育人是高校培养学生自我教育能力的保证

对学生自我教育能力的培育是管理育人重要价值的体现。拥有较强的自我教育能力是时代新人成长成才的基础。当下，培育大学生自我教育、自我管理、自我服务的能力是高校思想政治教育的重要目标之一。管理育人的价值在于通过运用管理学的原理、方法与艺术，最大限度地帮助学生形成较好的自我约束能力、自我教育能力和自我管理能力；以管理育人过程中的日常管理和服务，帮助学生解决生活上的困难、学习上的困惑和思想上的迷茫；以强大的后勤服务能力为保障，通过构建"学习—关爱、管理—服务"的管理育人模式，对学生开展管理和服务。

（三）管理育人是高校树立积极正面形象的保证

大学的形象是对高校的实力、水平和素质的综合反映，也是实现高等教育目标的程度的象征。管理的有效性很大程度上取决于人的思想政治素质，这既包括管理者的自身素质，也包括管理者对管理对象素质的促进。因此，育人是管理的内在要求，管理育人能使管理的职能更完整地得到实现。从一定意义上说，管理育人的实现程度是衡量一所高校管理水平的重要指标。此外，强调管理育人，会促进管理者深入了解教育对象，更新管理观念，遵循管理道德，改进管理态度、管理方法和管理作风，提高管理质量，并为管理工作塑造一个良好的形象。

（四）管理育人是高校实现社会主义大学办学目标的保证

中国的大学必须走社会主义办学道路，实现社会主义大学的办学目标。同时，高校的教育教学、思想政治、宣传文化、意识形态等工作都需要管理部门的支持、推广和监督。缺少了管理，教育的力量可能会变得薄弱。教育不能脱离管理的教育功能，从事所谓的纯管理，因为"纯管理"不能使管理对象，即有思想、有文化的大学生，有意识地主动接受和实施各种行为规范和规章制度，不能实现建立正确观念的目标，导致学生的思想政治素质存在缺陷，影响学生知识和能力的发展。可以看出，社会主义大学的行政管理已经抛弃了纯管理，走向了管理育人的新路，真正实现了管理的有效性，确保了高校实现社会主义大学的办学目标。

第八节　不断深化服务育人

一、服务育人的内涵

高校服务育人是一项全方位、系统性的工作，其目标是培养德智体美劳全面发展的社会主义建设者和接班人。1950年，中国教育工会召开了第一次全国代表大会。这次大会提出了"服务育人"这一概念。会议指出，教育包括教学教育、服务教育和管理教育。随着教育环境的不断变化，服务教育的定义越来越丰富，具有当代内涵。从狭义上而言，服务育人指的是高校后勤处、图书馆、学工部等部门为学生提供的餐饮、宿管、图书、资助等服务，帮助学生获得更快捷、更方便、更好的体验感。从广义上来说，服务教育是指在教学、学科、科研、交流、合作、管理等方面的教育实践，以使学生从中获得帮助、受教育。因此，从普遍意义上而言，高校服务育人是指高校通过多种方式和手段，为学生提供全面的教育和培养，帮助他们全面发展、成长成才的过程。换句话说，根据新时代的要求，高校所有教育教学及辅助机构的教学人员都承担着为学生服务的义务和责任。

二、服务育人的特点

高校服务育人是新时代十大育人体系之一，服务育人在实现"立德树人"根本任务的进程中，实现了重要价值。高校服务育人不仅是高校学生培养市民社会需求的需要，也是高校办好人民满意的教育的需要，更是加快高等教育内涵式创新发展的需要。服务育人工作的开展为培养社会所需的全面发展的时代新人提供了更广阔的发展机会。

（一）服务育人始终以立德树人为目标

实现"立德树人"的根本任务是高校的使命和责任，即培养社会所需要的人才，因此，高校服务育人同样要承担教育的使命，即始终要以立德树人为目标。高校的重要使命不仅是教学生科学和文化知识，更重要的是实现思想教育。解决"培养什么样的人"是第一个问题。高校应培养负责民族复兴、将社会主义核心价值观内化于心外化于行的新型人才。在为大学生提供服务的过程中，高校不仅要关注对学生技能的培养，也要牢牢抓住理想和信仰的教育，爱国主义和道德自由教育，以充分发挥中国特色社会主义教育的优势。

（二）服务育人始终以学生为主体

高校服务育人的主体是人，主要是教职工；服务育人的客体同样是人，主要是大学生。其中，学生是重要的参与者。高等教育是教育的主阵地，是人的全面发展，为德智体美劳提供新的服务。在此背景下，高校教育应坚持以学生为中心的办学理念，在教学、管理、教育环境等方面创造一个更加完善、更加科学的环境。高校的教学、科研、学工、后勤、图书馆、宣传部、组织部等职能部门、教学教辅单位等部门要在明确各自职责的基础上通力合作，定期沟通交流经验，取长补短，杜绝出现"有人在干，有人在看"的局面。在这个过程中，能明显感受到服务育人的功能可以是潜移默化的。

（三）服务育人始终是育人的重要载体

"培养什么人、如何培养人、为谁培养人"是高校需要解决的根本问题。服务是高等学校教育的重要载体，是高等学校必须实现的重要功能之一。高校服务教育要坚持"四个服务"的宗旨，即"为人民服务，为中国共产党治国理政服务，为巩固和发展中国特色社会主义制度服务，为改革开放和社会主义现代化建设服务"和"立德树人"的根本任务。高等教育各部门承担着为人民服务、育人的职能。在教学管理工作中，高校教职工要有效地为教育工作者和学校服务。

（四）服务育人要始终注重育人效果

服务育人必须注重育人效果，必须关注学生的感受。高校要通过加强基础设施建设，完成学生宿舍、中央餐厅、供暖设施、洗浴中心的改造；加强公寓楼文化建设和后文化建设，打造舒适便捷的"第二教室"；增加宿舍功能；加快图书馆功能建设，如布置多种类书架、开放式学习室，特定区域可以形成集学习、讨论、就餐功能于一体的共享空间，发挥环境教育的功效；清理校园卫生，维护绿色植物，建立绿色资产档案，营造清洁有序的校园环境，培养大学生公德意识和爱校理念。

三、服务育人的原则

服务育人要认真贯彻落实学校党政工作要点，坚持教育、管理、服务相结合的原则。全体工作人员要以提供"内容、方法，对象、过程"全面而周全的服务为工作宗旨，扎实做好学生服务工作，创建秩序井然、干净整洁的生活环境，形成健康文明、和谐向上的校园文化氛围（图3-18）：

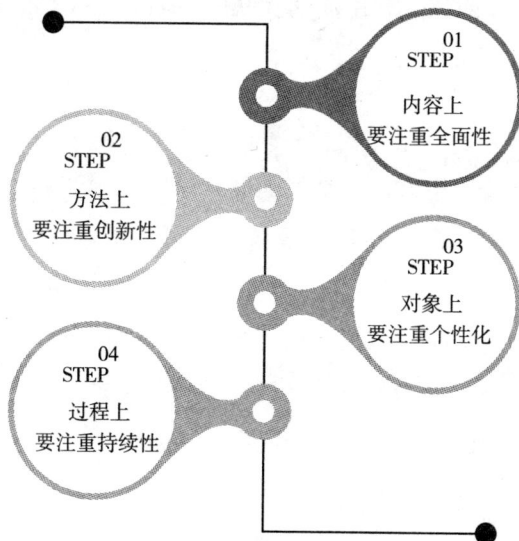

01 STEP 内容上要注重全面性

02 STEP 方法上要注重创新性

03 STEP 对象上要注重个性化

04 STEP 过程上要注重持续性

图3-18　管理育人的原则

（一）内容上要注重全面性

所谓服务育人，要求教师不能简单地停留在后勤服务的基础功能之上。新型服务育人，应该根据大学生学业生活的需要、思想指导、实习就业、培养计划、成长目标建立服务台账和个性化档案，分类多样化满足不同大学生，最大限度地满足大学生的合理需求。因此，服务育人内容上的全面性有效地解决了学生在学习、生活、思维等方面所面临的困惑和困难，帮助他们实现全面发展和成功。

（二）方法上要注重创新性

服务育人要讲究方式方法，不能靠等学生提出要求后再去解决问题。教师要按照调查研究—分析研判—主动问诊—解决问题—反思转变的思路重新厘清服务育人的新路径。以学生对图书馆的需求为例，教师要通过在线问卷调查、现场访谈等方式，做好日常的研究和采访工作，如宿舍走访、深度访谈、问卷调查、收集学生建议书、开展师生研讨会等形式。教师不仅要关注线下收集的需求，还要充分利用流动互联网终端等在线反馈渠道。

（三）对象上要注重个性化

和以前的"一刀切"服务模式不同，当前的大学生因为成长环境不同、教育背景各异、个性性格多样，自然而然对学习、生活和休闲等有不同的需求。因此，高校在开展教育指导和服务工作时，要尊重学生的个性和差异。在面向整体的过程中，高校要注重个性化服务，实现量身定做的服务。例如，对于备战考研的学生，可以提供延长时间的自习室；对于餐饮有特殊要求的学生，提供特殊饮食的窗口。当然，高校在个性化服务的过程中，同样要照顾到每一个学生的心理，不能因此产生网络舆情。

（四）过程上要注重持续性

服务育人讲究持续性，而不是一时的服务。高校要遵循持续跟踪、及时监控、动态更新学生需求的原则，实现全过程服务。大学生是一个不断发展的过程，他们需要入学指导，需要适应和熟悉大学生活，做好入学时的规划。高校应充分关注学生的成长和发展，以发展的视角动态服务学生，准确描述学生的不同阶段，完善目标。新时代的到来，也为高校的服务教育增添了新的内容，提出了新的要求。高校应积极响应学生在日常学习和生活中的呼声和需要，及时尽最大努力为学生提供帮助。

四、不断深化服务育人的必要性

服务育人是高校十大育人体系的重要部分，是高校立德树人的实践路径之一，更是检验一所大学是不是"人民满意的大学"的指标之一。因此，为学生提供优质的教育服务是高校的责任和基础，具有不可替代的意义。

（一）服务育人是"三全育人"的重要体现

"三全育人"要求高校全员、全过程、全方位对学生进行教育。从广义上讲，服务育人的主体是全体教职员工，无论是专业教师、辅导员还是党务工作者、行政管理人员、后勤服务人员，全校上下合力形成了强大的思想教育、教育教学、党建的力量，实现了服务育人和协作教育的目标。因此，服务教育是一种全员参与的教育实践活动。同时，服务教育贯穿每个学生学校生活的全过程和每个环节，为学生的各种生活、学习、考试、实践、社会服务和对外活动以及毕业生就业提供全面的指导、教育、帮助、支持和管理服务。高校要在整个过程中实现全面的服务教育，以提高学生的幸福感和安全感。从这些维度来看，服务教育工作完全嵌入每个学生的大学生活，贯穿整个过程，渗透各个方面。这也是实现有效教学和管理教育的有力保证和重要前提。

（二）服务育人是良好风气的有力保证

教师不仅要成为学生的良师益友，为学生传授知识，消除疑虑，而且要成为学生成长、成功、行为和道德的指导者。教师不仅要用扎实的专业知识来教育和引导学生，而且要用自己的行为来影响学生。教师通过在服务和教育工作中表现出的实践精神、专业精神、严谨态度、真诚和奉献精神，为营造良好的教学和工作氛围作出了贡献。校园教育环境通过内在精神影响感染学生，通过外部高质量的服务帮助学生，通过校园布局、内部布置、绿化设施等细节，体现学校教育工作的灵魂。它可以感染、培养和净化每一个学生的心灵，促进良好的学校氛围的逐步形成。在良好的教育氛围中，教师能够更清楚地认识自己的责任和使命，不断学习自己的工作技能，把各项服务工作与学校的整体教育目标紧密结合起来，形成教育发展生态的良性循环。因此，服务教育工作要有良好的学校文化、教学作风。

（三）服务育人是立德树人的基础保障

服务育人工作的核心是为学校人才培养提供坚实的物质保障和精神保障。在物质安全方面，要确保与师生工作、学习、生活密切相关的所有校园场所和环境，如办公室、宿舍、食堂、浴室、教室、图书馆、操场等干净、安全、美观、舒适。只有为师生提供丰富和充足的物质保障，才能保证教学、科研、学科和管理的高质量发展。为教师提供满意的物质支持，可以使他们心情舒畅地开展教育教学工作；而为学生提供舒适的生活和学习物质支持，则可以提高他们的学习积极性和学习质量。因此，服务教育在一切教育工作中具有十分重要的作用，有利于巩固服务教育的基础。在心理安全方面，辅导员、宿舍管理人员、后勤服务人员、财务人员和教学管理人员的服务教育工作具有特殊性。他们能够为学生提供周到的帮助和服务，帮助学生解决问题。通过道德修养、文明行为、语言规范等外在表现形式，体现学校形象，形成典范效应，这有利于在一定程度上增进学校、教师和学生之间的相互了解，建立情感平台和渠道，提高教师和学生的幸福感、利益感和安全感，起到"第二课堂"的教育作用。

第九节　全面推进资助育人

一、资助育人的内涵

所谓资助育人，就是高校用好教育经费以实现教育公平、教育价值等的目标所采用的经费使用方式。由此可见，资助育人是一项基础工程、系统工程和民生工程，关系到教育公平、保障民生、温暖民心。高等教育是培养人的工程，是为了实现人的全面发展而进行的一项重大教育工程。高等教育经费的拨付和使用备受关注，它不仅是一个理论命题，而且是一个高度实践性的命题，必须考虑人的全面发展的实际需要。贫困大学生资助不是简单的经济上的帮助，而应立足于"教育"的价值和理性视角，通过各种自助行为回归"教育"的基本宗旨。这不仅关系贫困大学生的个人发展，而且关系党委决策部署的实施效果。这也是反映社会主义教育公平与社会和谐发展的必然要求，高校要围绕立德树人的根本任务，严格落实国家资助的有关政策。资助教育的出发点是帮助贫困大学生完成学业，最终目的是促进贫困大学生的全面发展。在实际资助过程中，高校需要持续创新、发展和加强资助与教育、经济支持和发展支持的结合。在新时期，高校更是需要整合资金、信心和智慧的综合渠道，提高资金和教育的实效性，促进贫困大学生的全面发展。

二、资助育人的特点

（一）资助育人具有精准性

资助育人的首要条件就是贫困家庭学生的身份认定，贫困家庭学生的身份认定是关系高校办学质量和社会公平正义的重大问题。资助育人要求科学地将教育资源的各个方面分配给最需要的人和物，从"洪水灌溉"转变为"精准滴灌"，使相对有限的资源效益最大化。因此，精准性成为资助育人的第一个典型特征。许多高校利用互联网和大数据思维，通过对数据的统计分析，准确了解困难学生的家庭经济状况，确定有针对性、有效的个性化资助方案。部分高校更是通过自主开发设计了家庭经济困难学生网上识别系统，全面收集学生家庭收入、家庭成员、教育支出、医疗支出等反映学生家庭整体经济状况的关键信息，建立了"量化考核体系"。通过量化考核体系，高校能够将更需要帮助的大学生精准筛选出来，以便进一步精准帮扶。

（二）资助育人具有"造血"性

通常情况下，高校通过发放学生贷款、特殊困难情况下的补助申请、降低学费和社会奖学金来实施国家援助政策。虽然这种"输血"资助方式可以缓解学生暂时的生活困难，但资源相对有限，从长远来看，它不能更好地解决部分贫困大学生的自我孤立、能力不足、成长意识薄弱等常见问题。高校积极为来自经济弱势家庭的学生设计"血型"资助项目。通过提供工作学习岗位和建立就业实习平台，帮助他们磨炼意志力，提高素质，同时提高他们的能力；通过举办校内勤工助学岗位招聘会，为家庭经济困难学生提供"助管"等兼职岗位；针对暑假留校的家庭经济困难学生举办校外兼职岗位专场招聘会，提供兼职岗位保证了学生的校外兼职安全和经济收入。另外，高校还能建设多个集"实习实训、就业创业、实践锻炼、能力提高"于一体的综合性实践平台，为家庭经济困难学生提供固定兼职岗位。

（三）资助育人具有发展性

让每一个人都能发光发热，都成为有用的人才，是中国共产党第十八次全国代表大会"办好人民满意的教育，提高家庭经济困难学生资助水平"的重要部署。这是"不失学"的基本要求，也是高校金融教育的更高要求，是金融教育改革与发展的必然趋势。高校要突破以往的"保证"资助模式，推进高质量的"发展"资助工作，遵循高等教育发展和学生成长的规律，通过学术规划、研究指导、社会实践、心理咨询、创新指导和项目驱动，努力提高学生的成长发展能力和社会竞争力。高校面向家庭经济困难学生设立成长助推基金、精英访学基金、圆梦工程基金；对困难学生申请参加学科竞赛、专业认证考试、外语能力考试等进行资助，鼓励学生参与社会实践和科技创新活动；对他们的短期国（境）外研修项目、交换学习项目给予路费和部分生活费资助，帮助学生提升专业水平，拓宽国际视野。另外，学校对因病丧失劳动能力、家庭遭遇重大自然灾害、家庭成员患有重大疾病以及经济收入特别低的毕业贷款学生，可以适当帮助其偿还助学贷款本息，使学生"轻装上阵"，更好地走进社会。

（四）资助育人具有情感性

资助育人不是冰冷的金钱，而是具有强烈的感情的关怀。情感关怀应准确把握困难学生的心理特点，尊重学生的主体地位，注重培养学生的自尊和自信，增强学生的安全感、幸福感、归属感和使命感。高校的情感成长和关怀受到家庭贫困生的广泛欢迎和信赖，学生的获得感显著增强。例如，要求辅导员每学期与每个重点目标进行深入交谈，充分了解他们的困难和生活条件，并介绍最新的资助政策和措施。学校要不时为贫困地区的特招生举办研讨会，为孤儿、残疾学生和特殊困难学生举办研讨会，鼓励他们自力更生，取得成功；每年冬季为贫困学生购买御寒衣物，为学生送上温暖；为贫困家庭的学生建立全面、综合、三位一体的就业援助制度，让学生有就业保障；每年寒暑假，坚持开展寒暑假家访活动，通过农村学生分招、贫困地区特招等方式，对学校认定的经济重点学生、少数民族学生、残疾学生、孤儿等特殊困难群体进行家访，充分了解他们的家庭困难和经济需要。

三、资助育人的原则

资助育人的基本原则具体如下（图3-19）：

图 3-19　资助育人的原则

（一）规范性原则

没有制度，就没有规范。高校做好资助育人的第一条规则就是要突出规范性，要有严格的制度保障资助工作的规范性；要建立健全相关制度，出台《资助资金管理办法》《资助资金使用办法》等规范性文件，确保资助工作有章可循、有据可依；要建立健全资助管理体系，严格执行"三级评审、两级公示"制度，做到公平公正公开；要优化资助服务系统，实现资助可以线上申请、线上办理，提供更加便捷方便的服务；要健全工作机制，把资助工作做在平时，做在基础，比如开展专项问卷调查，开通资助咨询热线，做好资助政策宣传。

（二）精准性原则

资助对象的确定务必精准。高校通过学生申报、属地认定、学校核实的方式建立家庭经济困难认定数据库，利用数据采集、实地走访、电话回访、辅导员调研、同学访谈等，开展精准帮扶。力求资助精准和分配精准，通过开展学费资助、生活费资助、应急救助等各类资助项目，设置学业发展补助，对有考级、考证、科创等发展需求，但无力承担相关费用的家庭经济困难学生给予一定补助。力求资金发放精准，对资助资金实行分账核算，专款专用，对受疫情或自然灾害影响的家庭学生，高校要第一时间将资助资金发放到学生手中，着力构建资助对象、资助标准、资金分配、资金发放协调联动的精准资助工作体系。

（三）需求性原则

高校开展资助育人专项培训项目，要把"扶困"与"扶智"，"扶困"与

"扶志"结合起来，助力学生成长成才；持续推动勤工助学改革，联合校内外企业、各部门等设置勤工助学岗位，搭建起资助育人全链条式帮扶线；构建学业帮扶体系，建立学业困难学生工作台账，做好全过程帮扶和阶段性管理；充分考虑大学生的需求，开展"创新创业讲座""就业辅导讲座""考研考公讲座""西部计划讲座"等学业帮扶活动；建设辅导员工作室，通过预约咨询、经验分享、答疑解惑等形式，帮助大学生勇于面对可能出现的学习、生活、工作上的问题，不断提升其学习能力、科研能力和工作能力；开展奖学金评选、优秀学生表彰，积极宣传国家奖学金、自强之星、优秀大学生等先进事迹，激励学生成才，报效国家。

（四）关怀性原则

各高校可以根据自己的学校特色和情况，以开展各类独具特色的资助育人活动为抓手，彰显资助工作的温度，全方位打造资助暖心工程。例如，组织学生爱心社团开展支教、福利院服务等公益活动，引导受助学生带动全校学生开展公益活动，形成"他助—育人—成才—回馈"的良性循环。又如，根据大数据分析，高校可以自动启动伙食补贴，"隐形资助"贫困学生，将伙食补贴主动发放到学生个人餐卡。"隐形资助"改变了传统的资助模式，既充分保护了学生的隐私和自尊，也彰显了高校的人文关怀与育人温度。再如，资助应该满足学生的生活保障和能力发展需求，高校要做到从经济上资助学生、从生活上关心学生、从思想上引导学生、从精神上鼓舞学生、从心理上抚慰学生，助力学生全面发展。

四、全面推进资助育人的必要性

（一）资助育人是高校党委的政治责任

改善民生，逐步实现共同富裕，是社会主义的本质要求，也是中国共产党的重要使命。高校党委必须承担的政治责任之一就是确保每一个学生完成学业。同时，高校贫困生资助与资助育人关系学生自身、家庭、社会的和谐与稳定，必须摆在重要位置且高质量完成。高校党委要始终以"服从党的安排、服务国家方针、满足人民期待、满足学生需要"为出发点和落脚点，不断加大教育经费投入，保障广大师生的教育需求，改善广大师生的教育环境，做好国家高等教育工作，努力帮助学生完成学业。

（二）资助育人是高校培养一流人才的重要基础

家庭经济困难大学生是大学生中的一个特殊群体。在朝着世界一流大学建设目标努力的过程中，高校既要正常开展教育教学工作，确保大部分学生完成学业，又要做好资助育人工作，确保学生不因家庭经济困难而辍学，教育和引导所有学生更好地成长和发展，成为一流人才。当前，部分高校党委已经成立学生工作部，并研究建立了学生资助中心，负责组织协调、制度建设、条件保障、监督检查等工作。此外，部分高校也逐步建立起了奖、助、减、免、贷、勤、捐"七位一体"的较完善的资助体系，打造出了"全员覆盖、全程受助、全面受益"的助困网络。

（三）资助育人工作是高校思想政治工作的生动实践

资助育人不仅是高校教育的重要组成部分，也是高校加强思想政治工作的有效途径。资助育人不是简单地填补经济上的缺口，而是将思想政治教育融入教育资助的全过程，其目的是提高受资助学生的思想水平、政治意识、道德素质和文化素养，让他们享受平等的发展机会、辉煌的生活机会和实现梦想的机会。在资助育人的过程中，高校教师要注重培养大学生对党、国家和社会的感恩，自觉成为社会主义核心价值观的坚定信仰者、积极传播者、模范实践者。同时，高校要引导更多的年轻学生建立正确的世界观、人生观和价值观，用如"大学生自强之星"等一个个感人的故事来促进家庭经济困难大学生自立自强，使他们成长为优秀人才。

第十节　积极优化组织育人

一、组织育人的内涵

中国共产党高度重视思想工作和组织工作，尤其是从"三湾改编"将党支部建在连上开始，组织建设就与思想工作紧密地联系在了一起。对高校而言，"十大育人体系"中的"组织教育"是重要环节之一，特别注重"教育引导"与"组织建设"的结合。值得注意的是，组织教育不仅是"十大"教育体系的环节之一，而且是高校落实立德树人根本任务的重要途径，与新时代高校必须坚持中国特色社会主义大学办学方向的政治要求密切相关。高校开展思想政治工作，需要依靠各级党组织和各类人民团体的建设，形成学校党委—学院党委—党支部和学校团委—学院团委—团支部等完整链条的工作环节，在工作中充分发挥各类组织的育人功能。高校各种党、团、学的组织结构如同复杂但是有序的人体"神经系统"，将一个个如党支部、团支部、班级、寝室等基础单位连接起来并有序开展工作。办好中国特色社会主义大学，必须把党的教育方针贯彻大学工作的各个方面，确保立德树人这一根本任务的全面贯彻落实。高校通过各种组织开展育人工作，正是中国特色社会主义大学的特征之一，有着已经被实践证实了的良好效果。因此，"组织建设"与"教育引导"相结合是基层党组织建设的内在要求。高校基层党组织理应担负起办学、育人的主要责任，为中国特色社会主义伟大事业提供人才支持。总而言之，高校组织育人指的就是高校通过发挥基层党组织建设的教育引领功能，推动中国特色社会主义高校建设，培养德才兼备、全面发展的社会主义建设者和接班人。

二、组织育人的特点

高校组织育人，强调整体性原则。高校要注重形成育人整体，形成党委引领，行政配合，群团组织推进的整体育人格局，形成强大的育人合力；强调规律性原则，要求组织育人工作必须尊重学生成长规律、教书育人规律、思想政治工作规律，根据不同类别的学生、不同层次的学生开展有针对性的人才培养；强调统一性原则，要求高校各党团、群体组织要有育人统一目标、统一规划，一体化推进育人工作；强调创新性原则，增强实践育人效果，建立规范化的质量评价标准检验育人效果。因此，高校组织育人具有以下几个明显特点：

（一）强化整体性以实现合力育人

根据工作需要，高校内部会按照职能划分为各级党组织、群团组织、教学科研组织、管理服务部门等不同组织及部门，各组织和部门要坚持整体性原则，形成强大的育人合力。高校党委要把方向，管大局，坚决扛起管党治党、从严治校的职责；高校各级党组织要担责任，有作为，自觉承担起育人的主体责任，充分发挥政治思想引领功能；[①] 高校工会、共青团、学生会、学生社团等群团组织要创新性开展工作，丰富各类组织活动，吸引更多青年大学生走进组织，充分发挥这类组织团结服务师生的育人纽带功能；高校教学科研组织要强化育人意识，开发学生科研意识，重视学生科研需求，在指导大学生确立科研目标、选择科研方向、开展科学研究、提升科研能力等方面体现有效发挥育人功能；高校管理服务组织要贯彻以学生为中心的育人理念，明确育人目标，强化育人服务，依法依规管理，引导学生培育自我教育、自我管理、自我服务意识，在环境好、氛围好、学风好的校园环境中实现育人目标。

（二）强化统一性以实现一体育人

立德树人是高校的重要职责，对此，高校组织要形成高度的统一性认

---

① 文凡. 高校组织育人质量提升研究 [D]. 武汉：华中师范大学，2020.

知。因此，高校组织要在校党委的统筹下，统一目标、统一规划、统一行动，分别发挥各学院学生党支部、团委、学生会、班级、团支部等学生组织的优势，围绕共同的目标联合建设各类学生组织，实现各组织间优势互补；要组织联合建设，密切基层学生党支部、团支部、社团等组织之间的联系，在党组织的领导下，各组织共享资源，互帮互助，分享经验，共同发挥优势，实现共同发展；要重视网络共建平台，通过共建平台，发挥各自优势，在共享现有资源的同时，充分挖掘潜在资源，实现组织效益的优化；要重视各组织的功能优势，积极发挥学生党支部的思想建设优势、团委的组织建设优势、学生会和学生社团的文化建设优势，在制度保障下实现组织间的优势互补；[①] 要将学生党支部与群团组织在合理的范围内进行联合建设，既要保证联合建设的科学性和实质性，又要保证各组织工作的独立性、自主性和整体性，做到边界清晰、目标明确、方向统一。

（三）强化规律性以实现分类育人

思想政治工作是中国共产党长期坚持并被实践所证实有效的工作法宝，而"分类育人"正是其中一种有效方法。因为家庭、环境、教育等各种原因，大学生之间存在着普遍的差异性，高校各组织应该科学研究分析并根据个中差异，更有针对性、更有效地在育人内容、育人形式上分类实施育人工作。教育培养目标是统一的，但是培养过程不能搞一刀切，必须遵循规律。高校组织要将对广大学生普遍的思想政治引领和对少数先进学生的培养教育有效结合，构建分层分类一体化思想引领工作体系，提升各组织的分层次育人能力。针对教育对象的差异性分层进行思想政治教育，不仅符合学生的成长发展规律和思想政治教育规律，同时也是思想政治教育工作中的一种辩证有效的方法。[②]

---

①　谢守成，文凡. 新时代高校组织育人的逻辑定位、现实境遇与实施策略 [J]. 思想理论教育，2019（5）：95-100.

②　文凡. 高校组织育人质量提升研究 [D]. 武汉：华中师范大学，2020.

（四）强化创新性以实现实践育人

高校各类组织要根据时代变化、群体差异、个性特点等创新实践育人的载体与形式，增强各类组织的实践育人效果；要正视并重视当代大学生是"网络原住民"的现实，加强高校党团组织网络建设，建设校园融媒体，充分利用网络平台发布信息，交流工作，主动占领网络阵地；要充分发挥文化传承和引领功能，大力繁荣校园文化，通过组织形式多样、格调高雅的校园文化活动来优化校风学风、培育大学精神；要大力开展社会主义核心价值观主题教育，用社会主义核心价值观涵育师生品行、引领社会风尚；要组织学生广泛开展暑期"三下乡"、志愿者服务、社区工作等社会实践活动，支持学生参加如大学生创新创业、科技创新等项目，引导学生在实践活动中增长个人本领、增强担当意识、树立家国情怀。

三、组织育人的原则

高校组织育人要坚持原则，特别是以"政治方向不动摇""立德树人不偏向""思想引领不松懈""价值引领不停滞"等四大原则为根本，持续提升组织育人的标准化、规范化建设水平，以高质量的党建引领推动为党育人、为国育才（图 3-20）：

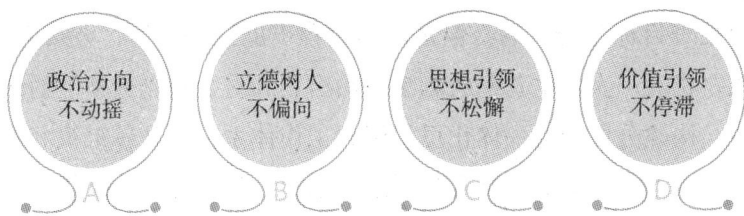

图 3-20　组织育人的原则

（一）政治方向不动摇

方向正确是道路正确的前提。中国高等教育的方向必须是社会主义方向，必须走社会主义道路，必须坚持为党育人、为国育才。因此，保证政治方向正确是高校组织育人的首要任务，坚持政治引领是高校组织育人的首要原则。政治方向不动摇具体体现在贯彻落实党对高校的绝对领导，坚持社会主义办学方向不动摇。高校组织育人要求高校强化党的各级组织在育人中的统领、引领和带领作用，高校党委必须把政治方向放在首位，要把方向、管大局、抓落实，为党和国家培养有德智体美劳全面发展的可靠的、可信的新型人才，体现高校育人的智库功能，使高校成为我国人才输出的前沿阵地。

（二）立德树人不偏向

高校各级各类组织要发挥各类人才在育人工作中的独特优势，推动完善党支部、分党委、校党委"三级联动"，努力把各方面优秀人才凝聚到党的事业中来，持续壮大组织育人的力量。坚持党管人才原则，将是否参与并完成立德树人作为人才遴选评价的重要内容，要求各级组织培养的各类人才牢记立德树人这个立身之本，注重用科研成果反哺教学，在教学中完成育人。支持各类人才领衔组建教学团队、开展课程思政建设，鼓励各类人才吸纳优秀本科生参加科研团队、培养创新型人才，推动各类人才参加学生党团活动，指导学生参加各类竞赛。

（三）思想引领不松懈

思想引领功能是组织育人的核心功能，主要表现在通过坚定理想信念补足精神之钙、把稳思想之舵，教育引导学生自觉明大德、守公德、严私德，明是非、辨美丑、知行止，不为名利所惑、不为浮华所动、不为困难所屈，自觉树立崇高理想和道德追求。高校要通过开展培训教育将先进思想同党员个人思想建设相融，为普通青年学生的后续培养工作提供示范，带动全体青年学生树立远大理想，坚定崇高信念。

（四）价值引领不停滞

价值引领功能是组织育人的主要功能，主要表现在高校各级各类党群组织将社会主义核心价值观有机融入组织生活、教育培训和社会实践等活动中，理论联系实际，坚定理想信念，引导学生争做新时代"四有"青年。高校要传播好社会主义核心价值体系及中国特色社会主义文化，厚植家国情怀，积极引导广大学生自觉努力成才，使高校各级各类党群组织成为铸魂育人的沃野、团结师生的核心、攻坚克难的堡垒。

四、深入探索组织育人的必要性

高校组织类别众多，但无论是哪一类组织，都在开展育人工作。高校中的各级各类组织通过开展育人活动，完成高等教育的教育教学工作，严格落实立德树人根本任务，推动高等教育内涵式发展。最终，以组织的凝聚力、动员力促使青年大学生能动地进行自我建构。

（一）落实立德树人根本任务

高校组织育人的首要价值在于落实立德树人的根本任务，不断提高大学生的思想水平、政治觉悟、道德品质和文化素养。高等教育要全面改革，实现内涵式发展，就要抓住"培养什么人、如何培养人、为谁培养人"的根本问题，将立德树人作为高校的立身之本，以聚人才、育人才、兴人才为重点来开展工作。高校组织育人围绕着人才培养这一关键问题，坚持把立德树人作为中心环节，把思想政治工作贯穿教育教学全过程。高校要强化政治引领，促进学生全面成长，学校各级各类组织还要从内心深处关爱学生。学校应该尽一切努力让学生吃得放心、住得顺心、学得安心，要尽一切努力为学生提供快捷卫生的食品，提供窗明几净的学习环境，提供方便快速的校园网络，提供足够的运动场所，提供一流的课程、一流的师资。最重要的是，高校要从学生踏进校园的第一天直到毕业，都给予学生发自内心的关爱，要让学生热爱学习，热爱母校，继而从感恩母校到感恩社会，从热爱母校到热爱社会、热爱国家、热爱中国共产党、热爱社会主义制度。

（二）增强高校组织政治属性

高校组织系统复杂，种类繁多，主要分为两大类。一类是诸如党团组织、行政机构、班集体、学生会等正式组织；还有一类是诸如社团、广播站、兴趣小组等非正式组织。两类组织中，一般而言，除党团组织具有鲜明的政治属性、坚定的理想信念之外，其他组织特别容易受到各种错误社会思潮的侵蚀，不利于大学生的健康成长和组织的长远发展。① 但是，高校各级各类组织之间的构成关系并不仅仅是简单的上下级或者包含关系，而是源于或是行政级别、情感纽带、共同爱好等因素相关联，因此，互相之间存在着联系不够紧密、关系不够牢固等情况。加之，高校各级各类组织之间耦合度不够高，较容易出现工作职责不清、业务能力不高、问题处理较慢等情况，较难形成思想政治工作合力。高校党建工作一向抓得紧，抓得严，抓得好，但是仅仅依靠党组织开展大学生思想政治工作效果显然不够好。因此，高校要以党建为引领，将组织育人工作摆在更加突出和重要的位置上，要求各级各类组织携手合作，共同开展思想政治工作。唯有形成各级各类组织的合力，才有利于增强高校组织的政治属性，在高校范围内形成讲政治、有信念的风气，才有利于构建以党团组织为核心的组织育人体系，发挥高校组织协同育人的合力，也才有利于在高校范围内形成稳定的组织秩序，为思想政治工作的顺利开展提供环境保障。②

（三）提升高校学生主体性地位

高校组织育人并不是组织的单方面行为，而应该是以大学生作为思想政治工作的出发点，从人与人的关系着手，考虑人际交往、组织文化、社会环境等多重因素对学生发展所产生的影响，在此基础上开展的丰富多彩的组织实践活动。高校要营造健康向上的组织文化氛围，引导大学生化被动接受为主动学习，有效提升大学生参与思想政治教育活动的积极性。因此，从个体层面来看，组织育人的价值体现在满足大学生的个体发展需要，使其在个体发展过程中能动地、自主地进行自我建构、自我改进，全面地提升综合素质。③ 提升高校学生主体地位，体现在方方面面。例如，从招生宣传、入学教育起就要引导学生正确地理解专业，使他们深入理解教育报国；教学过程

---

① 项久雨，王依依. 高校组织育人：价值、目标与路径 [J]. 思想教育研究，2019（5）：115-119.

② 项久雨，王依依. 高校组织育人：价值、目标与路径 [J]. 思想教育研究，2019（5）：115-119.

③ 王依依. 学校组织育人研究 [D]. 武汉：武汉大学，2019.

要时刻引导学生树立正确的学习观，使他们深入理解科学报国；就业指导要帮助学生树立正确的择业观，使他们深入理解使命担当和家国情怀。

（四）抓好高校人才培养衔接

培养人才始终是高校的重点工作，高校各级各类组织要在做强高校专业人才培养的基础上，围绕目标任务，强化相关专业建设，提升人才培养质量。高校要推进一体化办学，深入实施"国培计划"等大型计划项目。各类高校可以深入探索自己的办学特色，在深化结对帮扶上求突破、谋创新，力争在共建协同创新与省级、国家级等学科平台方面取得新的突破。同时，高校各级各类组织要充分利用好中国—东盟教育交流周等国际化平台，加强与"一带一路"共建国家和地区的交流，进一步拓展与国内外高校、研究机构的合作，提升学校留学生数量与交换生规模，扩大开放办学与对外合作水平。

第四章　高校思想政治工作方法的创新

第一节　高校思想政治工作方法的内涵与特征

高校思想政治工作方法是多元、系统、灵活的，旨在全面提升学生的思想政治素养，为培养全面发展的社会人才奠定坚实基础。

一、高校思想政治工作方法的内涵

在新时代的背景下，高校思想政治工作的内涵体现在以下几个关键方面：

其一，高校思想政治工作不再局限于传统的课堂讲授模式，而是采取一种综合性育人视角。这种视角融合了道德教育、文化教育、心理健康教育等多个方面，形成了一个立体的教育体系。在这个体系中，学生的思想政治素养、文化素养、心理素养得到了共同的提升。其二，新时代高校思想政治工作重视创造和利用各种教育情境。教师可以通过模拟真实的社会环境、组织社会实践活动、引入案例教学等方法，使学生在更加贴近实际的情境中学习和体验，从而更好地理解和吸收思想政治知识。其三，新时代的高校思想政治工作强调跨学科的融合。思想政治理论不仅仅是政治学的范畴，还应与心理学、社会学、历史学等多个学科相结合，形成一个多角度、多层次的教育内容体系。这种跨学科融合有助于学生对知识有更为全面和深入的认识。其四，考虑到不同学生的背景和需求的多样性，新时代高校思想政治工作注重个性化和差异化教育。教育工作者应根据学生的特点和兴趣，为他们提供更加个性化的指导和帮助，使每位学生都能用适合自己的方式在正确的路径成长。其五，在新时代的背景下，高校思想政治工作更加注重价值观的引领。通过树立正确的社会主义核心价值观，教师可以引导学生形成正确的世界观、人生观和价值观，使其不仅在知识层面上得到提升，更在思想道德层面上实现成长。

这些内涵共同构成了新时代高校思想政治工作的核心内容，体现了这一工作在当代社会和教育环境下的深远意义和实践要求。通过不断探索和实践，高校思想政治工作能够更好地适应新时代的要求，有效地培养合格的社会主义建设者和接班人。

二、高校思想政治工作方法的主要特征

高校思想政治工作方法的特征反映了当代高校思想政治教育的发展趋势和实际需求，是适应新时代背景下高等教育发展的重要指标。通过深入理解这些特征，高校能够更有效地开展思想政治教育工作，培养更多具有良好思想政治素质的人才。高校思想政治工作方法的主要特征如下（图4-1）：

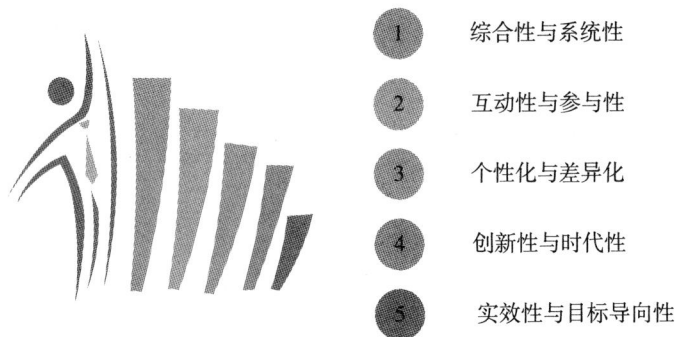

1 综合性与系统性

2 互动性与参与性

3 个性化与差异化

4 创新性与时代性

5 实效性与目标导向性

图4-1 高校思想政治工作方法的主要特征

（一）综合性与系统性

高校思想政治工作方法在新时代背景下呈现明显的综合性与系统性。这一特征体现在教育方法的设计、实施与评估方面，强调在内容、形式和方法上的全面性和协调性。现如今的高校思想政治工作方法不仅关注学生的知识学习，更重视对于学生情感、态度、技能和价值观的综合培养。

具体来说，这些方法超出了传统政治理论教学的范畴，拓展至法律教育、道德修养、社会责任感等多方面。这种广泛性的内容有助于学生形成全面的世界观和价值观，适应社会发展需求。综合性与系统性还体现在教育方式的多样化上，包括传统课堂教学、在线教育、社会实践、主题讲座、文化活动等，能够满足不同学生的学习需求，增强教育的吸引力和有效性。在目标上，这些方法不仅传授知识，更重要的是能够全面提升学生的综合素质，如思想道德素质、科学文化素质、心理健康素质等。这种全面的教育目标有助于学生形成正确的人生观，为他们未来的社会生活和职业发展打下坚实基础。在教育方法上，综合性与系统性要求在不同教育内容和方式之间形成有效的衔接和整合。例如，将课堂学习和社会实践相结合，使学生在实际活动中加深对理论知识的理解和应用，提高教育活动的整体效果。同时，在评估体系上，这些方法不仅关注学生的知识掌握，还包括态度、技能、价值观等多方面，旨在全面了解和指导学生的发展。

这些方面共同构成了高校思想政治工作方法的综合性与系统性特征，使其在新时代的教育领域发挥重要作用，有效培养具有良好思想道德素质和专业技能的高素质人才。

（二）互动性与参与性

在新时代的背景下，高校思想政治工作方法的互动性与参与性成为其显著特征。这一特征体现在教育过程中师生之间的互动以及学生的主动参与，使思想政治教育更加生动、有效，并深刻触及学生内心。

互动性在教学过程中尤为突出，体现在教师与学生之间的双向交流。相较于传统的单向信息传递，现代教育模式鼓励学生积极表达观点，与教师进行深入的对话和讨论。这种互动增强了学生的参与度和学习动力，同时满足了学生个性化的学习需求。通过研讨会、辩论赛等互动式活动，学生在参与中学习，提升了学习的实效性。参与性则强调学生在思想政治工作中的主体地位。参与性是指学生不仅在课堂上积极学习，而且在课外活动中主动探索和参与。例如，通过参与社会实践、志愿服务、学术研讨等，学生能够实践课堂所学，并深化对理论知识的理解。这种参与方式使学生能够将理论与实践相结合，形成对知识的全面认识。互动性与参与性的特征也体现在教育形式的创新上。为增强学生的参与感，高校思想政治工作采纳了多样的新型教学方法，如在线讨论平台、模拟社会情境、互动式案例研究等，这些方法不仅为学生提供了更加贴近实际的学习环境，还促进了学生批判性思维和问题解决能力的养成。

在这种互动和参与的教育模式下，学生不仅学习了知识，还培养了沟通、团队合作、自我表达等重要技能，对其未来的社会生活和职业发展至关重要。这种互动性与参与性的教学方法，提升了高校思想政治工作的整体教育效果，使学生从被动的知识接受者转变为积极的教育参与者。这种积极的参与促进了学生深入理解知识，从而实现了思想政治教育的深化和持久性。

（三）个性化与差异化

在新时代高校思想政治工作方法中，个性化与差异化特征的重要性愈加凸显。这一特征强调教育过程中教师对学生个体差异的认识和尊重，摒弃了"一刀切"的教学模式，转而采用针对每位学生特点、需求和背景的定制化教学与引导。

个性化与差异化的核心在于充分理解学生的个体差异，这些差异可能涵盖学习能力、兴趣爱好、价值观念、文化背景等多个维度。这要求高校思想政治工作者对这些差异进行深入分析和理解，以便更有效地满足学生各种不同的需求。教育内容和方法在这种指导下变得更加灵活，根据学生特点进行适当调整。比如，文科和理科学生的思想政治教育内容和侧重点可能存在差异；对待不同文化背景的学生则需要不同的教育方式，确保每位学生都能在舒适的环境中学习和成长。个性化与差异化的教育方式极大地增强了学生的学习动力。当学生感觉教育内容和方法与他们的兴趣和需求相符时，他们就会更加积极地参与学习过程。这不仅提升了他们的学习效率，而且促进了他们自主学习能力和创新思维的培养。除知识学习外，个性化与差异化的教育还重视学生综合素质的提升，通过多样化的学习机会和挑战，教师可以帮助学生在多方面发展自己的能力和兴趣，为其未来进入社会和开始职业生活做好全面准备。

实践中，个性化与差异化教育面临一系列挑战，如准确识别学生差异、设计适宜的教育内容和方法，以及保证教育资源的公平分配。教师与学生利用现代教育技术，如在线学习平台和人工智能辅助教学，可以有效地应对这些挑战。这些技术能够为学生提供丰富的教学资源，并能根据学生的学习进度和表现进行个性化调整。在个性化与差异化的教育环境中，教师角色也发生了转变，他们不再单纯作为知识的传授者，而是成为学生学习的引导者和支持者。教师需要深入理解学生的个体差异，并基于这些差异为他们提供合适的指导和帮助，以促进学生的全面发展。

（四）创新性与时代性

创新性与时代性在新时代高校思想政治工作方法中占据核心地位，强调教育内容和方法应不断适应时代变化和技术发展。这一特征彰显了教育活动在快速变化的社会环境中的适应性和前瞻性。

教育内容上的创新性与时代性表现在高校思想政治工作紧跟时代脉搏。教育内容不仅涵盖传统政治理论，还包括当前国内外重大政治、经济、社会事件及其背后的思想理论。例如，教师可以围绕全球化、环境保护、数字化转型等当代议题的讨论，使学生更深入理解当代世界的复杂性和动态性。方法上，创新性体现在运用新技术和新媒体进行教育。网络教学平台、虚拟现实、人工智能等现代技术手段，既能提升教育活动的趣味性和互动性，又能使教育更贴合数字时代学生的学习习惯。此外，通过案例分析、模拟实验、社会调查等方式，学生能够在实际情境中学习和实践，增强学习的现实针对性和应用性。

新时代背景下，高校思想政治工作还展现出跨学科融合的特征，即结合政治学、经济学、社会学、心理学等学科理论与方法，形成多维度的教育视角。这种跨学科融合丰富了教育内容，并有助于培养学生的综合分析能力。创新性与时代性还体现在培养学生的全球视野上。面对经济全球化和文化多元化，高校思想政治工作重视引导学生理解不同文化和价值观，增强跨文化交流和国际合作能力。同时，教育者需持续更新观念和方法，以适应变化的社会环境和学生需求。在具体实践中，创新性与时代性面临平衡传统教育内容与现代技术结合、确保教育深度与技术高效应用相结合等挑战，教育者自身也需不断更新知识和技能，以适应快速发展的教育环境。

在这一指导下，高校思想政治工作的评估方式也变得更加多元化和全面。除了传统的考试和论文，还包括学生的实践表现、创新能力、批判性思维等，这些多维度的评估能更全面地反映学生的学习和发展情况。

（五）实效性与目标导向性

实效性与目标导向性是新时代高校思想政治工作的关键特征，强调教育活动应具有明确目标和可衡量成果，确保教育不仅在形式上完成，而是在实际上对学生的思想和行为产生积极影响。这种方法有助于促进学生全面发展，为培养适应未来社会需要的高素质人才打下基础。

实效性与目标导向性体现在教育目标的明确设定上。高校思想政治工作的目标不仅限于学生对于知识的掌握，还包括情感态度、价值观念、社会技能等多方面的培养。这些目标应具体、明确，并与学生全面发展和社会需求紧密相关。在活动设计和实施方面，这种教育方法注重实效性。通过案例教学、角色扮演、社会实践等多样化教学方法，学生能在实际情境中学习和体验，提高教育的针对性和实效性。同时，实效性与目标导向性也体现在教育成果的可衡量性上，评估方法包括考试成绩、实践表现、反馈调查等，教师可以通过这些数据评价教育活动是否达到预期目标。

为实现教育目标，高校思想政治工作在教育方法上展现出了灵活性和创新性。教育者可根据不同学生的需求和反馈调整教学方法和内容，确保教育活动有效达成其目的。此外，实效性与目标导向性要求教师有持续的反馈机制和及时的调整能力，教育者需不断收集反馈信息，并根据这些信息调整教育策略。这种方法还体现在教育资源的有效利用上。高校思想政治工作需合理配置师资、教材、技术等资源，确保这些资源有效支持教育目标的实现。实效性与目标导向性旨在实现教育影响的长远性，确保学生不仅能在在校期间形成正确的思想政治观念，还能在未来的社会生活和职业发展中持续发挥作用。

第二节 高校思想政治工作方法创新的原则

高校思想政治工作的方法创新旨在通过合理、开放、与时代相应的方式，引导学生形成正确的价值观念，并促进其全面发展。这些原则是确保创新方法既符合教育目标，又具有实际应用价值和时代意义的基础（图4-2）：

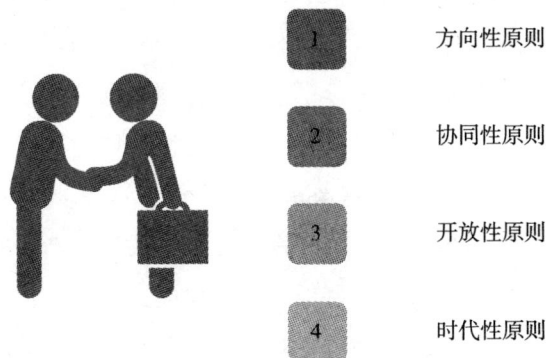

1 方向性原则

2 协同性原则

3 开放性原则

4 时代性原则

图4-2 高校思想政治工作方法创新的原则

一、方向性原则

方向性原则是高校思想政治工作方法创新的核心原则之一，其核心在于确保所有的教育创新活动都符合国家的教育政策和高校教学的基本方针，引导学生形成正确的世界观、人生观和价值观。

方向性原则首先要求高校思想政治工作的创新与国家的教育政策保持一致。这意味着创新工作不仅要遵循教育部和其他相关机构制定的指导方针，还要积极响应国家的教育发展战略。这种一致性能够确保教育工作既符合国家的整体发展规划，又有效地服务于社会和学生。方向性原则强调在思想政治教育过程中，教师应引导学生树立正确的世界观、人生观和价值观。这包括对社会主义核心价值观的灌输和实践，强化学生对国家的认同感，以及培养他们的社会责任感和历史使命感。通过这些教育活动，学生能够形成健康、积极的人生态度和价值追求。方向性原则还要求思想政治工作的方法创新应与学生的专业学习相结合。这种融合不仅有助于加深学生对专业知识的理解，还有助于他们认识到专业学习与社会发展、个人成长的关系。例如，将专业课程中的案例和理论与社会主义现代化建设联系起来，让学生理解并参与国家和社会的实际问题。

尽管方向性原则强调教育活动的目标导向性，但教师也应鼓励学生发展批判性思维。这意味着学生不仅要学会接受知识和价值观，还要学会独立思考、质疑和创新。通过这种方式，学生能够在理解和认同社会主义核心价值观的同时，培养独立和深入思考的能力。在遵循方向性原则的基础上，教育方法的创新也应具有适应性。这要求教育工作者不仅要了解当前的社会和教育趋势，还要根据学生的实际情况进行教学方法的创新。例如，利用数字化工具和互动式学习平台可以更好地吸引学生的注意力，也能促进他们对知识的深入理解。方向性原则还强调在学生的实践活动中体现教育目标的导向性。通过参与志愿服务、社会调查、实习等活动，学生不仅能够将所学知识应用于实际，还能够在实践中深化对社会主义核心价值观和国家政策的理解。方向性原则要求思想政治工作的方法不仅要符合当前的教育和社会需求，还要具有持续性和动态性。随着社会的发展和学生需求的变化，教育工作的方向和方法应不断调整和更新，以确保其长期具备有效性和相关性。

二、协同性原则

协同性原则强调不同教育环节、部门和元素之间的合作与协调，以实现教育目标的最大化。

协同性原则首先体现在高校内部多种资源的整合上，这包括学术教育、实践教学、心理辅导、文化活动等不同领域的资源和能力。通过跨学科、跨部门的合作，创新的思想政治工作能够更加全面和深入，为学生提供一个更加丰富和综合的学习环境。在方法上，协同性原则强调理论教学与实践的紧密结合。这意味着思想政治课程不仅仅局限于课堂讲授，还应包括实地考察、社会服务、校园文化活动等实践环节。通过这种结合，学生能够在实际操作中体验和应用所学知识，从而加深对理论的理解和认识。协同性原则还体现在师生之间的互动与共同参与上。教师不再是单向的知识传授者，而是成为学生学习的伙伴和引导者。学生被鼓励参与教学设计、课程实施、活动策划等多个环节，实现师生共同参与教育活动的目标。协同性原则还要求高校的思想政治工作要拓展到校园之外，与社会各界进行广泛的合作与交流。这包括与企业、政府机构、非营利组织等的合作，以及与国际高校的交流和合作。通过这种跨界合作，学生能够获得更广阔的视野，思想政治工作的方法也能够不断创新。

在全球化背景下，协同性原则还强调高校思想政治工作应培养学生的跨文化能力和全球视野。这不仅限于理解中国的文化和价值观，还包括对世界各国文化的了解和尊重。通过国际交流项目、外语学习、跨文化研讨等活动，学生能够在全球背景下形成更加开放和包容的思维方式。为了确保协同性原则的有效实施，高校需要建立持续的反馈和评估机制。这包括对教育活动的定期评估、对学生反馈的及时回应以及对教学方法的持续改进。这种机制可以确保协同性原则在实际应用中发挥最大的作用。

三、开放性原则

开放性原则强调教学方法和内容的广泛性、多元化和包容性。这一原则的核心在于打破传统边界，吸纳多样的教育资源和观点，以促进学生全面发展和适应快速变化的社会环境。

开放性原则体现在思想政治教育内容的多元化和广泛性上。这意味着除了传统的政治理论学习，学生还应学习包括国际事务、全球经济、跨文化交流等领域的知识。通过这种内容的扩展，学生能够获得更广阔的视野，更全面地理解和参与当代世界。在方法上，开放性原则鼓励创新和灵活的教学方式。这包括采用互动式教学、网络课程、情景模拟等多样化的教学手段。这些创新的教学方法可以激发学生的学习兴趣，提高他们的参与度和学习效率。开放性原则还强调在教学过程中增强师生间的互动和学生的参与。这种互动和参与不仅限于课堂讨论，还包括项目合作、研究小组、论坛等多种形式。通过这种方式，学生可以在更加开放和活跃的环境中学习，有助于他们培养批判性思维和创新能力。

开放性原则要求高校思想政治工作超越传统学科和文化的界限，与其他学科、领域甚至国家的教育机构进行合作。通过跨界合作，如国际学术交流、合作项目、海外研修等，学生能够接触不同文化背景和思想观点，培养国际视野和全球公民意识。开放性原则鼓励学生吸纳和尊重多元的观点和文化。这不仅包括不同的政治观点和理论视角，还包括不同国家和文化的差异性。通过这种多元观点的融入，学生可以学会在不同文化和价值观之间进行比较和思考。开放性原则还意味着教育方法和内容需要具有反馈和调整的灵活性。这要求教育者不断收集学生的反馈，根据学生的需求和社会的变化调整教学内容和方法，这种持续的反馈和调整可以确保教育活动始终保持相关性和有效性。为了实现开放性原则，教育者自身也需要不断进行知识更新和学习。这包括关注最新的教育理论、教学技术和社会发展趋势，以及提升跨文化交流和国际合作的能力。通过持续的自我提升，教育者能够更好地实施开放性的教育理念。

四、时代性原则

时代性原则强调教育内容和方法应与时代发展的需求相吻合，并反映时代的特点和趋势。这一原则确保思想政治教育能够紧密跟随时代趋势，培养适应新时代要求的人才。

时代性原则要求高校思想政治工作的内容要紧跟时代的步伐。这意味着教育内容不仅要包含传统的政治理论，还要及时反映国内外的重大政治经济变化、社会发展趋势以及科技进步等。例如，教师在教学过程中融入关于可持续发展、环境保护、数字化转型等当代重要议题，能够使学生更好地理解和参与解决当代社会面临的挑战。在教学方法上，时代性原则鼓励教师采用与时代发展相符合的教学工具和方式。随着信息技术的飞速发展，利用网络平台、数字媒体、虚拟现实等现代技术手段进行教学已成为一种趋势，这些方法不仅能提高学生的学习兴趣，还能帮助他们适应数字化时代的学习和工作环境。时代性原则还强调在思想政治教育中培养学生面向未来的能力，包括创新能力、批判性思维、跨文化沟通能力等。这些能力对于学生未来在快速变化的社会环境中适应和成长至关重要。时代性原则还要求教师的教育内容和方法能够及时更新。随着社会的发展和新知识的产生，教育内容需要不断地调整和完善，以保持其时代相关性，教育方法也应根据最新的教育技术和理论进行创新。

在全球化背景下，时代性原则还包括对国际视野和全球认识的强化。这要求高校思想政治工作不仅要关注国内的发展和问题，也要关注国际社会的动态，培养学生的国际意识和全球责任感。为了保持教育活动的时代性，教育者需要持续关注社会热点和趋势，包括对政治、经济、科技、文化等领域的发展动态保持敏感，及时将这些动态融入教学内容。时代性原则还要求教育者必须不断学习和提升。教育者需要持续更新自己的知识储备，掌握最新的教育技术和理论，以适应不断变化的教育需求和社会环境。

第三节　高校思想政治工作方法的继承与借鉴

高校思想政治工作方法的创新应当基于对传统方法的继承与发展，并积极借鉴国内外的先进经验，勇于探索跨学科教育方法的新途径。通过这种继承与借鉴，高校思想政治工作方法可以更好地适应新时代的要求，有效提升思想政治教育的质量和效果。

一、继承与发展传统教育方法

继承与发展传统教育方法是高校思想政治工作中一个重要的任务，这要求教师在工作中不仅需要保留这些方法的有效成分，还需要对这些方法进行创新和调整，以适应新时代的要求。这种平衡可以确保传统教育方法在现代教育环境中继续发挥其重要作用，具体做法如下（图4-3）：

图4-3　继承与发展传统教育方法的做法

（一）继承传统教育方法的核心价值

在高校思想政治工作中，传统教育方法如课堂讲授、文本分析和历史案例研究等，长久以来构成了教育的根基，这些方法不仅历经时间的考验，而且在各个时代中展现了其独特的教育效能。理解并继承这些传统方法的核心价值对于教师当前和未来的教育实践至关重要。

传统教育方法在系统性地传递知识方面极为有效，特别是课堂讲授，它为教师提供了一个平台，可以有序地、层层递进地介绍理论和概念。这种方法确保了学生从基础到高级逐步理解重要的知识点，形成了完整的知识体系。它的结构化特点使复杂的理论变得易于理解和吸收，为学生构建起了对某一学科领域的全面认识。文本分析和历史案例研究使学生能够深入理解理论背后的实际应用和历史背景，这种方法不仅促进了学生对特定主题的深入理解，还培养了学生的批判性思维和分析能力。通过深度探究经典文献和历史事件，学生可以更好地理解理论知识在现实世界中的运用和发展。传统教育方法特别强调逻辑推理和批判性思考，通过课堂讨论和文本分析，学生被鼓励质疑和探索，这有助于培养他们的分析能力和独立思考能力。这种深度的思考训练对于学生理解复杂的政治和社会现象至关重要。传统教育方法也在塑造学生的价值观和道德观方面发挥着重要作用。通过对重要政治理论和历史事件的学习，学生不仅能学到知识，还能从中提炼出道德教训和价值判断，这种教育过程有助于学生形成全面而均衡的世界观。传统方法作为文化的载体，能够让学生接触并理解人类历史和文化的发展。这种对历史和文化的深入理解对于培养全面发展的个体尤为重要。通过学习历史的经验和教训，学生可以更好地理解现代社会的根源和发展趋势。在快速变化的教育环境中，传统教育方法为教师提供了一种稳定和连贯的教育模式，这种稳定性和连贯性对于保持教育质量和确保知识的传承非常重要。传统方法在维持学术标准和教育连续性方面发挥着关键作用。

（二）坚持创新与融合

在新时代的高校思想政治工作中，创新与融合成为传统教育方法必要的发展方向，这种融合不仅指向技术和工具的应用，还包括思维方式和教育理念的更新。通过这样的创新和融合，传统教育方法可以更好地适应新时代学生的特点和需求，提高教育的有效性和对学生的吸引力。

数字化工具和互动软件的结合是创新传统教育方法的一个重要方向。例如，教师使用多媒体演示、在线互动平台和虚拟现实技术进行教育，可以使课堂讲授更加生动和吸引人。这些技术不仅能够为学生提供更丰富的学习材料和视觉体验，还能够增加学生的参与感和互动性，从而提高他们的学习兴趣和效果。创新与融合的另一个重要方面是促进学生的主动学习和参与。通过使用在线讨论论坛、学习管理系统等工具，学生可以在课堂之外继续讨论、研究和合作，这样的学习方式强调学生的主动性和探索性，与传统的被动接受知识的模式有着显著的不同。在内容上，创新与融合也意味着将现代社会的重要议题和最新发展融入传统教育体系，这不仅能够使教育内容更加贴近实际，也能够激发学生对于学习的兴趣和好奇心。例如，将环境保护、全球化、人工智能等主题纳入课程讨论，可以帮助学生建立起与时代发展相联系的知识体系。创新与融合还体现在教学方法的灵活性和创新性上。教师采用案例研究、项目导向学习、翻转课堂等教学模式，可以为学生提供更加富有动态性和互动性的学习环境。这种方法不仅有助于提升学生的学习效果，还能够培养学生的批判性思维和创新能力。

（三）调整传统方法以适应新时代

随着时代的发展和新一代学生的特点变化，传统教育方法需要进行相应的调整，以更好地适应新时代的教育需求。这种调整不仅包括教学内容的更新，还包括教学方式的创新和教学策略的调整，旨在为当代学生提供更加有效和吸引人的学习体验。

在新时代的背景下，传统教育方法需要融入与当前社会、政治和技术发展相关的内容，这不仅有助于提升课程的现实意义和应用价值，还能够增强学生对所学知识的兴趣和参与感。例如，将数字化社会、全球化挑战、环保意识等现代元素纳入课程，能够使传统课程更加贴合时代背景。为了适应新时代学生的学习习惯，传统的教学方式也需要进行创新。这包括增加课堂的互动性，如通过小组讨论、实时问答、互动式投票等方式激发学生的参与热情。采用多样化的教学手段如视频教学、在线课堂、虚拟实验等，还能够为学生提供更丰富多样的学习体验。

在新时代背景下，教育资源的获取和使用变得更加便捷和多元化。因此，传统教育方法的调整还应包括利用丰富的网络资源和技术工具。教师通过引入在线课程资源、互动学习平台、专业软件等，可以极大地丰富教学内容，提升学生的学习动力和效果。新时代的教育更加注重理论与实践的结合，教师在调整传统教育方法时，应着重考虑如何将理论知识与实际案例、社会实践活动相结合，以增强学生对知识的理解和应用能力。案例研究、实地考察、社会调查等方式，可以使学生在实践中深化对理论的理解。

二、借鉴与融合国内外先进经验

在高校思想政治教育中，借鉴与融合国内外的先进教育经验是提升教育质量和适应新时代需求的关键途径，这一过程不仅涉及吸收外部优秀的教育理念和方法，还包括根据国内实际情况进行适应性的调整和创新。

国外高校在思想政治教育方面往往采用更为开放和创新的方法。例如，西方教育体系中的批判性思维训练、参与式学习模式等，为学生提供了更广阔的思考空间和更主动的探索机会。这些理念的引入可以丰富国内的教育模式，帮助学生培养更为全面和深入的思考能力。教师在借鉴国外经验的同时，重视国内教育的传统优势和实际情况也是必要的。中国高校在思想政治教育中积累了丰富的经验，如对社会主义核心价值观的强调、社会实践的深入开展等，这些经验对于确保教育内容的国情适应性和实践性至关重要。

融合国内外教育方法意味着采用多元化的教学方式，将讲授法、案例分析、小组讨论和实践活动等多种教学手段综合运用。这种多元化不仅能提高教学的趣味性和互动性，还能够满足不同学生的学习需求，促进他们全面的知识吸收和技能发展。在全球化背景下，拓展学生的国际视野成为高校思想政治教育的一个重要目标。教师通过增加国际事务、全球问题的讨论，以及鼓励学生参与国际交流和合作项目，可以帮助学生形成更为广阔的国际视野，增强其在国际舞台上的竞争力和适应能力。加强与外国高校和教育机构的合作与交流是实现教育方法融合的有效途径，这可以通过教师研修、学生交换、联合课程和研究项目等方式实现。这样的国际合作不仅有助于教育工作者和学生直接了解和学习国外的先进教育理念，还能促进不同教育文化之间的相互理解和尊重。

三、探索跨学科教育方法

在当代高校思想政治工作中，探索跨学科教育方法至关重要。这种方法不仅有助于学生建立更全面的知识体系，而且有助于他们在多元视角下理解和解决复杂的社会问题。

跨学科教育涉及将两个或更多学科领域的知识、理念和方法结合起来，以为学生提供更为全面和综合的教学体验。这种教育模式超越了传统单一学科的界限，鼓励学生在多个学科间建立联系，发展综合思维能力。跨学科教育的核心在于打破学科间的隔阂，促进不同领域知识的互联互通。跨学科教育的一个主要目标是培养学生的综合能力，这包括提升学生的批判性思维、问题解决和决策制定能力，以及创新和创造性思维。通过接受跨学科教育，学生能够从多个学科的角度理解和分析问题，形成更为全面和深入的视角。这种多元视角使学生能够更有效地理解复杂的社会、政治和经济现象。跨学科教育旨在培养学生应对现代社会中日益复杂和多变问题的能力。通过整合不同学科的知识和方法，学生能够更全面地分析问题，并提出创新的解决方案。跨学科教育还为学生提供了终身学习的基础。在不断变化的现代世界中，具备跨学科学习能力的个体能够更好地适应新的挑战和环境。

跨学科课程设计的一个显著特点是整合来自不同学科的内容，如政治学、社会学、经济学、历史学等。这种整合不仅增加了学习材料的多样性，而且促进了知识领域间的相互理解和补充。在这样的课程中，学生被鼓励从不同学科的角度分析和理解同一个问题，这有助于他们构建更为全面和深入的知识体系。例如，对于一个社会政治问题，学生可以同时运用政治学的理论框架、经济学的分析方法和社会学的视角来进行综合分析。在跨学科课程设计中，注重理论知识与实际应用的结合是非常重要的。这种设计鼓励学生将理论知识应用于解决实际问题，从而增强其实践能力。在思想政治教育中，教师可以通过设计与当前社会热点问题相关的课程项目或案例研究来实现这一目标。例如，教师可以要求学生分析一个具体的政治事件，运用跨学科的知识来提出解决方案或政策建议。这种方法不仅能够使学生更好地理解理论知识，而且能够提升他们的应用和创新能力。跨学科课程设计还旨在发展学生的关键能力，如批判性思维、创新能力和沟通能力。通过跨学科的学习，学生可以学会如何从不同的角度和层面分析问题，从而培养他们的批判性思维能力。这种教育模式也鼓励学生创新思考，探索新的解决方案和方法。团队合作项目和小组讨论等活动可以提升学生的沟通能力和团队协作能力，这对于他们未来的职业生涯和社会生活至关重要。在跨学科课程设计中，运用灵活多样的教学方法是至关重要的，包括传统的讲授法、案例研究、小组讨论、项目式学习等。不同的教学方法可以满足不同学科特点和学生的学习需求，也能够增强学生的参与感和学习兴趣。例如，通过项目式学习，学生可以在实践中应用跨学科的知识，通过实际操作来深化对知识的理解。小组讨论和研讨会则可以促进学生之间的思想交流和观点碰撞，从而拓宽他们的思维视野。

第四节　高校思想政治工作方法创新的具体途径

在新时代背景下，高校思想政治工作面临日益复杂的挑战和不断变化的社会环境。为了适应这些变化并有效地培养学生的综合素质和社会责任感，创新高校思想政治工作的方法变得尤为关键。

一、互联网和新媒体的应用

在当代高校思想政治教育中，互联网和新媒体的应用已成为教学创新的关键途径。这种应用不仅扩展了教育的传播途径，也为学生提供了更加丰富、具有互动性的学习体验。

（一）互联网与新媒体在思想政治工作中的作用

互联网和新媒体的广泛应用极大地拓宽了思想政治教育的覆盖面和影响力。在传统教育模式中，教育的影响往往局限于课堂，而互联网和新媒体的使用则突破了这种限制。通过网络平台，教育内容可以迅速传播至校园的每一个角落，甚至更广泛地影响到社会的各个层面。例如，通过搭建在线教育平台，教师能够发布教学视频、文章和讨论话题，学生在校内外都能够随时访问这些资源，大大增加了学习的便利性和灵活性。新媒体工具如社交网络、博客、视频平台等，为思想政治教育提供了更加生动和互动的方式。这些工具使学生能够更加主动地参与学习过程，提高了学习的主动性和参与度。例如，通过社交媒体平台，教师和学生可以进行即时的交流和讨论，学生也可以通过这些平台表达自己的观点和想法，形成线上学习社区。利用视频和动画等多媒体工具还可以使抽象的政治理论变得更加生动和易于理解，从而提升学生的学习兴趣。互联网和新媒体还为学生提供了广泛参与思想政治教育的渠道。在传统教学模式下，学生的参与往往受到时间和空间的限制，而互联网和新媒体打破了这些限制。学生可以通过在线讨论、虚拟研讨会等形式参与更广泛的学习和讨论，无论是在课堂内还是课堂外。这种广泛的参与不仅增加了学生的学习动力，还促进了他们独立思考和批判性分析能力的培养。

互联网和新媒体使思想政治教育不再受限于特定的地点和时间。学生可以根据自己的时间安排，随时随地访问在线教学资源。这种灵活性对于提高学生的学习效率和适应不同学生的学习需求至关重要，这也意味着思想政治教育可以跨越地域界限，吸引更多不同地区和背景的学生参与。在快速变化的社会环境中，互联网和新媒体为思想政治教育提供了及时更新信息的渠道。教师可以利用这些工具及时发布最新的社会政治动态、政策变化和学术研究成果，确保教学内容的时效性和相关性。学生也可以通过这些渠道快速接触到最新的信息和知识，增强他们对当代社会和政治问题的认识和理解。

（二）互联网和新媒体的具体应用方式

在线教学平台的发展为思想政治教育提供了一个新的维度。这些平台不仅是知识传递的工具，而且是学生互动、讨论和资源共享的中心。高校通过搭建专门的在线课程、讨论区和资源库，可以让学生在一个集中的平台上接触到丰富的教育资源。在线平台的优势在于其灵活性和可访问性，学生可以根据自己的时间安排进行学习，也能够实时参与讨论和反馈，这增强了他们学习的互动性和参与感。

多媒体工具如视频、音频和动画在思想政治教育中的应用，极大地丰富了教学内容的表现形式。通过这些工具，复杂的理论知识可以被转化为更易于理解和吸引人的格式。例如，动画和视频可以用来展示历史事件或解释抽象概念，而音频材料则可以用于播放讲座和讨论。这些多媒体内容不仅使教学更加生动和有趣，还有助于适应拥有不同学习风格的学生的需求。互联网和新媒体的使用还促进了学生的自主学习和批判性思维能力的培养。在这种新的学习环境中，学生被鼓励主动寻找信息、参与在线讨论，并对接收的信息进行批判性分析。这种教学方式不仅提高了学生的独立学习能力，而且促进了他们对信息的深入思考和分析，为培养具有批判性和创新性思维的学生打下了基础。

在利用互联网和新媒体的同时，维持在线与传统教学方法之间的平衡也非常重要，这要求教育者不仅要注重技术的应用，还要关注教学内容的深度和质量。此外，教育者还需要有效管理和引导学生在网络环境中的行为，确保网络讨论的积极性和信息的准确性，避免误导和错误信息的传播。

（三）教学内容的创新与丰富化

互联网可以让学生接触最新的国内外新闻和时事，使他们能够及时了解并分析当前的政治经济发展趋势。这种实时性的信息不仅能够帮助学生保持对社会现象的敏感性，还能够促进他们将所学理论知识与现实情况相结合。

通过互联网和新媒体，教师可以方便地收集和引入各类社会案例作为教学素材。这些案例可以是历史事件、经典案例分析或者是近期的社会热点，它们为学生提供了一个具体和直观的学习对象，有助于学生更深入地理解和分析复杂的社会政治现象。通过建立在线讨论论坛或社交媒体小组，教师可以组织在线辩论和讨论活动，这些活动鼓励学生就某一话题或案例表达自己的观点，有利于促进学生之间的思想交流和观点碰撞。教师利用在线平台进行模拟投票活动或举办网络研讨会，可以让学生在模拟的政治决策过程中学习和实践。这种活动不仅能够增加学生对政治过程的了解，还能够激发他们的参与意识和批判性思维。

通过这些创新和丰富的教学内容及互动式学习活动，高校思想政治教育可以更有效地吸引和激发学生的兴趣，增强学生的主动学习能力，并更深入地理解和分析社会政治问题。这种教学方法的应用，不仅拓宽了思想政治教育的视野，也为培养具有批判性思维和实践能力的学生提供了有效途径。

二、学生自主参与的教育方式

在高校思想政治教育中，推动学生自主参与成为提升教育质量和效果的关键策略。这种教育方式强调学生的主动性和参与性，鼓励他们在学习过程中充当更积极的角色（图4-4）：

·学生自主参与的重要性

·实施学生自主参与的策略

·学生自主参与的实践活动

图4-4　学生自主参与的教育方式

（一）学生自主参与的重要性

在高校思想政治教育中，学生自主参与的方式对教学效果具有至关重要的作用。这种教育模式不仅改变了传统的教与学的关系，还促进了学生能力的全面发展。

自主参与的教育方式鼓励学生从被动接受知识转变为主动探索和学习。在这种模式下，学生被鼓励提出问题、寻找答案并与他人分享自己的见解和理解。通过自主学习，学生可以根据自己的兴趣和需求选择学习内容，从而构建符合个人特点的知识体系。这种方式有助于培养学生的个性化学习习惯，使他们能够更有效地吸收和理解知识。自主参与的教育方式要求学生对接收的信息进行批判性思考，这种思维方式让学生学会不只关注信息的表面意义，而是进行深入分析，从多个角度和层面审视问题。在面对复杂的社会政治问题时，批判性思维和分析能力尤为重要。通过自主参与的学习方式，学生可以学习如何将理论知识应用于实际情况，提高解决问题的能力。自主参与的学习过程可以帮助学生更深入地理解复杂的概念和理论，当学生主动探索和应用知识时，他们对知识的理解更为深刻。自主参与的学习往往与学生的内在动机和兴趣相联系，这可以使学生拥有更长久的学习动力。学生对所学内容的兴趣和参与度越高，学习的效果通常也就越好。

（二）实施学生自主参与的策略

在高校思想政治教育中，实施学生自主参与的策略是提高教学效果和学生参与度的关键。以下是这一策略的具体实施方式：

教师可以通过创造一个开放和包容的课堂氛围来鼓励学生表达自己的想法，包括尊重每个学生的意见，鼓励不同观点的表达，以及为学生创造一个无压力的讨论环境。通过提问和挑战学生的现有思维模式，教师可以激发学生的好奇心和探索欲。这种策略包括提出开放性问题，鼓励学生进行深入思考，以及挑战他们对某些观点或理论的理解。教师在实施学生自主参与的策略时，要考虑学生的兴趣和专长，设计与他们兴趣相关的项目或课题。这种个性化的项目设计可以增强学生的学习动力，使他们更加投入和参与。通过参与以实践和应用为导向的项目，学生不仅能够将理论知识应用于实际情境，还能通过亲身体验来加深对知识的理解。例如，组织模拟联合国会议、进行社会调研等。教师要提供机会让学生自主选择研究话题或项目，促进他们自主管理学习过程，从而发展他们独立学习和自我管理的能力。鼓励学生在项目中进行团队合作，这不仅能够提高学习的效率，还能促进学生的沟通和协作能力。教师应对学生的参与和项目进展给予及时的反馈，帮助他们认识到自己的优势和需要改进的地方；要在学生遇到困难时为他们提供必要的指导和支持，帮助他们克服学习过程中的障碍。

（三）学生自主参与的实践活动

在高校思想政治教育中，学生自主参与的实践活动是培养其综合能力和社会责任感的重要手段。

社区服务活动能够让学生走出校园，直接参与社会工作，这些活动包括志愿服务、社区援助、环境保护等，能够让学生在为社区服务的过程中学习和体验社会责任。通过组织学生进行实地调研，他们可以将在课堂上学到的理论知识应用到实际问题的分析和解决中。例如，就某一社会政治问题进行调研，收集数据，分析问题，并提出解决方案。参与学术竞赛，如辩论赛、模拟联合国等，不仅能够提高学生的学术水平，还能锻炼他们的思辨能力和口头表达能力。这些竞赛有助于学生就各种社会政治议题进行深入研究和讨论。

文化节和各类文化活动为学生提供了展示自己才艺和兴趣的平台。通过参与这些活动，学生不仅可以丰富自己的校园生活，还可以学习如何在多元文化背景下进行交流和合作。这些实践活动为学生提供了主动参与的机会，使他们能够在实际操作中学习和成长。通过这些活动，学生可以更好地理解理论知识在实际中的应用，并提高自己解决实际问题的能力。通过参与这些活动，学生不仅能够发展专业技能，还能够增强自我认识和自我表达能力。这对于他们的个人成长和未来职业发展都至关重要。

三、培养教育者与受教育者的创新意识

新时代背景下，高校思想政治工作方法的创新变得尤为重要。这一创新要求教育工作者深入理解并掌握创新的策略，还要求他们改变传统的思维方式，以提升教育策略的实效性。学生作为教育过程的直接参与者，也需要培育对创新的认识和追求，这样他们才能更好地吸收知识，进一步推动思想政治教育的实用性和成效。因此，激发教育者和学生的创新意识成为高校思想政治教育方法更新的关键路径。

（一）教育者的整体素质及创新意识的提高

教育者通过自己的言行不断地诠释和传达高等教育思想政治的核心内容，同时也展示了时代的发展和进步。身体力行比单纯的口头教学更为重要，这一教育原则始终不变。通过恰当的行为示范，教育者能够有效地引领学生的学习方向。处在个人价值观形成阶段的大学生，如果遇到思维模式和行为方式不正确的教育者，他们很难从中学习到正确的思维和行为准则。即使学习到了相关知识，也可能会因为教育者的不当行为而产生反感。在大学生的成长和价值观塑造的关键时期，榜样的力量是无法替代的。新时代的教师不仅要成为学生身边的楷模，更应激励学生设立高远的目标，如为国家的现代化发展和中华民族伟大复兴作出贡献，成为新时代的先锋。教育工作者的思维和行为方式是更新高校思想政治教育方法的关键；教育工作者持续的创新意识是他们应用教育方法的思想指南和理论基础。如果教育观念不能及时更新，那么他们采取的教育方法可能会显得过时。因此，教育工作者的理念更新是必不可少的。他们应该运用科学的理论知识指导实践，开展具有创造性的社会实践活动，革新那些不符合时代发展的旧有世界观。教育工作者的创新思维不仅会促进自身工作的进步，还会促进学生创新意识的培育和发展。

（二）激发学生的创新意识

学生作为教育活动的核心参与者，他们的思维模式、政治态度以及创新能力的高低直接决定了思想政治教育成效的好坏。因此，全面提高学生的认知水平、思维质量、实践技能与创新能力，是推动高校思想政治工作方法革新的关键所在。在实际的教育实践中，学生不应仅被视为学习的旁观者，而应是积极参与、深度体验的重要角色。学生对于其所接受的教育内容和方法的认同度越高，其知识吸收和应用的能力就越强。学生在接受思想政治教育的同时培养出的创新意识，将极大地促进他们将理论知识应用于解决实际问题的能力。

学生需要突破传统的被动接受者角色，积极提升自我认识，达到对知识的自我吸收和批判性思考。这种心理认知的提升将有效降低他们对知识的抵触感，使学生能够更加开放地接受对其有益的思想政治知识。理解知识与个人未来发展之间的联系，对于学生而言，意味着能够更加主动地吸收和应用这些知识于个人成长和社会实践。在应用高校思想政治教育方法时，学生应成为主动的思考者和行动者，将所学知识与社会全局及个人发展紧密联系起来，这是确保思想政治教育在实际生活中发挥最大效用的关键途径。

学生在高校思想政治工作方法革新中不仅是受益者，更应成为积极的参与者和推动者。他们应当充分发挥自身的主体性作用，明白自己作为教育接受者的同时也是社会构成的一部分，自己的行为和决策将对社会产生深远的影响。学生需认识到自己作为国家和民族未来的承载者，应具备强烈的自我认知和自信心，利用个人的独特优势，主动寻求解决问题的方法，释放创新潜能。通过明确自身在思想政治教育中的主体角色和责任，学生应积极探索吸收知识的新方式，以有效、充满兴趣的方法进行学习，从而获取更多益于个人和社会发展的信息，达成高校思想政治工作方法创新的目标。

（三）教育者与受教育者综合创新意识的培养

在当代高等教育的背景下，培育教育者和学生的综合创新意识显得尤为关键，成为推动高校思想政治教育方法创新的重要路径。教育者，作为教学活动的引领者，需要认识到将教学内容与学生的现实生活及背景紧密结合起来的重要性，以促进教学的创新性。学生作为教育的主体，不仅享有选择教育内容的权利，更应主动参与思想政治教育过程，贡献自己的见解和经验，这对于社会乃至个人成长均有着重要的作用。双方的共同努力，可以形成一种互动性的创新教育模式，促进个人和集体的全面发展。新时代背景下，高校学生对变化迅速的环境具有高度的敏感性和开放性的思想认知，他们更加渴望通过多元化的途径拓宽自己的视野，增强创新能力。因此，高校应提供一个开放和互动的教育环境，鼓励学生积极探索，将所学知识与时代要求相结合，以提升自身的创新潜力和活力。学生需要深入理解社会发展的趋势和需求，不断提高自己的思想素质和政治敏锐性，意识到当前高校思想政治教育的开放性和互动性，从而为自己的全面发展创造更多可能性。

为了培养教育者和学生的综合创新意识，教育活动不应局限于传统的课堂教学。课外实践活动、关注时事新闻、参与社会服务等都是思想政治教育的重要组成部分，这些活动能够帮助学生对高校思想政治教育方法的创新有更深入和全面的理解。通过探索实践活动中的创新点、利用信息技术、发展人际交往能力等方式，学生可以从多方面提升自己的创新能力和思维广度。教育者在新的时代背景下，必须强化对学生思想政治教育方法创新意识的培育，采用新的教育理念指导教学活动，以实现更有效的教学成果。教育者需要站在时代的前沿，不断更新自己的教学策略和观念，以适应时代的变化，推动高校思想政治教育方法的创新。这要求教育者具有前瞻性的思维，能够理解和把握社会实践的动态，认识创新教育方法的重要性，以一种开放和积极的态度接纳新的理论和实践，引领思想政治教育的创新发展。

通过教育者和学生的共同努力，高校可以构建一个既促进学生全面成长又满足社会发展需求的创新教育环境。这种环境不仅有利于学生创新能力的提升，也为学生未来的职业发展和社会实践提供了坚实的基础。在这样的教育环境中，教育者不仅能够传授知识，更重要的是能够激发学生的创新思维和实践能力。通过将教育内容与学生的生活经验和社会实际紧密联系，教育者可以引导学生理解和掌握知识，并鼓励他们将所学应用于解决实际问题，从而实现知识与实践的有机结合。

四、丰富社会实践活动教育

在当前高等教育领域，结合新时代的要求，高校思想政治教育的创新变得尤为关键。这种创新不仅需要教育工作者深化对教学内容的理解，也要求学生将所学知识应用于社会实践，从而促进社会的创新发展。创新教育的核心在于使教学活动更贴近学生的实际生活，提升教育的实用性和影响力。这要求教育者不仅要从书本中汲取知识，还要将个人经历和社会实践结合起来，让教育内容更加生动和具有说服力。同时，学生作为教育的接受者，也需要在思想政治教育的实施中提供自己的见解和经验，这对于个人乃至社会的发展都具有重要的意义。

为了让思想政治教育工作与时俱进，教师必须从实际的社会实践中汲取灵感和动力，通过实践活动促进理论与实践的相互促进。将学生的社会实践活动与课堂知识、社会服务以及未来职业规划紧密相连，不仅为学生开辟了更多的成长机会，也激发了他们的创新精神和积极性。高校思想政治工作的目标在于全面培养学生，随着科技的快速发展和社会需求的变化，传统的教育模式已逐渐显露出其局限性。因此，只有通过继承与创新教育方法，提升思想政治教育工作的育人效果，才能满足现代社会的需求。社会实践的结合不仅是理论教学的补充，也是思想政治教育的必然选择。教育者需在学生的社会实践中观察和发现问题，及时调整教学策略，以丰富学生的知识体系，提高他们的个人素质。学生在参与社会实践活动时，不应仅仅按照既定指导行动，而应主动探索创新的可能，使每一次实践活动都富有意义，充分发挥自己的主观能动性。这样不仅有助于学生更深层次地吸收和内化知识，还能显著提升他们在社会实践中的创新能力。当学生将在实践中获得的新思维和新方法反馈给教育工作者时，教育工作者的教育内容和方法将持续创新，因此，可以说，学生的实践经验是推动理论发展的重要源泉。

在新时代的大背景下，寻找创新的教育方法以提高思想政治教育的吸引力和实效性，对于提高学生的理解力和接受度至关重要。在这一过程中，教育者和学生都需要进行全面的自我提升，将思想政治教育融入教学的各个环节，构建一个全方位的育人体系。实践活动不仅能够检验学生的理论知识，也是学生应用所学增强创新力的平台。通过在实践中运用理论知识，学生能够在深刻理解知识的基础上，在实际操作中探索新的解决方案，实现理论与实践的有机结合。因此，加强学生在社会实践中的创新能力，不仅对他们的个人成长有益，也是推动高校思想政治教育方法创新的关键路径之一。

第五章 高校思想政治工作艺术与方法的体现

第一节 课程之美：课程育人艺术与方法

在课程设计和教学过程中巧妙地融合思想政治教育，有助于塑造学生的价值观和世界观。这一探索强调了教育艺术与方法手段的创新性，展示了如何将知识传授转化为一种富有深度和魅力的美学体验。

一、整合思想政治理论教育内容与专业课程

在当代高校教育体系中，思想政治理论教育内容与专业课程的整合是一项关键的教育创新。这种整合的目的在于富化教育内容，为学生提供一个全面的学习体验，让他们在掌握专业知识的同时，形成坚实的价值观和社会责任感（图 5-1）：

1
融合思想政治
和专业教育
的理念

整合思想政治
理论教育内容
与专业课程

2
实现整合的
教育策略

3
课程设计
的艺术

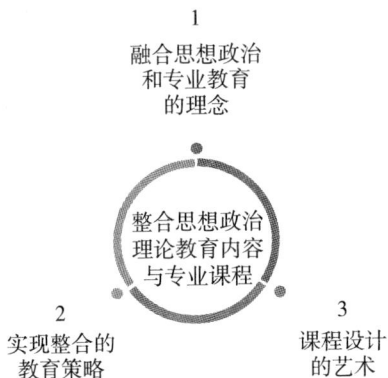

图 5-1　整合思想政治理论教育内容与专业课程

（一）融合思想政治与专业教育的理念

整合思想政治理论与专业课程的理念，本质上是高等教育中一种全面教育的体现，这种整合超越了传统教育模式中知识传授和道德教育的界限，旨在培养具有深厚专业知识和强烈社会责任感的全面发展人才。在这一教育理念下，思想政治理论不再是孤立的、抽象的道德讲授，而是与专业知识紧密结合，形成的一个有机的整体。为了实现这一理念，教育工作者需要在课程设计和教学方法上进行创新。传统上，专业课程更多关注知识和技能的传授，而思想政治教育则侧重价值观和道德规范的灌输。在整合的过程中，两者通过相互渗透、互相促进，共同为学生构建了一个多维度的学习体验。例如，在工程课程中，除教授技术和理论知识外，教师还可以和学生讨论工程项目对环境和社会的影响，从而引入社会责任和可持续发展的概念。这种整合还要求教师在教学中发挥更多的引导和启发作用。通过案例研究、实地考察、小组讨论等互动式教学方法，教师可以激发学生从多角度思考问题，将理论知识与实际问题结合起来。在这个过程中，学生不仅能学习专业知识，还能培养独立思考和批判性分析的能力。

（二）实现整合的教学策略

在实现思想政治理论与专业课程整合的过程中，采用多样化的教学策略是关键。这些策略旨在为学生创造一个富有启发性的学习环境，让学生能够将理论知识应用于实际情境，并通过实践加深对思想政治理论的理解。

案例分析是将理论与实践相结合的一种有效教学方法。通过分析真实的或构想的情境，学生可以更好地理解思想政治理论在实际中的应用。例如，在商业或法律课程中，教师可以引入与商业伦理或法律责任相关的案例，让学生分析并讨论其中的道德和社会责任问题。这种方法不仅提高了学生对课程内容的兴趣，还鼓励他们主动思考并应用所学知识解决复杂问题。小组讨论鼓励学生就特定话题进行深入交流和讨论，通过这种方式，学生可以从不同视角探讨专业问题，并从思想政治角度分析这些问题。例如，教师可以引导学生讨论当前的社会热点问题，如环境保护、社会公正等，将这些话题与专业课程内容联系起来。小组讨论不仅有助于学生之间的交流和合作，还有助于培养他们的批判性思维和解决问题的能力。模拟实践活动是一种让学生在控制环境中实际应用所学知识的教学方法。这种活动通常涉及创建模拟的工作环境或情景，让学生扮演不同的角色，并在这些角色中应用专业知识和思想政治理论。例如，在管理学课程中，教师可以设置一个模拟公司，让学生在公司运营的各个方面应用管理理论，并考虑在决策过程中的道德和社会责任因素。这种实践活动不仅加深了学生对专业知识的理解，还提高了他们将理论应用于实践的能力。

（三）课程设计的艺术

课程设计的艺术在于如何将专业知识和思想政治理论融合在一起，创造出富有启发性、互动性和深度的学习体验。这种设计不仅需要学生充分理解教学内容的深度和广度，还需要富有创意，能够激发学生的兴趣并引导他们深入思考。在这个过程中，课程设计转变成一种艺术，通过它，教育者能够创造出既充实又引人入胜的学习体验。

在设计课程时，寻找专业知识与思想政治理论之间的共鸣点至关重要。这意味着教师需要深入了解专业领域内的关键概念、理论和实践，并思考如何将这些专业元素与思想政治理论相结合。例如，教师在教授经济学课程时，可以探讨经济发展与社会公正之间的关系，或在教授工程课程时讨论技术进步对社会和环境的影响。有效的课程设计还需要教师为学生创造一个互动和参与的学习环境。这可以通过各种教学活动来实现，如小组讨论、研讨会、工作坊等。这些活动使学生不仅是被动接受知识，而是积极参与学习过程，通过互动和交流深化他们对知识的理解。例如，教师可以通过角色扮演或模拟决策活动，让学生体验不同的社会角色，从而理解复杂的社会和伦理问题。平衡专业知识和思想政治教育是课程设计的另一个重要方面，这需要教师在保持专业课程内容深度的同时，巧妙地融入思想政治理论。这种平衡要求课程内容不仅反映专业领域的最新发展，也应与学生的生活经验和社会现实相联系。通过这种平衡，学生能够更全面地理解他们所学知识的社会意义和价值。

二、跨学科课程设计促进学生综合素质发展

跨学科课程设计在当代高等教育中扮演着越来越重要的角色，特别是在整合思想政治理论教育与专业课程的过程中。这种设计不仅突破了传统学科间的界限，而且为学生提供了一个更加广阔的知识视野，有助于培养他们的综合素质，包括批判性思维、创新能力和社会责任感。跨学科课程设计的核心是打破传统学科之间的界限，将不同学科的理论和方法相结合，创造出全新的课程内容。这种设计不仅有助于学生从多角度理解复杂的现实世界，还能促进他们在多个学科领域的知识融通和技能提升。例如，一个结合经济学、社会学和政治学的跨学科课程可以使学生更全面地理解社会政策的经济影响和社会后果（图5-2）：

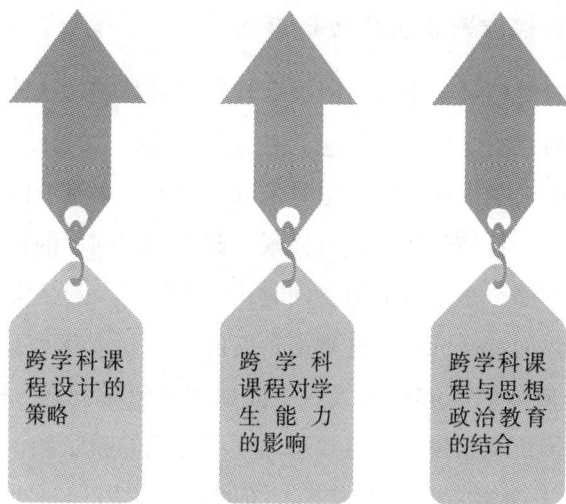

图5-2 跨学科课程设计促进学生综合素质发展

（一）跨学科课程设计的策略

在跨学科课程设计中，选择合适的课程内容至关重要，这些内容应涵盖多个学科领域的理论和实践，旨在给学生提供一个全面的学习体验。例如，一个结合环境科学、经济学和社会学的课程可以帮助学生从不同的角度理解气候变化问题。这种综合性和多样性的课程设计不仅扩展了学生的知识领域，还增强了他们对复杂问题的理解能力。

为了确保跨学科课程的有效性，教学方法应当鼓励学生的积极参与和探索。一种有效的方式是通过项目学习，让学生在实践中应用跨学科知识。例如，学生可以围绕一个实际问题或主题，运用不同学科的理论和方法来提出解决方案。这种基于项目的学习方法不仅提高了学生的参与度，还促进了他们在实际环境中应用所学知识的能力。案例分析是另一种有效的跨学科教学方法。通过分析真实世界的案例，学生可以直观地看到不同学科知识是如何在实际中应用的。小组讨论也是一种重要的教学工具，它鼓励学生分享自己的见解，听取拥有不同学科背景的同学的意见，培养他们的批判性思维和沟通能力。

（二）跨学科课程对学生能力的影响

跨学科课程的实施对学生能力的提升具有显著影响，这种教学方式不仅改变了学生学习知识的途径，还促进了他们多方面能力的发展。

跨学科课程要求学生在分析问题时采取多角度、多维度的思考方式，这种学习过程鼓励学生打破传统的学科界限，深入探讨问题的根源、背景和潜在的解决方案。例如，学生可能需要同时运用政治学、经济学和社会学的知识来分析一个具体的社会问题。这种多角度的分析方法有助于培养学生的批判性思维能力，使他们能够更深入、全面地理解复杂问题。跨学科课程设计鼓励学生打破传统思维模式，寻找不同学科之间的新联系，在这样的课程中，学生被激励去探索新的思考方式、新的理论应用和新的解决问题的方法。例如，结合工程技术和环境科学的课程可能会激发学生在可持续发展方面的创新思维。这种跨学科视角促进了学生创造性思维和创新能力的培养，使他们能够在未来的职业生涯中提出和实施创新的解决方案。跨学科课程通常涉及多样化的团队工作和协作项目，学生需要与不同学科背景的同学共同工作，共同解决问题。这种团队工作的经历不仅锻炼了学生的沟通技巧，还增强了他们的团队合作能力。在这种合作过程中，学生能够学习如何有效地表达自己的观点，倾听并尊重他人的意见，以及如何在团队中协调不同的观点和方法来达成共同的目标。

（三）跨学科课程与思想政治教育的结合

跨学科课程与思想政治教育的结合不仅为学生提供了一个全面理解和应对当代社会挑战的平台，还促进了他们在思想、道德和社会责任方面的成长。通过这种教育方式，学生能够培养更加广阔的全球视野，更深刻的社会责任感，以及更加坚实的价值观和伦理观。

将思想政治教育内容融入跨学科课程中，特别是涉及社会科学和人文学科的课程，可以极大地拓宽学生的视野。这不仅使学生能够理解不同文化和社会背景，还能让他们意识到作为全球公民的责任。例如，在讨论全球化的影响时，学生可以学习到不同国家和文化如何相互作用，以及这些互动如何影响各个国家的经济、政治和社会结构。跨学科课程中思想政治教育的元素还促使学生对公民身份、伦理和价值观进行深入思考。例如，在学习法律和政治学时，学生可以探讨公民权利和义务的概念，理解民主社会中公民参与的重要性；在哲学和伦理学课程中，学生则可以学习如何对复杂的道德问题进行批判性分析，形成自己的价值判断，通过跨学科课程，学生能够更全面地理解社会发展的多样性和复杂性。这种课程设计鼓励学生从多个角度考虑社会问题，如经济、政治、文化和技术等。这种全面的视角对于理解当今世界的快速变化至关重要。例如，探讨气候变化的课程可以包含环境科学、政策制定和伦理决策等多个方面，使学生能够全面理解这一全球性问题。

三、利用互动式教学方法增强学生的批判性思维

互动式教学方法在当代高等教育中扮演着越来越重要的角色，特别是在整合思想政治理论与专业课程的教学过程中。这类方法不仅激发了学生的学习兴趣，还促进了他们批判性思维的发展，这对于形成全面发展的个体至关重要（图5-3）：

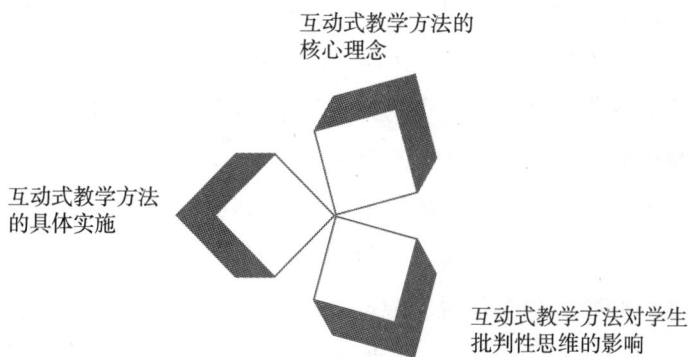

图 5-3　利用互动式教学方法增强学生的批判性思维

（一）互动式教学方法的核心理念

互动式教学方法的核心理念强调学生在学习过程中的主动性和参与度，突破了传统教育模式中被动接受知识的局限。这种方法以促进教师与学生、学生与学生之间的互动为基础，旨在为学生创建一个动态的、参与性强的学

习环境。

互动式教学的核心在于将学生从知识的被动接受者转变为主动探索者，这种转变意味着学生在学习过程中扮演着更加积极的角色——他们被鼓励提出问题，参与讨论，进行探索和研究。这种主动学习的过程不仅提高了学生对学习内容的兴趣和参与度，还有助于深化他们对知识的理解。在互动式教学中，教师的角色也发生了转变，从传统的知识传递者变成了学习的引导者和促进者。教师在这种教学环境中负责创造条件，鼓励学生的参与和探索，促进学生之间的交流和合作；教师的主要任务是提供资源、指导讨论和反思，以及评估学生的参与和理解。互动式教学方法还强调学生间的互动和合作，通过小组讨论、协作项目和合作学习，学生能够从同学那里学习不同的观点和方法，增强团队合作能力。这种互动不仅促进了学生之间的交流，还有助于培养他们的社交技能和团队精神。

（二）互动式教学方法的具体实施

互动式教学方法通过各种创新的活动和技巧，使学生成为学习过程的积极参与者。通过参与小组讨论、研讨会、角色扮演等活动，学生不仅能够提升自己的知识和技能，还能够发展批判性思维、沟通能力和团队合作能力。这种教学方式为学生提供了一个全面且富有挑战性的学习体验，有助于他们成为更加全面和有能力的个体。

小组讨论是一种极为有效的互动式教学方法，通过小组讨论，学生可以在较小的团体内分享自己的观点和想法。这种方式鼓励学生之间的交流，能够使他们学会倾听并理解他人的观点。在小组讨论中，学生不仅能够表达自己的想法，还能从其他同学那里获取新的见解和不同的视角。教师可以通过设定讨论主题、提供引导问题或案例来加强小组讨论的深度和质量。研讨会为学生提供了一个更正式和集中的讨论平台，在这种设置下，学生可以围绕一个特定的主题或问题进行深入探讨。研讨会通常需要学生事先准备，可能包括阅读材料、准备报告或构思解决方案。在研讨会中，学生被鼓励进行批判性分析，以及与其他同学分享自己的理解和观点。教师在研讨会中的作用是作为引导者和协调者，确保讨论的有效性和包容性。角色扮演和模拟演练是一种通过模拟真实世界情境来进行教学的方法。在这些活动中，学生被分配特定的角色，并且他们必须根据这些角色的特点和职责来做出决策和反应。这种方法使学生能够从实践中学习理论，并理解理论在现实世界中的应用。例如，模拟联合国大会可以让学生理解国际关系的复杂性，而模拟法庭则可以帮助学生理解法律程序和法律推理。

除上述方法外，还有其他多种互动式教学技巧，如辩论、案例研究、实地考察等，这些方法都旨在创造一个动态的学习环境，激发学生的思考和参与。

（三）互动式教学对学生批判性思维的影响

互动式教学方法在培养学生的批判性思维方面具有显著效果。这种教学方式是通过为学生提供一个动态的学习环境，鼓励学生深入思考、主动探索和独立解决问题。这不仅有助于学生在学术上的成长，也为他们未来的职业生涯和社会生活打下了坚实的基础。

在互动式教学中，学生不仅被鼓励接受信息，而且要对信息进行深入的分析和质疑。通过小组讨论、案例研究或辩论等活动，学生能够学习如何批判性地评估信息来源、有效性和相关性。这种深入的分析过程促进了学生对复杂问题的理解，提高了他们的分析能力。互动式教学环境鼓励学生考虑和探讨问题的不同视角。在与来自不同文化背景的同学交流时，学生暴露于多元的观点和思维方式，这种多元视角的交流不仅拓宽了学生的思维范围，还加深了他们对问题多维性的理解。互动式教学方法通过模拟真实情境的演练、项目工作和研究活动，促使学生应用所学知识解决实际问题。在这些活动中，学生需要应用批判性思维来评估不同的解决方案，并做出合理的决策。这种问题解决过程不仅加强了学生对知识的应用能力，也培养了他们的创新思维。互动式教学鼓励学生独立思考，并形成自己的观点。在教师的引导下，学生能够学习如何基于证据和逻辑构建自己的论点，并在课堂上展示和辩护自己的观点。这种独立思考的过程不仅加强了学生的自信心，还提高了他们的自我表达能力。

第二节　科研之美：科研育人艺术与方法

在当代高校教育中，科研不仅是知识创新的源泉，也是重要的育人途径。通过营造良好的科研环境、提升教师能力、加强学生科学伦理教育和为学生提供丰富的实践机会，高校能够有效地培养学生的科研兴趣、批判性思维和社会责任感，为学生的全面发展和未来职业生涯打下坚实的基础。

一、营造积极的科研育人环境

在高等教育的范畴内，科研不仅是对知识的探求，更是培养创新人才的关键途径。要实现这一目标，营造一个积极的科研育人环境是基础和先决条件。这样的环境不仅为师生提供了必要的物理空间和资源，更包含了一种促进创新、尊重探究，并鼓励学术交流的文化氛围。在这样的环境中，科研成为知识传承、创新思维培养和科学探索的熔炉。

营造积极的科研育人环境涉及众多方面。从物理资源的角度来看，现代化的实验室、充足的研究设备和稳定的资金支持对科研活动至关重要，这些资源不仅为科研提供了必要的硬件支持，也是科研活动能够顺利进行的基础。因此，高校需要投入必要的资源来建设和维护这些物理空间，并确保科研活动能够在一个充满活力和高效的环境中进行。科研育人环境的营造还需要构建一种积极的学术文化和氛围，这种文化氛围应该支持学术自由，鼓励师生在尊重他人观点的基础上进行开放的学术讨论和合作。在这样的文化中，教师和学生都被鼓励探索新的思想、提出独到的见解，并且在学术探究中保持诚信和责任感。这种文化的形成有助于培育学生的创新精神和批判性思维，也有助于为教师提供进行科学研究和探究的动力。

跨学科合作在当代科研中越来越显示出其重要性。高校应该鼓励和支持跨学科的研究项目，促进不同学科间的知识和技能交流。通过跨学科合作，学生和教师可以从不同领域获取新的视角和方法，从而更全面地理解和解决复杂的科学问题。跨学科的合作也为创新研究提供了更广阔的可能性，促进了科学研究的深度和广度。为了进一步促进科研育人环境的形成，高校还应定期举办各类学术活动，如研讨会、讲座和工作坊。这些活动不仅为学生提供了学术交流的平台，还为师生提供了学习新知识、获取新思想的机会。通过这些活动，学生可以接触到科研的最前沿，激发他们的科研兴趣和探究欲望。这些活动也为教师提供了分享研究成果、获取反馈和与同行交流的机会。

二、提高教师在科研育人方面的能力

在科研育人的过程中，教师的角色极为关键，他们不仅需要在学术上具备深厚的专业知识，还要能够激发学生的科研兴趣，引导学生进行科学探究，并为学生传授必要的科研技能和方法。教师在培养学生的科学伦理观、批判性思维和解决问题的能力方面也发挥着不可替代的作用。提高教师的科研育人能力对于学生科学素质和创新能力的培养至关重要，具体来说，教师需要做好以下几个关键方面（图5-4）：

图5-4　提高教师在科研育人方面的能力

（一）持续的专业发展

持续的专业发展不仅有助于教师保持与最新科学和教学方法的同步，还能极大地提高其教育和科研的质量和效果。

参与科研研讨、学术会议和工作坊是教师专业发展的重要组成部分，通过这些活动，教师可以与其他学术界成员交流思想，探讨最新的科研成果和趋势。这种交流不仅可以使教师激发新的思考和灵感，还能帮助教师更好地了解自己研究领域内的发展动态。参与这些活动的经验对于教师来说是无价的，因为它们为教师提供了学习和成长的机会，也为教师未来的教学和科研方向提供了指导。除了参加外部活动，教师还需要通过自我引导的学习和实践来不断提升自己的专业水平，这可能包括阅读最新的学术期刊、参与在线课程和讲座，或自主进行科研项目。通过这种自我驱动的学习，教师能够在保持现有知识更新的同时，探索新的科研方法和技术，从而丰富自己的教学内容和科研实践。教师的专业发展还应包括跨学科的学习和合作，在现代科研环境中，跨学科的视角变得越来越重要。通过跨学科学习，教师可以拓展自己的知识范围，促进不同领域之间的思想和方法交流。这不仅可以丰富教师自身的学术视野，还能为学生提供更加广泛和深入的学习体验。

（二）科研与教学的融合

在高等教育中，教师承担着双重角色：一方面是探索未知的科研工作者，另一方面是传授知识的教育者。这两个角色的融合对于培养学生的科学素养和研究能力至关重要。科研与教学的融合意味着将科研成果和经验直接融入教学过程，让学生在学习过程中接触真实的科研活动，了解科学研究的最新动态和方法。

科研与教学的融合不仅仅是将科研成果作为教学内容的简单添加，而是一种深层次的整合。这意味着教师在课堂上不仅要分享他们的研究成果，而且要讲解这些成果背后的科研过程、方法论和思维方式。这样的教学方法能够激发学生对科学的好奇心，培养他们的批判性思维和解决问题的能力。科研案例的引入是科研与教学融合的有效途径。通过具体案例的分析，学生可以直观地看到理论在实际科研中的应用，理解科学知识的发展是如何与现实问题紧密相连的。案例研究还可以帮助学生理解科学研究的不确定性和复杂性，使他们认识到科学探索是一个动态的、不断发展的过程。将科研过程透明化并融入教学是另一种有效的方法，这包括分享科研项目的起始点、实验设计、数据分析以及如何解读结果等。通过这种方式，学生不仅能够学习科学知识，还能够获得宝贵的科研经验，了解科学研究的实际运作。

教师在教学中直接教授科研技能，如数据分析方法、实验设计、科学写作等，对学生的科研能力培养尤为重要。这种技能的教授使学生能够更加自信地参与科研项目，为他们未来的科研工作打下坚实的基础。通过科研与教学的融合，教师能够在学生心中播下科研的种子。学生通过接触真实的科研活动，可以更加深刻地理解科学的魅力和挑战，激发他们对科研的兴趣和热情，这种兴趣的培养是科研育人过程中不可或缺的一部分。

（三）校企合作与实践指导

在当前的高等教育体系中，校企合作已成为连接学术研究与实际应用的重要桥梁。这种合作模式对于教师的科研育人工作尤为重要，因为它提供了将理论知识与实际工业需求相结合的机会。通过与企业和研究机构的合作，教师能够获得宝贵的行业实践经验，这不仅丰富了他们的教学内容，也为学生提供了接触真实世界中的问题的机会。

通过校企合作，教师可以直接参与企业的研发项目，获得实际的科研经验和行业洞察。这些经验对于教师了解当前科技发展的趋势和行业需求非常重要。实践经验使教师能够将复杂的理论知识转化为具体的应用案例，使学生更容易理解并激发他们解决现实问题的兴趣。校企合作允许教师将行业中的最新问题和挑战带入课堂。这样的教学方法使学生能够直接接触到行业中的实际问题，从而更加深入地理解理论知识的应用价值。通过解决这些实际问题，学生不仅能够提升自己的科研能力和问题解决能力，还能够增强自己的创新思维和应用能力。教师通过校企合作，可以了解行业对科研人才的具体需求，这对于指导学生的科研方向和职业规划具有重要意义。这种洞察使教师能够更加有效地规划课程内容，确保教学与行业需求保持一致，为学生毕业后的就业和职业发展奠定基础。

（四）科研育人方法的创新

在现代教育体系中，传统的教学方法可能无法完全满足科研育人的需求，特别是在培养学生的科研兴趣和能力方面。因此，教师需要探索和实施创新的科研育人方法，以更有效地激发学生的主动学习精神、参与度以及培养学生的批判性思维。这些创新方法包括但不限于项目式学习、问题导向学习等，它们能够将学生置于更接近真实科研环境的学习情景中，从而增强科研育人的实用性和吸引力。

项目式学习是一种以学生为中心的教学方法，它允许学生在教师的指导下独立或小组合作完成一个科研项目。这种方法使学生能够亲身经历科研的整个过程，从确定研究问题、设计实验到数据分析和报告撰写。通过这样的实践，学生不仅能够应用和巩固在课堂上学到的理论知识，还能够培养他们的研究方法论、团队协作能力和项目管理技能。问题导向学习是另一种有效的教学方法，它通过将学生置于解决复杂、开放式问题的情境中促进他们的学习。在这种方法中，学生需要进行独立研究，找到解决问题的方法和答案。这种以问题为中心的学习方式鼓励学生主动寻找信息、分析问题并提出创新的解决方案，从而促进他们批判性思维和自主学习能力的养成。创新的科研育人方法能够使学生产生对科学探索的兴趣。当学生参与富有挑战性的项目，他们往往会展现出更高的积极性和投入度。这种参与感不仅提高了他们的学习动力，也使他们在科学探索中体验到了成就感和满足感。

三、培养学生的科学伦理观和社会责任感

在科研领域，遵守伦理原则是保证研究质量和信誉的基础。科学伦理涉及多个方面，包括数据的诚实报告、避免抄袭、尊重知识产权、负责任地进行实验等。培养学生的科学伦理观意味着要使他们明白在科研过程中诚实和透明的重要性，以及他们的研究对社会的潜在影响。另外，科研不仅是一项

学术活动，也与社会的福祉密切相关。学生应该了解他们的研究如何影响社会和环境，并在科研活动中考虑这些影响。社会责任感的培养有助于学生在进行科学探索时思考伦理和社会价值。高校通过设立相关课程、举办研讨会和工作坊、参与实际科研项目以及跨学科学习，可以让学生全面地了解并实践科学伦理和社会责任（图5-5）：

01	设立专门的课程
02	研讨会和工作坊
03	参与实际的科研项目
04	跨学科学习

图 5-5　培养学生的科学伦理观和社会责任感

（一）设立专门的课程

当今的科学研究不仅需要遵守专业的科研标准，还需要考虑其对社会和环境的影响。为了应对这些挑战，高校需要通过专门的课程来强化学生的科学伦理观和社会责任感。这样的课程设计旨在帮助学生理解科学研究中的伦理问题，培养他们对科研成果可能带来的社会和环境后果的深刻理解。

科学伦理课程的重点在于让学生明白，科研活动不仅仅是追求知识和发现的过程，更是需要负责任和道德判断的领域。在这些课程的讲授过程中，教师需要强调诚实报告数据的重要性，讨论如何避免抄袭，以及如何尊重他人的知识产权。课程应涵盖如何以道德和负责任的方式进行人类和动物实验的讨论。通过讲授这些基本的伦理原则和标准，学生可以了解遵守这些原则的重要性，以及它们在维护科研诚信和公众信任中的作用。科学伦理课程也应包含对科研成果可能对社会和环境带来的影响的讨论。学生需要理解，科研成果不仅可以带来技术进步和社会福祉，也可能引发道德、社会和环境问题。例如，生物技术和人工智能等领域的研究可能会引发伦理和隐私方面的风险。因此，教师需要引导学生讨论这些科研活动的潜在风险和后果，以及科学家在面对这些挑战时应如何做出负责任的决策。除了理论教学，案例研究和实际操作也是科学伦理教育的重要组成部分。通过研究历史上的著名科学伦理案例，学生可以更加深入地理解科研伦理的复杂性和重要性。通过参与讨论和模拟决策，学生还可以在实践中学习如何处理伦理问题，并培养自己在实际科研活动中做出道德判断的能力。

（二）研讨会和工作坊

研讨会和工作坊通过提供一个动态的学习环境，使学生能够主动参与科学伦理和社会责任的学习过程。这种参与不仅促进了学生对科学伦理的深入理解，还激发了他们解决实际问题的兴趣和能力。通过这样的教育，学生能够成长为不仅专业知识扎实，而且在伦理和社会责任方面有深刻理解的科研人才。

研讨会和工作坊通常涵盖一系列与科学伦理和社会责任相关的主题，如数据的诚实报告、抄袭的预防、知识产权的尊重，以及科研对环境和社会的影响等。在这些活动中，学生不仅能够学习理论知识，而且能够通过案例分析、角色扮演、小组讨论等方式，参与实际的伦理决策过程。这种方法能够帮助学生将抽象的伦理概念具体化，让他们在模拟的情境中学会如何处理复杂的伦理问题。通过案例分析，学生可以探讨历史上或当代的科研伦理案例，了解在不同情境下如何做出道德和责任的决策。这些案例通常涉及复杂的道德困境，要求学生在伦理和实践之间做出平衡。通过深入分析这些案例，学生能够对科学伦理有更全面的认识，提高自己在实际科研活动中遵守伦理规范的能力。角色扮演和模拟演练则使学生置身于假定的科研场景，扮演不同的角色，从不同的视角考虑伦理问题。这种方法有助于学生理解不同利益相关方的立场和顾虑，培养他们的同理心和道德判断能力。通过小组讨论，学生能够在一个开放和支持的环境中分享自己的观点，并学习如何与他人就复杂的伦理问题进行有效的沟通和讨论。

（三）参与实际的科研项目

学生直接参与科研项目，在实际操作中体会和学习科学伦理和社会责任是一种非常有效的方法。通过参与科研活动，学生不仅能够在实际操作中应用所学知识，还能直接面对和处理科研过程中可能出现的伦理问题。这种实践经验对于学生深入理解科学伦理的复杂性和重要性至关重要，可以显著提高他们处理科研伦理问题的实际能力。

在科研项目中，学生会遇到各种情境，这些情境可能涉及数据的收集和分析、实验的设计和实施、研究成果的解释和报告等方面。这些情境中的每一步都可能涉及伦理决策，比如如何保证数据的真实性和可靠性，如何确保实验的道德性，以及如何诚实地报告和解释研究结果。通过亲身体验这些过程，学生能够更加深刻地理解科学伦理的原则，并学会如何在实际研究中遵循这些原则。参与实际科研项目还使学生有机会理解他们的研究如何影响社会和环境。例如，在进行环境科学研究时，学生需要考虑他们的研究活动对生态系统的潜在影响；在进行医学研究时，他们需要考虑研究对人类健康和福祉的影响。这种体验有助于培养学生的社会责任感，使他们在进行科学研究时能够考虑这些研究会产生的更广泛的社会和伦理影响。参与科研项目还为学生提供了一个理解科研过程的不确定性和探索性的机会。科学研究往往不是一条直线，而是一个充满挑战和不确定性的过程，在这个过程中，学生可能会遇到挫折甚至失败，这些经历对于他们学习如何在困难和压力下坚持科学伦理原则极为重要。

（四）跨学科学习

跨学科学习在科研育人中扮演着至关重要的角色，尤其是在培养学生的科学伦理观和社会责任感方面。教师要鼓励学生参与跨学科的课程和项目，使他们可以从多元化的视角来理解科学研究的社会影响，这种多角度的学习方式对于学生形成全面、深入的科学认知极为重要。

在跨学科学习中，学生不仅能够接触到自己专业领域的知识，还可以学习其他领域的课程，如社会科学、人文学科、法律、经济学等。这些学科的知识可以帮助学生理解科学技术在社会中的应用和影响，以及在科学决策过程中需要考虑的伦理、经济和社会因素。例如，在生物医学研究中，了解伦理和法律知识可以帮助学生理解人体实验的伦理限制；在环境科学研究中，了解社会科学可以帮助他们理解环境变化对社会和经济的影响。跨学科项目如团队合作的研究项目，要求学生与不同专业背景的同学合作，共同解决复杂的问题。这种合作不仅能提升学生的团队协作和沟通能力，还能促进他们在解决问题时考虑不同学科的知识和方法。在这样的项目中，学生需要学会如何整合不同学科的知识，形成全面的解决方案，这对于培养他们的综合思考能力和创新能力非常有帮助。跨学科学习还能够培养学生的批判性思维能力。面对来自不同学科的信息和观点，学生需要学会如何进行批判性分析，如何在不同观点之间进行权衡和选择。这种思考方式对于未来的科研人员来说至关重要，因为科学研究往往需要科研人员在复杂的情境中作出决策，需要他们考虑多方面的因素和后果。

四、提供丰富的科研实践机会

在科研育人的过程中，提供丰富的科研实践机会对于学生的学术成长和个人发展至关重要。实践机会使学生能够将课堂上学到的理论知识应用于真实的科学研究，从而深化他们对科学探索的理解，并使他们培养必要的研究技能。通过参与真实的科研项目，学生可以在指导教师的监督下进行实验设计、数据收集和分析，以及科研成果的撰写和展示，这些经验对于他们未来的科研或职业生涯都是极其宝贵的。

丰富的科研实践机会可以提高学生对科学研究的兴趣和热情。当学生亲自参与科研项目，他们不仅能够看到科学理论在实际应用中的具体表现，还能体会到科学探索过程中的挑战和乐趣。例如，在生物学实验室中进行基因编辑的实践操作，或在物理实验中探索新型材料的性质，这些研究能够极大地激发学生的好奇心和探索欲，有助于他们确定自己未来的研究方向。实践机会为学生提供了发展关键科研技能的平台。在科研项目中，学生需要学会如何设计合理的实验、如何准确地收集和分析数据，以及如何有效地沟通他们的研究成果。这些技能对于任何科学研究人员来说都是基本且必要的。通过实际的科研活动，学生不仅能够掌握这些技能，还能学会如何在科研过程中处理突发情况和挑战，如实验失败、数据异常等问题。参与科研项目还使学生有机会培养团队合作和领导能力。在大多数科研项目中，团队合作是不可或缺的，学生需要学会与不同背景的同学和教师合作，共同推进研究项目。在这个过程中，他们可以学习如何有效地表达自己的想法、如何协调团队成员之间的工作，以及如何共同解决在科研过程中遇到的问题。这种团队合作经验对于学生来说，无论是继续从事科研工作还是转入其他领域，都是极为宝贵的。科研实践机会还能够帮助学生建立专业网络和职业联系。通过参与科研项目，学生有机会与教师、研究人员以及行业专家进行交流和合作，这不仅能够增强他们的学术视野，还能为他们未来的职业生涯提供宝贵的资源。例如，学生可能有机会参与学术会议，在会议上展示自己的研究成果，这不仅是对他们研究能力的认可，也是他们建立专业声誉和网络的机会。

第三节　实践之美：实践育人艺术与方法

实践育人是高等教育中的一项核心任务，旨在将理论教学与实际操作紧密结合，以此培养学生的综合能力。通过具体的实践活动，学生能够将课堂上学到的知识应用于实际情境，从而加深对专业领域的理解，锻炼解决问题的能力，培养团队协作能力和领导力。在实践育人中，学生不仅提高了理论知识的掌握，还发展了实际操作技能和创新思维（图5-6）：

项目一
加强实验实践教学

项目二
开展实践项目和比赛

项目三
实施校企合作

项目四
引入实践导师

项目五
建立有效的实践能力考核制度

图 5-6　实践育人方法与艺术

一、加强实验实践教学

实验实践教学的核心在于让学生通过动手操作和亲身经历来理解和掌握专业知识。这种教学方式不仅提高了学生对理论知识的理解程度，还锻炼了他们的实际操作技能。通过参与具有挑战性的实验，学生能够在实践中遇到并解决问题，在这个过程中，他们的独立思考能力、团队合作精神以及领导力都将得到提升。

在实验实践教学中，教师的角色转变为引导者和监督者，他们应鼓励学生进行主动探索和思考。有效的实验实践教学应包括对实验原理的深入理解以及在实践中对理论知识的应用。为了提升教学效果，实验设计应既具有挑战性，又适应学生的能力水平。鼓励学生在实验过程中犯错误并从中学习，这对于培养他们的问题解决能力至关重要。在学生犯错时，教师应引导他们找出错误原因，理解出错原因，并学会预防再次出错。实验实践教学还需要教师为学生配备合适的设备和资源。适当的设备支持是进行基础和高级实验的前提，教师也应具备足够的知识和技能来指导学生进行实验。学校应为实验实践教学提供充足的时间和空间，以确保学生能够在适宜的环境下进行学习和实践。评估和反馈在实验实践教学中同样重要。教师应定期对学生的实践技能进行评估，并给出具体的反馈，这有助于学生改正错误，提高实践能力。学生也应经常反馈自己在实践中遇到的问题，以便教师及时调整教学策略。

二、开展实践项目和比赛

实践项目和比赛是促进学生实践能力提升的有效途径。这些活动不仅能够使学生将理论知识应用于实际情境，提高他们的实践能力，还能激发他们的创新精神，培养团队合作能力。高校应充分利用这两种策略，为学生提供丰富的实践机会。实践项目可以是课堂知识的延伸，也可以是与社区、公司或政府机构的合作项目。通过这些项目，学生不仅能深入理解所学理论知识，还能提升自己的实践技能。设计实践项目时，教师需确保项目内容丰富、有挑战性且适应学生的兴趣和专业背景。实践比赛如科技创新大赛或商业计划竞赛，可以锻炼学生的实践能力并激发其竞争意识。这些比赛能使学生在实践中运用和检验知识和技能，培养团队协作精神。在实践项目和比赛中，教师的角色是引导学生思考，帮助其解决问题，激发其独立思考和问题解决能力。教师应鼓励学生发挥自己的优势，帮助他们克服困难。评价系统应全面考查学生的知识、技能、思维方式和团队协作能力，以全面提升学生的实践能力。

三、实施校企合作

通过校企合作，学生能够在真实的工作环境中学习和实践，从而提升他们的职业技能和实际操作能力。这种合作模式不仅为学生提供了将理论知识应用到实际工作中的机会，而且有助于他们理解职场文化，提升就业竞争力。因此，实施校企合作对于培养具有实际操作能力和良好职业素养的人才具有重要意义。

校企合作可以采取多种形式，包括但不限于实习、合作项目、工作坊、讲座和培训等。这些合作形式使学生能够直接接触实际的工作环境，将所学专业知识应用于具体的工作任务，增强他们对专业领域的理解和技能的运用。例如，学生可以通过实习机会在企业中参与日常的工作流程，了解企业的运作模式，获得实际的工作经验。通过与企业的合作项目，学生可以参与企业的实际研发、市场调研或产品设计过程，从而提升他们的创新能力和项目管理技能。在校企合作中，企业不仅要为学生提供实际的工作场所和任务，还应该给予学生有效的指导和帮助。企业导师或专业人员可以通过分享自己的经验和知识，帮助学生更好地理解行业要求和职业技能，也为学生的职业发展提供宝贵的建议和指导。企业还可以通过定期的评估和反馈，帮助学生了解自己的优势和不足，从而不断提升自己的实际操作能力。高校在实施校企合作时也应承担重要角色，高校需要与企业建立稳定的合作关系，为学生提供多样化的实习和项目机会；高校还应确保合作项目与学生的学习课程紧密相关，确保学生获得的实践经验能够有效补充和加强课堂学习。为此，高校可以设立专门的协调机构或部门，负责监督和管理校企合作项目，确保项目的质量和对学生教育的实际贡献。

四、引入实践导师

实践导师通常具有丰富的行业经验和专业知识，能够为学生提供实际操作指导、职业规划建议以及个性化的学习支持。通过与实践导师的互动，学生能够更深入地理解专业知识的实际应用，提升解决实际问题的能力，并对未来的职业发展有更清晰的规划。

实践导师通过分享自己的专业知识和技能，帮助学生理解复杂的理论并将其应用于实际操作。这种指导不仅限于理论知识的讲解，更重要的是在实践操作中给予具体的技术指导和建议。实践导师通过引导学生分析和思考他们在实践中遇到的问题，培养学生的批判性思维能力；他们还鼓励学生进行创新尝试，培养学生的探索精神和创新能力。实践导师根据学生的兴趣和能力为他们提供个性化的职业规划建议。他们帮助学生了解不同职业道路的特点和要求，指导学生制定符合个人发展目标的学习和职业规划。实践导师通过分享自己的职业经历和职业道德观念，帮助学生形成正确的职业观念和良好的职业道德。他们强调在工作中遵守职业道德规范的重要性，培养学生的职业责任感。为了有效实施实践导师制度，学校和企业需要紧密合作，学校负责选拔有经验、有教学热情并愿意分享经验的专业人士作为实践导师；企业需要为实践导师提供实际的工作环境和资源支持，确保实践导师能够有效地进行教学和指导。学校还应建立一个系统的监督和评估机制，以确保实践导师制度能够达到预期的教育效果。

五、建立有效的实践能力考核制度

建立实践能力考核制度是一个全面的过程，它要求教育者不仅要关注学生的学术成就，还要重视他们的实践技能和个人发展。

实践能力考核制度的主要目的是确保学生将课堂上学到的理论知识有效地应用于实际情境，并在实践活动中发展关键技能，如问题解决能力、团队协作能力和创新能力。为了达到这一目的，考核制度需要围绕学生在实践中的表现来设计，也应关注学生能力的持续提升。一个有效的实践能力考核制度通常包括对学生在实践项目、案例分析、实习表现等方面的综合评估，这种评估不仅涉及学生的专业技能，还包括他们的沟通能力、团队合作能力和创新思维能力。在制定考核标准时，教师需要确保标准的全面性和公正性，考虑不同学生的能力水平和学习背景。

考核过程中学生的每一次实践活动都应被仔细记录和评估。评估可以通过观察学生在实践活动中的表现、审查他们提交的项目报告，或是通过实际操作考核等多种方式进行。在评估过程中，重要的是教师要提供及时和具体的反馈，帮助学生了解自己的优势和需要改进的领域。这些反馈应当具体、具有建设性，要能够指导学生如何提高自己的实践技能。教师在实践能力考核中扮演着关键的角色。他们不仅负责评估学生的实践表现，还需要在整个过程中为学生提供指导和支持。教师应鼓励学生积极参与实践活动，鼓励他们在实践中尝试、探索并从错误中学习，教师也应及时调整教学方法和内容，以适应学生在实践中的需要。

第四节 文化之美：文化育人艺术与方法

在高校中有效实施文化育人艺术与方法，能够促进学生在情感、道德和审美等方面的全面发展。通过接触和参与多样的文化活动，学生能够增强对社会多样性和文化丰富性的理解，为其未来的全面成长奠定基础。

一、丰富文化育人的内容

在高校开展的文化育人活动中，选择合适的文化内容至关重要。这些内容需与高校的发展目标相符合，贴合学校的具体环境和特色，以确保教育活动的实效性和适宜性。为了全面提升学生的文化素养和思想认识，高校需要从以下三个方面丰富文化育人的内容（图5-7）：

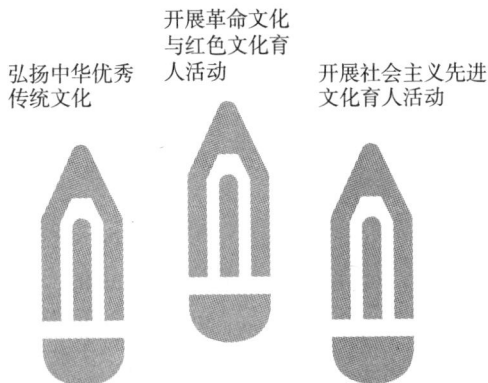

弘扬中华优秀传统文化

开展革命文化与红色文化育人活动

开展社会主义先进文化育人活动

图 5-7　丰富文化育人的内容

（一）弘扬中华优秀传统文化

中华文化具有深厚的历史底蕴和博大精深的内涵，其在育人活动中的积极作用不容忽视。高校应批判性地继承中华传统文化，挖掘其时代价值，创新性地将其融入现代教育，使之既保持传统精髓又富有时代气息。中华优秀传统文化蕴含的精神内核和力量，不仅能够提升学生的精神境界，还能激发他们的创造性思维和灵感。高校在开展文化育人活动时，应该深刻理解并重视传统文化的价值，确保这些文化活动不仅仅是形式上的庆祝，而是具有教化和启发性的。

在传承方面，高校应选择性地继承优秀文化，弃去不合时宜的部分，确保文化传承的正确性和有效性。高校要通过实际的文化实践活动来检验所传承文化的真理性和适应性。例如，高校可通过传统节日的庆祝活动，如端午节的龙舟比赛、元宵节的灯谜猜谜、清明节的祭祀扫墓和中秋节的赏月等，使学生在体验传统文化的同时感受其中蕴含的深刻意义。为了保持文化活动的新鲜感和吸引力，高校需要创新传统文化的教育方式和方法。例如，可以组织学生参与设计和执行传统文化活动，鼓励他们发挥创造力和自主性，由教师提供必要的指导和支持。这种方式不仅能使学生更加主动地参与文化活动，而且也能使他们更好地理解和接受传统文化的精髓。将中华优秀传统文化与课堂教学、观影观剧、实地考察等多种形式相结合，使之成为学生认识世界、理解生活的重要渠道。这样，中华优秀传统文化就不再是遥远的历史，而是融入学生的日常生活和成长过程中，成为其精神世界不可或缺的一部分。

（二）开展革命文化与红色文化育人活动

革命文化和红色文化是中华民族精神财富的重要组成部分，它们蕴含着深刻的价值力量，代表着民族的精神传承，拥有无与伦比的影响力和凝聚力。然而，在当今多元化、开放性强的时代背景下，大多数大学生对革命文化和红色文化缺乏直接的体验和深刻的理解，他们对这些文化的认知大多来源于影视作品和书籍。鉴于此，高校在开展思想政治教育时，应积极推进革命文化和红色文化育人活动，充分利用这些文化的正能量，引导学生深入了解革命文化和红色文化的丰富历史背景，帮助他们树立正确的人生价值观。① 为了让学生更加生动、直观地感受革命文化和红色文化的精神内涵，高校可以组织学生参观革命历史遗址、红色教育基地，重走长征路线，通过实地考察和体验，让学生亲身感受革命先辈的奋斗历程和崇高精神。高校应鼓励学生主动学习、体验革命文化和红色文化，通过结合理论学习和实践活动，让学生深刻领悟这些文化的意义和价值。通过这些活动，学生不仅能够从革命文化和红色文化中获取精神震撼，还能够获得深刻的人生启迪。高校还应向学生强调，继承和弘扬革命文化和红色文化是他们不可推卸的责任。在文化育人的过程中，教育者应引导学生深入学习革命历史，理解革命先烈的精神，从而提升自身的人生价值观和精神境界。通过这些教育活动，学生不仅能增强对国家和民族历史的认识，还能激发他们的责任感和使命感。

（三）开展社会主义先进文化育人活动

在当前新时代社会背景下，高校进行文化育人活动必须站在时代的前沿，顺应历史发展的潮流，同时符合中国特色社会主义的具体实际。这要求高校在开展文化育人的过程中保持与时俱进的姿态，不断刷新和创新内容，确保所开展的文化活动始终走在时代前列，并在社会实践中验证这些文化活动的先进性。

坚定的文化自信和社会主义发展方向在心理和信念层面至关重要，这不仅体现在对社会主义文化自信的坚定不移，还体现在实践中不断地践行和检验文化育人的内容。② 先进文化作为一种稳定的意识形态，在社会中享有稳定的地位，不会轻易改变。因此，高校在开展文化育人活动时，应在意识形态中明确表达中国的发展方向，保持意识形态领域内的主导性和正确性，积极正面地开展社会主义先进文化育人活动。③ 社会主义先进文化不仅是社会主义文化的重要组成部分，也是引导人们进行正确的价值判断和选择的关

---

① 郑伟旭.高校文化育人现状及对策研究：以河北省部分学校为例 [D]. 保定：河北农业大学，2019.

② 郑伟旭.高校文化育人现状及对策研究：以河北省部分高校为例 [D]. 保定：河北农业大学，2019.

③ 汤淇，成康康.新时期高职院校文化育人的实践路径研究 [J]. 教师，2022（22）：9-11.

键。高校在开展此类育人活动时，应引导学生形成正确的价值观，从文化内容的源头上引导学生全面发展。社会主义先进文化由人民创造，其成果由人民共享，服务于人民。

在新时代的背景下，社会主义先进文化应始终服务于国家的文化需求，积极响应习近平新时代中国特色社会主义思想。高校在开展这类活动时，应充分利用社会主义先进文化的育人作用，坚持社会主义核心价值观的主导价值方向，坚持党对教育事业的领导不动摇。

二、激发学生参与积极性

一个积极参与的学生群体能够更有效地吸收和反映教育内容，这对于培养具有创造力和批判性思维的现代公民尤为重要。要实现这一目标，高校需要采取一系列策略和措施，以确保学生积极参与文化育人的各个方面。

高校应重视学生的兴趣和需求，设计富有吸引力的文化活动，这意味着教育内容和活动不应仅仅是单向的信息传递，而应是互动和参与式的。例如，通过举办文化节、演讲比赛、戏剧表演、艺术展览等活动，高校可以提供一个平台，让学生展示自己的才华，同时学习新知识和技能。这种参与性活动能够激发学生的兴趣，增加他们对文化活动的投入。高校应鼓励学生主动参与文化活动的设计和实施，给予学生一定的自主权，让他们能够在活动的策划和实施过程中发挥作用。这不仅能够提高学生对活动的认同感，还能培养他们的组织能力、团队合作能力和创新思维。学生在活动策划中的参与，也有助于确保活动内容更加贴近他们的兴趣和需求，从而提高活动的吸引力和有效性。高校应通过激励机制鼓励学生参与文化活动。例如，可以通过颁发证书、奖学金、奖品等形式，表彰那些在文化活动中表现突出的学生。这些激励措施不仅能够提高学生的参与度，还能够培养他们的责任感和成就感。

高校应利用现代技术手段，如社交媒体、在线平台等，来提升学生对文化活动的参与度。数字时代，学生将自己的大部分时间都放在网络上，因此，利用这些平台进行文化宣传和互动，可以更有效地吸引学生的注意和参与。例如，通过社交媒体进行活动宣传、在线讨论和反馈收集，可以让更多学生了解并参与文化活动。高校还应建立一个包容和支持的环境，鼓励所有学生参与文化活动，这意味着要确保活动对所有学生开放，无论他们的背景、兴趣和能力如何。高校应努力消除可能阻碍学生参与的任何障碍，如经济、物理、文化等障碍，并为他们提供必要的支持和资源。

三、教育主体合力开展文化育人活动

在高校中，文化育人活动的合理开展对于学生的全面发展和素质提升至关重要。教育主体在这一过程中扮演着关键角色，他们的工作不仅涉及教育内容的设计和传递，还包括创造和维护一个有利于文化育人的环境（图5-8）：

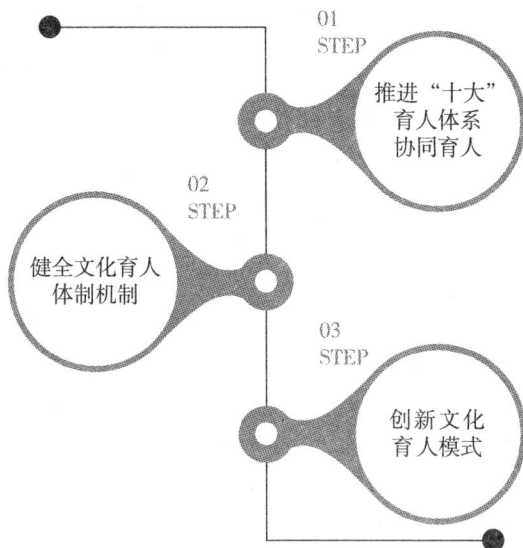

图 5-8　教育主体合力开展文化育人活动

（一）推进"十大"育人体系协同育人

高校要实现文化育人的理想效果，就必须推进"十大"育人体系的协同育人，充分利用各种育人方式的优势，形成一个互补、相互支持的育人网络，共同促进学生的全面成长和发展。

在实施"十大"育人体系的过程中，重点在于实现不同育人方式之间的有效整合。例如，课堂育人可以为学生提供基础的理论知识，实践育人让学生将理论应用于实际，而网络育人则为学生提供更广阔的知识和信息资源。在这个整合的过程中，文化育人的作用尤为关键，因为它能够深入人心，潜移默化地影响学生，促进学生的全面发展。"十大"育人体系的有效实施需要教育者深刻理解每种育人方式的特点和作用，并根据学生的实际需求和发展阶段，合理安排各种育人活动。这不仅需要教育者具备深厚的专业知识和丰富的教育经验，还需要他们持续关注教育理论和实践的最新发展，以确保育人方法的时效性和有效性。推进"十大"育人体系的协同育人还需要高校建立一个开放、包容、创新的教育环境。在这样的环境中，不同育人方式能够更好地协调和融合，从而更有效地发挥其育人功能。教育者需要不断探索和实验新的教育模式和方法，推动传统育人方式与现代教育理念的结合，以期达到最佳的育人效果。

（二）健全文化育人体制机制

为了有效地实施文化育人活动，高校必须致力构建和完善相关的体制机制，确保文化育人活动的顺利进行并激发学生的参与热情。构建健全的文化育人体制机制涉及多个方面，包括建立奖惩体系、加强监督管理、提供必要的资源保障以及确保活动的持续性和有效性。

高校应该成立专门负责文化育人的部门，并配备专业人员，对相关人员进行合理的任务分配和角色定位。这样，可以更有效地管理和推动文化育人活动的开展。其次，高校需要制定明确的规章制度，以规范文化育人活动的实施。这些规章制度应定期进行评估和更新，以确保它们能够适应时代的发展需要和学生的实际情况。高校在实施文化育人活动时，应确保各个环节的规范性和有效性，特别是要强化不同学院、专业和年级之间的协作。例如，跨学院合作可以促进不同专业的学生共同参与文化育人活动，尤其是针对那些对文化活动了解较少的理工科和经管类学生。高校要根据不同年级学生的特点灵活设计文化育人的内容和形式，以满足他们的需求。高校还应定期回顾和总结文化育人活动的经验和成效，通过分析成功案例和典型经验，不断优化和调整文化育人的策略和方法。高校也应紧跟时代发展的步伐，不断创新文化育人的内容和形式，确保始终站在时代的前沿，满足党和国家对文化育人工作的新要求。

（三）创新文化育人模式

高校在开展文化育人活动时，应致力创新育人模式，以更有效地适应当代教育的需求。这种创新涉及多方面的合作和多样化的教育手段，旨在通过综合运用线上线下资源，打造全面而灵活的文化教育环境。

高校应搭建一个跨部门合作的平台，以促进各方面的协同作用，这包括学校领导、各学院、学生社团、辅导员和党团支部等多个部门的共同参与。通过整合这些部门的力量，高校可以在多个渠道和领域开展更为丰富和全面的文化育人活动。为了实现这一目标，高校需要强化各部门的沟通和合作，定期举行交流会和研讨会，共享经验和资源。高校应采用多种形式的文化育人活动，包括传统课堂教学、课外活动、实地考察、影视观赏等，以丰富学生的文化体验。教师利用数字技术和多媒体资源开展教学活动，可以突破传统教育模式的局限，为学生提供更加生动和具有互动性的学习体验。高校还应不断创新教育内容和形式，以适应时代的发展和学生的实际需求。

在开展文化育人活动时，高校还应覆盖所有学科领域，将文化教育融入课程体系，以实现全方位的教育效果。这要求教师在各自的学科教学中融入文化育人的理念和内容，增强学科间的互动和协作。线上线下的互动也是重要的一环，高校应充分利用网络技术，结合传统课堂教学，打破地理和时间的限制，为学生提供更广阔的学习和交流平台。通过改善校园环境，利用多媒体技术进行有效传播，高校可以加强校园文化的影响力，营造更有利于学生发展的教育环境。

四、丰富文化育人媒介载体

在高校的思想政治教育中，文化育人的媒介载体起着至关重要的作用。

这些媒介载体不仅是传递信息和知识的工具，也是激发学生兴趣、促进文化交流的平台。为了有效地进行文化育人，高校需要多方位地丰富和利用各种媒介载体（图5-9）：

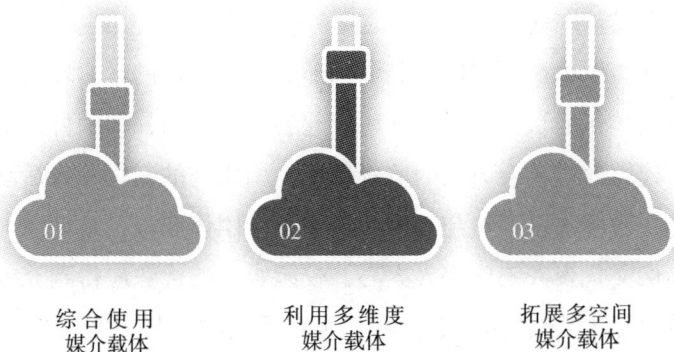

综合使用　　　　利用多维度　　　　拓展多空间
媒介载体　　　　媒介载体　　　　　媒介载体

图5-9　丰富文化育人媒介载体

（一）综合使用媒介载体

高校应采取一种发展性和动态的视角，认识到文化育人的载体并非一成不变，而是在随着历史和科技的进步不断发展和创新。[①] 文化育人载体不仅限于有形的物质结构和组织形式，还包括社团组织和机构等无形元素。对于传统的育人载体，如纸质书籍、报纸、期刊和历史文物，高校应充分利用这些资源，加以保护和妥善管理，确保它们能长期发挥作用。对于新兴的文化载体，如多媒体、互联网、移动手机和手机 App 等，应根据高校文化育人的特点进行有效利用。高校需要加强对互联网的综合管理，规范手机 App 的使用，引导学生正确使用这些现代文化载体，避免学生受到不良网络内容的影响。为了更有效地开展文化育人活动，高校应综合利用各种育人载体，最大限度地发挥其功能，这包括对育人载体的妥善管理，定期进行检查和维护，严格规范和加强管控。高校应充分发挥传统载体和新兴载体的优势，综合运用这些载体，坚守中华民族传统文化，抵制西方意识形态和有害网络内容的影响。高校通过创新和优化高校文化育人媒介载体的使用，有助于促进文化

---

① 刘丽. 石油高校文化育人实证研究 [D]. 大庆：东北石油大学，2020.

育人工作的开展。①

（二）利用多维度媒介载体

高校要充分利用多维度的媒介载体来开展文化育人工作，这涉及社会媒介、校园媒介以及家庭媒介的综合应用和创新使用方式。

社会媒介的作用在于利用社会资源形成一个积极的学习环境，并加深公众对文化育人工作的认识。社会环境应起到引导作用，鼓励群众主动参与文化育人。高校要通过社会舆论的监督作用，用先进的文化育人活动或案例进行正面宣传，激励更多人参与其中；依靠社会团体和机构来加强对群众的文化引导，确保文化育人工作深入人心。校园媒介的优势应得到充分发挥，这说明高校应加强对学生的理论学习和实践活动的引导，教师应加强理论教育，引导学生坚持社会主义文化发展方向。教师个人的魅力和对学生生活的深入理解，将有助于指导学生学习理论知识，并积极参与文化育人活动。将校园文化的独特性应用于文化育人，有助于让文化内容渗透学生的日常学习和生活。家庭媒介的作用不容忽视。家庭的风气、家训和仪式教育对大学生的成长至关重要。家长应以身作则，成为学生学习的榜样，将文化育人的理念和实践融入日常生活中，培养学生的内心和家庭美德。家庭中的仪式教育，如对长辈的尊敬、节日的祝福、餐桌礼仪等，都能对学生产生积极的影响。通过家族和家庭文化的传承与推广，教师能够引导学生在人生、学问和行为上取得成就，让他们体会文化的力量，从而使家庭成为大学生文化育人的重要渠道。

（三）拓展多空间媒介载体

高校需要不断地更新和发展传统媒介，妥善地保护和管理诸如纸质书籍、影音资料、文化古迹和古代文物等实体媒介，并定期进行检查与维护。这些传统媒介的创新发展是为了使它们更加实用和有效。社团组织和机构团

---

① 郑伟旭.高校文化育人现状及对策研究：以河北省部分高校为例 [D].保定：河北农业大学，2019.

体等实体媒介也不容忽视，它们在文化育人中发挥着重要作用。随着科技的进步，虚拟媒介如互联网、大数据和"互联网+"的使用频率在不断增加，它们在高校文化育人工作中的重要性日益显著。[①] 高校应该将虚拟媒介和实体媒介综合运用，创新它们的使用方法，以实现更好的衔接和互补。使用虚拟媒介并不意味着放弃或淘汰实体媒介，每种媒介都有其独特的价值和存在的意义，高校应根据不同的场合、时间、地点以及考虑成本和实施效果，选择最合适的媒介进行文化育人工作。这既是对实体和虚拟媒介各自作用的充分利用，也是对使用方法和思维方式的创新，代表了在多空间媒介载体方面的创新。

五、营造浓厚的校园文化氛围

在高校环境中，营造浓厚的校园文化氛围对于培育学生的综合素质具有极其重要的意义。这种文化氛围不仅能够丰富学生的学术生活，还有助于提升他们的文化素养和艺术修养，促进其全面发展。为实现这一目标，高校需采取一系列综合性措施，打造一个充满活力、多元化和包容性的文化环境。

高校可以通过丰富多样的文化活动来活跃校园氛围。这些活动包括但不限于文学朗诵、音乐演出、戏剧表演、美术展览等，旨在为学生提供广泛的文化体验机会。通过参与这些活动，学生不仅能够发展个人兴趣和才能，还能增进对不同文化形式的理解和欣赏。高校还应重视文化教育课程的设置和质量。通过将文化艺术教育纳入正规课程体系，学生可以系统地学习和掌握文化知识和艺术技能。这种教育方式有助于培养学生的创造力和批判性思维，为其今后的职业生涯和个人发展打下坚实基础。校园文化设施的建设也是营造文化氛围的重要方面。图书馆、艺术画廊、音乐厅等设施不仅为学生提供了学习和实践的场所，也成了学生文化交流和创意表达的中心。这些设施的建设和维护，能够显著提升校园的文化品质，为学生提供更加丰富的文化资源。

---

① 郑伟旭．高校文化育人现状及对策研究：以河北省部分高校为例 [D]．保定：河北农业大学，2019．

校园文化节和主题活动的定期举办对于加强校园文化氛围同样至关重要，这些活动不仅能够展示学校的文化特色，还能够激发学生的参与热情，增强校园的凝聚力。在这些活动中，学生可以展示自己的才华，与他人交流想法，从而在文化交流中不断成长。教师和学生在营造校园文化氛围中发挥着关键作用，教师应通过自身的行为和教学实践来传递文化价值和审美理念，激发学生的文化兴趣和创新能力；学生则应被鼓励主动参与文化活动的策划和执行，通过实践提升自己的组织能力和团队协作能力。高校应重视校园文化的国际交流与合作。通过与海外高校的文化交流活动，学生能够接触到不同文化背景下的艺术形式和文化理念，从而拓宽视野，增强跨文化交流能力。

第五节　网络之美：网络育人艺术与方法

高校应该大力推进网络教育，加强校园网络文化建设与管理，拓展网络平台，丰富网络内容，建强网络队伍，净化网络空间，优化成果评价，推动思想政治工作传统优势同信息技术的高度融合，引导师生强化网络意识，树立网络思维，提升网络文明素养，创作网络文化产品，传播主旋律、弘扬正能量，守护好网络精神家园。① 构筑网络育人平台是一项系统工程，涉及内容建设、技术支持、平台管理、教学整合以及用户培训等多个方面。高校应综合考虑这些因素，努力打造一个内容丰富、技术先进、互动性强、易于管理的网络育人平台，为学生提供一个全面、高效、互动的网络学习环境。

一、构筑网络育人平台

随着信息技术的快速发展和网络环境的日益成熟，网络育人为教育活动

---

① 杨道建. 新时代高校"三全育人"理论与实践 [M]. 镇江：江苏大学出版社，2021：76.

提供了一个新的维度，使教育活动更广泛、互动和灵活。

网络育人平台的核心在于为学生创造一个综合的、互动的学习环境，让学生能够在虚拟空间中进行学习和交流。这种平台不仅是信息和知识的传递渠道，更是培养学生思想意识、价值观念的重要场所。为此，高校需要着重考虑几个关键方面来构建和维护这样的平台。网络育人平台的内容必须是广泛和多样化的，涵盖思想政治理论、社会科学、文化艺术等各个方面。这不仅有助于培养学生的综合知识和思维能力，也有助于激发他们对不同学科的兴趣。网络育人平台中内容的呈现形式也应多样化，包括文字、图片、视频、互动模块等，以适应不同学生的学习习惯和偏好。

技术基础是网络育人平台成功的关键。高校需要投入相应的技术资源以确保平台的稳定运行和用户友好性，这包括但不限于可靠的服务器、直观易用的界面设计、高效的数据处理能力以及强大的网络安全措施。随着技术的发展，应用新技术如人工智能、大数据分析可以进一步提高平台的个性化和互动性。平台的管理和维护也同样重要，这不仅意味着高校需要在网络育人平台上定期更新内容，保持信息的时效性和相关性，还包括监控在线讨论，维护健康的网络交流环境。平台还应具备反馈机制，以收集用户（学生和教师）的意见和建议，不断优化网络育人平台的功能和服务。高校还应鼓励教师和学生积极参与平台的使用和内容创造。教师可以利用平台开展教学活动，如在线授课、作业布置和讨论引导；学生则可以在平台上分享自己的学习心得、参与讨论或进行项目展示。网络安全和隐私保护是高校构建网络育人平台时必须考虑的重要因素。高校需要采取有效措施来保护平台的信息安全，防止数据泄露和网络攻击；还应确保平台内容的合法性和健康性，遵守相关法律法规。

二、打造网络育人队伍

打造一支专业的网络育人队伍是实现高效网络思想政治教育的关键。这个队伍需要具备多元化的专业背景、持续的专业发展、良好的学生互动能力、对最新技术的掌握，以及校方的全面支持。通过打造这样的团队，高校可以有效利用网络平台进行思想政治教育，促进学生的全面成长。

网络育人队伍的构建需要吸纳具有不同专业背景的成员，包括教育工作者、心理学专家、信息技术专家、内容创作者等。这样的多元化团队可以保证网络育人内容的全面性和深度，同时确保技术和教育理念的紧密结合。例如，教育工作者负责设计和实施教学计划，心理学专家负责提供对学生心理状态的支持，IT 专家负责技术平台的维护和创新，而内容创作者则负责生成吸引人的教育材料。网络育人队伍的专业培训和持续发展是保证其有效运作的关键，这意味着高校需要为队伍成员提供定期的培训和学习机会，以确保他们掌握最新的教育理念、技术工具和趋势。例如，可以定期举办工作坊和研讨会，为队伍成员介绍新的教育技术、讨论当前教育热点问题，或者提供心理学方面的进修机会。这样的持续学习不仅有助于提升团队成员的专业能力，也有助于激发他们的创新思维。

网络育人队伍的工作不仅包括育人内容的制作和传播，更包括与学生的互动和反馈。这要求团队成员具备良好的沟通技巧和同理心，能够在网络环境中有效地与学生互动，理解他们的需求和问题，并为他们提供适当的指导和支持。例如，网络育人队伍成员可以通过在线讨论、互动问答、虚拟会议等方式，建立师生间的沟通桥梁。在技术层面，网络育人队伍还需与时俱进，掌握最新的网络技术和工具，这包括了解各种在线教学平台的功能，熟悉社交媒体和其他数字工具的使用，以及了解数据分析和人工智能等现代技术在教育中的应用。这些技术的掌握不仅能提升教育效率，还能为学生创造更加丰富和互动的学习体验。打造网络育人队伍也需要高校管理层的支持和资源投入，这包括为网络育人队伍提供必要的财政和人力资源，确保团队的稳定运作，以及为团队成员提供成长和发展的机会。高校还应鼓励校内各部门的交流合作，如教育部门与技术部门的协同，以确保网络育人工作的整体效果。

三、提升网络育人技术

随着科技的快速发展和信息时代的到来，高校必须采用先进的技术手段来提高网络育人的效果。这不仅涉及信息技术的应用，还包括对教育方法的创新和优化。

提升网络育人技术意味着高校要构建一个高效、稳定且用户友好的在线学习平台。这样的平台应能够承载大量的学习资源，如视频讲座、在线课程、互动讨论区等，并保证用户能够高速且稳定地访问。为了实现这一点，高校需要投入相应的技术资源，包括但不限于强大的服务器、可靠的网络架构和高效的数据处理系统。随着人工智能和大数据技术的发展，这些技术在网络育人中的应用变得日益重要。通过利用这些技术，高校可以实现更加个性化和精准的教育。例如，利用数据分析来了解学生的学习习惯和需求，然后为学生提供定制化的学习资源和教育计划。人工智能技术还可以用于开发智能教学助手，为学生提供实时的学习指导和反馈。移动学习技术也在网络育人中扮演着重要角色。随着智能手机和平板电脑的普及，移动学习为学生提供了随时随地学习的可能。因此，高校应开发移动友好的学习应用和平台，确保学生可以通过各种移动设备轻松访问教育资源。在线评估和反馈系统的建设也是提升网络育人技术的重要方面，这种系统可以帮助教师跟踪和评估学生的学习进度和效果，及时调整教学方法和内容；它也为学生提供了及时的学习反馈，帮助他们更好地理解了自己的学习状况和改进方向。互动和协作工具的应用是网络育人技术提升的另一个重要方面。这些工具，如在线讨论板、视频会议系统、协作软件等，可以促进学生之间以及师生之间的互动和合作，增强学生学习体验的社会化和互动性。

四、完善网络育人制度

完善网络育人制度是一个涉及技术、管理、法律、伦理等多方面的复杂过程。高校在这一过程中需要不断地探索和创新，以适应不断变化的网络教育环境。通过建立一套全面、高效、规范的网络育人制度，高校可以更好地利用网络平台进行教育，促进学生的全面发展，提高教育质量和效果。

网络育人制度的完善需要基于对网络教育环境的充分理解。随着网络技术的迅猛发展，学生的学习方式正越来越多地转移到线上。这种变化带来了许多新的机遇，如资源共享的便利性、教学互动的灵活性、学习路径的个性化等。然而，也伴随着一些挑战，如信息安全问题、学术诚信问题、网络沉迷问题等。因此，高校在制定网络育人制度时，需要充分考虑这些新的特点和挑战。高校应建立和完善网络育人的管理制度，这包括但不限于在线教学内容的审核机制、教师和学生的网络行为规范、学习成效的评估标准等。例如，高校可以设立专门的机构或小组负责监管在线课程的质量，确保教学内容既丰富又符合教育标准；制定明确的网络行为准则，引导学生健康、合理地使用网络资源。完善网络育人制度还应包括对相关法律法规的遵守和实施，这涉及版权保护、个人隐私保护、数据安全等多个方面。高校需要确保所有网络教育活动都在法律框架内进行，也要保护学生和教师的合法权益。例如，对于在线发布的教学材料，高校需要严格遵守版权法规；对于学生信息的处理，高校则需遵循隐私保护和数据安全的相关规定。建立有效的网络育人评估机制也是完善制度的关键一环。高校应定期评估网络育人平台的使用效果、学生的学习成效、教师的教学效果等，这不仅有助于教师及时发现和解决问题，还能够为未来的教育活动提供有价值的参考。评估机制可以包括问卷调查、数据分析、专家评审等多种形式。完善网络育人制度还应强调伦理和责任。随着网络技术在教育领域的广泛应用，网络伦理成为一个不容忽视的问题。高校需要在网络育人活动中强调学术诚信、尊重知识产权、维护网络安全等伦理标准，还应培养学生的网络责任感，让他们意识到在网络空间中的行为也需要遵循一定的道德规范。

五、强化网络育人宣传

强化网络育人宣传是提高网络教育效果的重要环节。通过多渠道、创意内容、互动性强和针对性强的宣传策略，高校可以有效地提升学生对网络育人的认知和参与度。

宣传网络育人的一个关键任务是确保学生充分了解并利用可用的网络教育资源。在这方面，高校需要采用多种方法和渠道来传播信息，如利用校园网站、社交媒体平台、电子邮件通知以及其他数字媒介来发布有关网络课程、研讨会、讲座和其他在线活动的信息。这些宣传手段不仅要覆盖广泛，还要确保信息的及时更新，以激发学生的兴趣和参与。网络育人宣传内容的创意和吸引力也非常关键。创造性的内容和多样化的宣传材料，如引人入胜的视频、有趣的图像和吸引眼球的文章，都能更有效地吸引学生的注意力，这些内容不仅要有教育意义，还要能够引起学生的共鸣，使他们感到相关和被关注。有效的网络育人宣传还需要注重互动性和参与度。通过在线讨论、调查问卷、互动游戏和竞赛等方式，促进学生参与。这种参与不仅限于获取信息，还包括学生对内容的反馈和建议。这样的反馈机制不仅能够提高学生的参与度，还能够帮助教育者了解学生的需求和偏好，从而不断改进宣传策略。网络育人宣传也需要考虑信息的针对性，不同的学生群体可能对不同类型的教育资源感兴趣。因此，宣传策略应当根据不同学生群体的特点和需求来设计，以提高宣传的效果。例如，对于文科学生，可以重点宣传与人文社科相关的在线课程和讲座；而对于理工科学生，则可以强调科技和工程领域的资源。另外，高校也可以利用现代技术来提升宣传效果。例如，利用数据分析工具来评估宣传策略的效果，了解哪些内容更受学生欢迎，哪些宣传渠道更有效。基于这些分析结果，可以不断调整和优化宣传策略，以确保最大程度地覆盖和参与网络育人宣传。网络育人的不仅是信息传播的过程，也是教育理念传播的过程。网络育人宣传宣传内容不仅要涵盖实际的在线教育资源，还要传递高校的教育理念和价值观。这种理念和价值观的传播有助于培养学生的道德观念和社会责任感，加强他们对社会的参与和贡献。

第六节　心理之美：心理育人艺术与方法

长期以来，由于受到心理主体较为多变、心理问题较为隐蔽、心理因素较为复杂等主客观多重因素的综合影响，高校心理育人面临严峻形势和多重挑战，不同程度存在各种缺陷与不足。这不仅影响了大学生心理健康的发展水平，也影响了高校的安全稳定，更可能影响国家和民族的长期稳定与发展。正因如此，高校心理育人工作格外需要通过科学且艺术的方法落实立德树人的根本任务，以培养身心健康、全面发展的高素质人才。[①]

一、构建信息化心理育人的新方式

数字时代的背景下，高校心理育人工作必须考虑充分利用信息化技术克服诸如心理主体较为多变、心理问题较为隐蔽、心理因素较为复杂等主客观多重因素的困难。

传统模式下，高校通常采取心理健康测试、心理健康主题班会、心理健康辅导等形式对大学生开展心理健康教育。此类传统方式有其明显优点，如充分考虑并照顾学生的隐私。然而，这些方式也会存在诸如师资力量薄弱、学生数量众多、统计数据精确度不高、一对一辅导困难、场地面积受限等问题。与之相比，信息化心理育人就能够在一定程度上解决以上问题。与此同时，高校还可以借助高校融媒体中心，通过微信公众号、抖音等新媒体平台开展网络心理健康教育，为大学生提供个性化、多元化、隐蔽化的心理健康服务。因此，信息化心理育人不仅开辟了心理育人的新路径，也拓宽了受教育对象的覆盖范围，还提升了高校心理健康教育的有效性与长效性。

同时，随着大数据、云计算等技术的广泛应用，高校辅导员还可以将人工智能技术运用到心理育人工作中，既可以提高工作效率，也可以获得心理育人的新方式。例如，高校可以设置心理健康育人网络平台，在后台程序中预先安装有关心理健康的基本知识，并参考设置自助服务机器人。当师生咨询时，自助服务机器人可以提供基础性参考答案。当然，如果提问者需要更进一步的心理帮助，心理健康育人网络平台系统将自动连接到相关提供服务的专业人士。这种自助服务机器人提供心理服务的方式不仅大大减少了人工指导的工作量，而且使系统能够首先过滤掉基本问题和一般问题，有利于心

---

① 姜紫涵．"三全育人"时代下高校辅导员心理健康教育工作方法研究 [J]. 办公室业务，2023（22）：131-133.

理育人专业工作人员为学生提供更有针对性和有效的服务。

二、构建兴趣化心理育人的新方法

心理育人中很重要的一个部分就是心理健康教育，涉及大量抽象的心理健康相关理论知识。前面论述过，心理育人并不同于将抽象、晦涩、难懂的心理学概念或定义"灌输"给大学生，相反，应该是将概念和定义通过具象化、感性化的解释加以说明，并通过有温度、可感知的感受传递给大学生。

同时，众所周知，兴趣是最好的老师。对于高校心理育人而言更是如此。而传统模式下的心理健康教育仍然存在不足之处，如缺乏对抽象心理概念的转换，缺乏对帮助对象的隐私保护，缺乏对帮助对象的心理关爱，等等，导致部分大学生对于心理育人工作存在误解，不愿意主动寻求帮助。因此，在"三全育人"时代背景下，高校心理育人需要构建兴趣化心理育人的新方式，需要综合利用多元化的手段以及丰富的形式与内容。

以高校心理咨询室为例，传统模式下，高校心理咨询师往往处在一个被动尴尬的局面，总是停留在等学生主动来咨询的静态层面。对于高校心理教育工作者而言，他们也习惯以高深的理论内涵或抽象的心理逻辑来阐释或解释给学生，但是，这样的咨询往往没有起到作用。而构建兴趣化心理育人的新方式，就意味着建立起了动态化教学和咨询模式，教师可以利用生动、形象的视频影像资源，提升心理育人的具象化、感性化，与学生充分共情。

三、构建联动化心理育人的新机制

按照"三全育人"的要求，心理育人也必须"全员育人"。因此，在新时代背景下，心理育人工作不再只是心理健康教育教师或者心理咨询师的工作。心理育人需要全员参加育人过程，在本质上重构了高等教育基本架构。高校各学院、各部门不能仅仅满足于完成本专业招生就业、教育教学等日常工作，各专业、各学科不能仅仅满足于完成学科建设、科学研究等本职工作，而是需要彼此合作、相互搭台、共同唱戏、形成合力。

只有所有部门的力量往一处使，才能使心理育人工作发挥出一加一大于二的超越性作用。因此，在"三全育人"时代背景下，高校心理育人工作也需要构建联动机制，加强合作，深化交流，形成合力，真正达到全员育人的根本目标。心理健康教师要主动联系辅导员，了解学生近况，分析研判情况；辅导员应当更加积极地联络各专业学科教师，针对各学科特点有机融入大学生心理健康教育的理论知识与实践技能。例如，在建筑工程专业的教学中，培养学生具有立志成为大国工匠的积极心态就是一种心理健康教育。在教学中，教师要让学生发现不同国家、不同民族的建筑的美，体验建设过程中的不易，从而引导学生正确看待人生。再如，在艺术专业教学中，教师可以引导学生培养健康、正确的审美鉴赏意识，培养学生树立"德艺双馨"的精神，培养学生树立健康阳光的心态。

四、构建个性化心理育人的新模式

高校大学生来自五湖四海，无论是原生家庭、成长环境、教育背景等都存在巨大差异。这不仅使每个大学生形成了有别于他人的独特个性，也决定了高校在开展心理育人工作时必须充分理解和尊重学生的个性化需求。

因此，高校要从顶层设计开始构建个性化心理育人的新模式。第一步，关注新生。新生入校后，高校必须按照教育部相关要求为其构建心理健康档案。在新生刚刚进入高校时，辅导员要充分利用心理健康测评开展大学生心理健康状况摸排，形成学生心理健康初始数据。在此基础之上，辅导员要对需要重点关注的学生进行一对一谈心谈话，按照一人一档的模式，形成一套完善的心理健康档案。第二步，定期联系。在前期摸排的基础上，由专职辅导员、班主任、心理健康教育教师等相关专业人员与班级心理健康委员、寝室长等建立联络网络，随时保持联系，动态掌握学生的心理健康情况和思想动态。第三步，定点帮助。经过专业排查、反复核对后，对于个别存在严重心理问题或存在严重心理问题隐患的学生，教师务必构建学院心理危机学生情况档案台账，进而有针对性地及时干预，减少校园心理危机事件的发生。

第七节 管理之美：管理育人艺术与方法

党和国家高度重视高校管理育人的重要职能，相继出台了《高校思想政治工作质量提升工程实施纲要》《关于加快建设高水平本科教育全面提高人才培养能力的意见》《关于进一步加强高等学校法治工作的意见》《关于加快构建高校思想政治工作体系的意见》等文件，明确提出要切实强化高校管理育人工作，提升管理育人质量，彰显高校管理育人的重要意义。新时代，高校要提升管理育人的艺术与方法，积极探寻提升高校管理育人效果的路径。

一、制度化彰显管理的力度

没有规矩不成方圆，高校管理工作，从根本上而言，就是依靠制定一套完整的制度对各项工作展开管理。因此，无论是校务行政管理、教育教学管理，还是后勤服务管理、学生事务管理，首要的工作都是根据国家现行法律法规和有关方针政策，制定各项具体含以育人为主要目的的校规校纪，要求被管理者、管理者自觉遵守。[①]

作为管理育人的方法之一，制度育人的目的主要是通过引导学生学习相关规章制度，帮助学生严格遵守规章制度并使其逐步树立规矩意识和自觉意识。因此，管理育人要实现制度化育人，首要的任务是要制定一套科学合理、合法合情、目标明确、易于被大众接受的规章制度。同时，规章制度要融入明确的道德内涵和思想功能，即制度本身应与德育目标相一致。

按照育人的目标设定，制度化管理育人可分为三个阶段。一是制度的制定和宣传阶段。管理部门可以以多种形式组织管理人员和被管理者学习规章

---

① 李裕鑫. 学校管理育人之内涵辨证与方法探讨 [J]. 铜陵学院学报，2003（1）：80-83.

制度的必要性和具体内容，并要求他们认真执行、自觉遵守。二是制度的执行和监督阶段。通过前期的宣传，大学生能够逐步了解并熟悉相关规章制度，再通过严格地执行、督促、检查和指导，大学生能够按照规章制度的要求，自觉约束自己的行为，从而在反复练习、不断纠正的过程中循序渐进地养成良好的行为习惯。三是制度的检查和奖惩阶段。制度化管理育人作为一种教育方法，使教师必须进行认真检查和适当奖惩，即通过检查，肯定、表扬和奖励执行制度优良的大学生，或是教育、批评和惩罚执行制度欠缺的大学生。奖惩的目的在于促使大学生分清是非对错、善恶美丑，激发大学生的善恶感、荣辱感，进一步巩固管理育人的教育成果。因此，奖惩制度必须建立在以育人为目的，正确判别、严格执行的基础之上，做到奖罚分明、奖惩得当。

二、保障化凸显管理育人的人性

管理的执行者是人，对象也是人，因此，管理育人的一个重要特点是以人为本。管理必须凸显"保障"二字，为广大师生开展正常的教育教学活动提供人力、物力、财力、时间、信息等方面的支持和保障，以获得最大的管理效能。

追求管理育人的保障，就是追求管理育人的以人为本、以生为本。所谓管理效能，就是指高校在实现管理目标时所获得的管理效率、效果、效益，管理效能提升，是高校治理能力增强的表现。经过多年的摸索与探寻，高校逐渐跳出事业单位的"舒适圈"和"固定模式"，转而将提升管理效能作为今后的转型重点。高校内部涉及的学院、部门较多，需要构建分工明确、协同配合、上下联动的组织体系和运行机制，提高管理和服务效率。同时，高校资源有限，可以通过成本管理、绩效管理、内部控制、信息化等手段构建科学的管理体系，促进资源优化配置，保障公共服务能力，提高效益效果。特别是近些年高校综合改革踏入深水区，需要高效的管理为改革提供强有力的保障。

人、财、物、时间、信息是高校育人的工作前提和必备条件。管理育人的保障性是高校立德树人目标的具体化，加大了高校育人工作的力度和保障。在管理育人中，管理教育的保障性更为突出。为了保证高校德育工作的开展和德育工作的方向，高校需要建立和完善党委领导下的管理育人工作，主要是党委领导下的校长负责制和行政管理下的管理制度。高校管理机构将根据德育目标的定位和巨大的激励作用，在统一的领导和部署下，制定德育目标和计划。各部门、各人员要共同组织德育工作，确保高校德育工作顺利进行。这是高校德育从全局出发的更有力的保证，其教育功能可以从德育权力的形成中体现出来。

三、环境美彰显管理育人的风尚

优美的校园环境是高校办学、管理水平的重要体现之一，也是育人的重要指标之一。高校要高度重视校园环境建设，不断改善校园外部环境、内部环境，为学生营造一个优美的学习生活环境。

良好的管理，可以带来一个最直接的结果，即为广大师生创造一个适合教育、教学和科研的环境。当然，校园环境也包括自然环境和社会环境，无论是自然环境还是社会环境，这两者都会不同程度地影响人们的意识形态和道德品质。从外在的自然环境来说，高校通过统一的规划、有力的管理、细心的服务，形成整洁有序的校园规划，干净宜人的校园环境和内涵丰富的校园装饰。优美的校园外部环境，不仅仅体现在自然美，更让人们感到这种自然美可以刷新和培养自己的气质，净化自己的灵魂，鼓励自己的进步，促进文明行为的形成。同时，高校通过管理，也会形成一定的社会环境，比如人际关系和谐、师德师风高尚、校风学风积极等。此外，教职工严谨认真的工作作风，进取积极的精神，热情周到的服务工作，也将促进大学生形成正确的世界观、人生观和价值观，形成良好的道德品质。

四、劳动性彰显管理育人的实践

劳动创造人本身、劳动创造历史、劳动创造世界，人世间的一切幸福都要靠辛勤劳动来创造。① 劳动具有实践性，具有"美"的特质，也非常适合用于对大学生开展教育。管理育人具有明显的劳动性，体现了管理育人追求实践、追求劳动美的一面。

"管理育人"是整个育人系统中不可缺少的一个环节，也是相当重要的环节。只有在教学计划管理、教学运行管理、教学质量管理、教学队伍、教学管理制度等多个教学管理环节上做到刚柔相济、齐头并进，管理育人才能发挥出其育人的强大功能。通过有力的管理，教师可以将劳动融入管理的各个环节中。例如，可以组织广大师生积极参加各种社会活动和劳动实践，不断提升其思想觉悟、认识能力和实践能力。具体而言，学生在校外可以参加社会调查、社会服务、暑期三下乡及其他公益劳动，在校内可以参加校内劳动、勤工助学、文体活动等各种形式的劳动。这些劳动使大学生走出书斋，走向社会，进一步了解国情、了解社会、体验生活，以此抵御不劳而获、贪图享受、鄙视劳动等腐朽思想的侵蚀，帮助他们树立正确的劳动观点、劳动态度和艰苦奋斗精神，锻炼劳动技能，养成热爱劳动和珍惜劳动成果的良好习惯。②

管理育人要融入劳动，首先，要让大学生明确活动的意义和要求，让大学生主动、积极参加活动，增强参与活动的主动性与自觉性，这样才能提升其思想道德品质，达到育人的目的。其次，要不断总结活动开始、过程、结果三个阶段的成效，使大学生将获得的感性认识上升到理性高度，以巩固教育成果。最后，教师要注意活动过程中对学生的指导，不能放任自流，要教育学生做到诚实、虚心，不耻下问，养成良好的劳动品格。

① 赵小雅.让劳动教育回归育人本位 [J].中国民族教育，2020（6）：1.

② 李裕鑫.学校管理育人之内涵辨证与方法探讨 [J].铜陵学院学报，2003（1）：80-83.

第八节　服务之美：服务育人艺术与方法

高校一切工作都要紧紧围绕人才培养展开，都要服务于学生的成长成才。高校要积极思考如何落实立德树人的根本任务和"三全育人"理念，以更科学的方法、更高超的艺术来探索新时代服务育人的新路径和新方法。

一、全员参与服务

高校要从根本上改变过去错误的观念，服务不仅仅是后勤部门的工作，高校全员都必须参与服务育人。首先，提高站位，抓好顶层设计。高校要从顶层设计考虑服务育人，将其渗透每一项工作。党委领导要提高政治站位，深入贯彻新时代党和国家对高等教育事业的战略部署，从为国育才、为党育人的高度来认识、发展好高等教育对于建设教育强国的重要意义。首先，要坚持问题导向和目标导向，将"立德树人""三全育人""十大育人体系"等工作作为学校的头等大事来抓，确定短期、中期、长期计划，亲身参与和带动学校各项育人工作。其次，要改变和提高全校教职工重视服务育人工作的意识，强化全校教职工服务育人的责任担当，形成在工作中服务奉献师生的理念，发挥思想价值引领作用，真正做到全员服务育人。① 高校在实施服务育人时，要坚持责任到人，层层推进。各学院、各部门的负责人都要亲自承担服务育人工作，确保岗位到人、责任到人，形成学校—院系（部门）—教职工的"三级服务育人体系"，推动学校的育人理念得以深入贯彻、资助政策得以有效落地。定期组织相关的培训、座谈，努力提升全校教职工队伍

---

① 张莉，张茹，赵立成. 新时代高校服务育人的内涵与实践路径探究 [J]. 锦州医科大学学报（社会科学版），2023，21（5）：97-100，109.

的工作能力。最后，要将服务育人工作具体化，落实到人。例如，要求所有辅导员每学期至少走进寝室两次，深入与学生谈心谈话，时刻掌握他们的学习、生活和身心健康状况，如有问题，及时加以解决。要求专业教师既要教书，也要育人，从课程学习、科学研究、就业指导等方面为学生做好服务工作。

二、全过程参与服务

服务育人的效果往往并不能立竿见影，需要一定的时间和过程。因此，要使服务育人的效果最大化，就要将其与教学、科研、管理等工作融为一体，形成合力，逐步探索有效的联动合作机制，实现服务育人工作全过程的一体化。首先，高校要树立全过程参与服务的理念，从体制机制、制度建设、人才培养、学科建设、科学研究、交流合作、内部治理等各个教育过程和工作环节进行改革创新，提高全过程服务教育工作的有效性，不断推进治理能力和治理体系建设现代化。[①] 其次，建立协同高效的操作系统。服务无处不在，体现在后勤保障性工作、图书馆供给性工作、教学启智性工作、科研创造性工作等方面，涉及面广，参与者多。因此，高校要建立和完善一套上下联动、集中力量、职责分明的协调机制，更加合理地规划和分配学校、各学院、各部门之间的职责和权力，建立起一种良性的合作、联动机制。最后，高校要通过问卷调查、深入访谈、师生座谈等方式及时主动地了解师生的思想动态和成长发展需求，把师生的实际需求作为高校决策和推进服务教育工作的重要依据，激励和带动全体教职工参与服务教育的各项工作。高校各职能部门要把主要精力放在营造人才培养环境、优化机制、做好服务上，不断简化工作流程，提高办公效率，提高服务水平，协调和调动各单位、各部门的服务教育工作，培养德智体美劳全面发展的、符合中国式现代化建设

---

① 张莉，张茹，赵立成.新时代高校服务育人的内涵与实践路径探究 [J].锦州医科大学学报（社会科学版），2023，21（5）：97-100，109.

道路需要的建设者和接班人。[①]

三、全方位参与服务

全方位参与服务需要整合全校资源，使高校全力投入服务育人工作。首先，构建全方位服务育人平台。高校要始终坚持立德树人的根本任务和"以人为本"的原则，在服务育人工作中整合学校各方面资源，积极构建全方位、周全的服务育人"大格局"，实现课堂内外、校内校外、线上线下全方位的服务育人，营造服务育人氛围，丰富服务育人工作实践平台，根据办学特色、学科建设、专业建设等实际情况，建立"学生一站式服务中心""后勤服务中心"等平台，深入推进服务育人活动的有效实施。其次，优化服务与管理流程。高校要紧跟时代的发展，投入财力物力建设智慧化校园，整合已有的平台，用数字改变服务；建设高效快捷的线上服务平台，比如设置设备报修、用水用电、医疗服务、快递上门等服务的 App，着力提升各项服务水平；持续优化图书馆、博物馆、学生活动中心等设置，开通线上预约、线上展览等更多适合大学生、吸引大学生的线上活动；考虑设立学生实践实习岗位，帮助困难学生渡过难关，提升学生实践能力。最后，加强宣传引导工作。服务不是唯一标准，培育人才是最终目的。高校通过打造具有特色的服务育人精品活动，潜移默化地开展思想政治工作和育人工作。例如，可以定期开展服务满意度调查，优秀党支部、优秀党员、服务育人榜样等的评选，充分发挥宣传思想文化工作的功能，用好各类宣传平台宣传报道先进事迹，通过示范引领与宣传带动，在校园内部营造浓厚的服务育人氛围，凝聚服务育人的强大合力。

[①] 张莉，张茹，赵立成. 新时代高校服务育人的内涵与实践路径探究 [J]. 锦州医科大学学报（社会科学版），2023，21（5）：97-100，109.

第九节 资助之美：资助育人艺术与方法

资助是帮助有困难的大学生完成学业的有效方式之一，充分体现了党和国家对当代大学生的深刻关切。新时期，高校资助工作越来越展现出其独特的育人成效，也越来越受到党和政府的高度重视。高校资助育人工作要不断突破工作难点，展现助人之美，实现助人之效。

一、建立健全高校资助工作顶层设计

凡事都需要做好顶层设计，高校资助工作顶层设计工作中最关键的部分是受资助群体的认定工作。认定工作是高校开展资助工作的第一步，也是关键一步。因为，受资助群体是否符合资助的标准，高校是否应该对这一群体实施资助备受学生、家庭和社会的高度关注。资助工作的公平性取决于受资助群体认定的公平性。如果认定程序不符合要求，或认定结果偏差过大，不仅会浪费国家资源，更会丧失国家公信力。因此，高校做好资助工作的顶层设计工作，第一步应该是在国家相关法律法规范围内，建立和健全资助群体的认定机制。其中，理应包括受资助者发起合理申请，相关部门严格考核受资助者的个人和家庭情况，认真审核相关证明资料，建立完整的学生相关信息资料库并及时更新，对受资助者进行跟踪调查，保证受资助对象认定程序公平、公正、公开。此外，高校要强化学生资助规范化管理，进一步完善管理制度、明确监管责任、强化信息管理、规范资助程序、严格资金使用、加强队伍建设；要全面落实各项学生资助政策，确保奖助学金评审公平公正公开，及时足额发放资助资金；要强化全国学生资助管理信息系统应用，持续提升资助数据质量，不断提高资助管理信息化水平。

二、完善丰富高校资助工作内容形式

资助不能等同于发放资金，高校资助工作不能仅仅从经济层面进行简单的资助，更要根据学生的具体情况和需求，进行不同形式的资助。在已有的国家奖学金、国家助学金、助学贷款等基础上，高校还可以为学生提供勤工助学岗位，锻炼其实践能力的同时又能使其获得经济来源，提高其对社会的适应能力。高校应统筹安排、科学设置校内勤工助学岗位，一方面，使岗位的工作内容、工作要求与学生的能力素质相匹配；另一方面，使包括勤工助学酬金在内的工作获得感与学生的需要相匹配；只有实现双重匹配，才能够既保证学生可以胜任岗位，又使该岗位对学生保持长久的吸引力。这就要求高校多样化设置基础服务、技术应用、发展引领等不同层次的岗位，满足学生通过勤工助学缓解经济压力、掌握工作技能、实现个人发展的不同需求，让每个学生都能找到适合自己的岗位，发挥自己的优势和潜能。同时，高校也要积极拓展校外岗位渠道，吸纳优质社会资源，引导勤工助学向基地化和产业化方向发展，在丰富勤工助学岗位类型的同时，为学生尽早接触社会、适应社会搭建平台，实现勤工助学的可持续发展。勤工助学的岗位设置和工作内容要尽可能与学生的学科特点、兴趣特长等相结合，使学生在从事相应工作的同时更好地体现个人价值。

三、持续加强高校资助工作后续指导

高校不仅要授人以鱼，更要授人以渔，因此，高校在为受助学子提供经济资助的同时，也要持续加强高校资助工作后续指导，主要包括为学生提供学业、科研帮助、创新创业等。一方面，资助和学习二者是相互包含的两种教育，资助能帮助经济困难大学生顺利渡过经济难关，获得继续学习的机会；另一方面，学生能在学习、科研和创新创业实践中不断突破自己，努力钻研，获得更多自主思考，产生创新性的想法。特别是"三创赛""挑战杯""互联网＋"等创新创业比赛，更是培养学生的创新思维与创造能力，启发学生进行创造性学习、产生创新性成果的良好手段。高校应当依托同上一堂思政课、大学生讲思政课等思政大课堂提升大学生思想道德素质，依托

"三创赛""挑战杯""互联网+"等创新创业比赛提高大学生创新创业能力。通过以上各类比赛，高校能够更好地搭建资助育人的大平台，实现以赛促练、以赛促学。总之，受助学子通过在思政大课堂和创新创业课堂的锻炼，综合提升了各方面能力，有助于其后续的职业发展。

四、不断深化高校资助工作成效检验

高校资助育人工作不仅仅是完成经济资助，更需要深化高校资助工作成效检验。成效检验主要包含两个方面，一是精准开展经济支持，帮助学生顺利完成学业；二是精准实施教育引导，帮助其坦然面对暂时的困难和勇敢面对未知困难的勇气。辅导员要高度关注受资助群体，定期走进教室、寝室与学生进行谈心谈话，了解学生的心理动向，缓解他们的心理压力，消除其自卑心理。同时，要避免受资助学生攀比等不正确心理的产生。团学组织要积极帮助受资助群体，通过开展丰富多彩的校园文化活动，让学生能够迅速适应大学生活，积极参加班级和校园活动。专业教师要努力引导受资助群体，让学生把更多的精力放在学习和研究上，使他们把握好大学的每一个机会提升自己。学生资助工作是一项以学生为主体，以"帮困育人"为根本任务的工作。高校作为贴近、深入学生的组织，应当主动作为、全面出击，紧紧围绕立德树人根本任务，将服务国家融入育人工作，不仅在物质上为学生提供帮助，在精神上予以引导，也在能力扩展上为家庭经济困难学生出谋划策、提供舞台。高校要将资助与育人有机结合，涵养学生家国情怀，引导受助学生全面成长成才，不断深化、提升资助育人工作的开展及成效检验。

第十节 组织之美：组织育人艺术与方法

党的二十大报告强调要"坚持为党育人、为国育才，全面提高人才自主

培养质量，着力造就拔尖创新人才，聚天下英才而用之"①，这对新时代高校思想政治教育工作提出了更严标准和更高要求。组织育人是贯彻落实"立德树人"工作的具体步骤，其要求是把组织建设与教育引领结合起来，强化高校各类组织的育人职责，增强工作活力、促进工作创新、扩大工作覆盖、提高辐射能力，通过把育人功能融入党团组织、工会、学生会等各级组织的管理和活动，最终促进学生的全面发展。

一、明确党组织育人的带头作用

我国高校是党领导下的中国特色社会主义高校，肩负着培养一代又一代坚决拥护中国共产党领导，坚决支持社会主义制度，坚定立志为中国特色社会主义事业奋斗终身的接班人和建设者的政治使命。② 学校党委是学校的领路人，要切实加强党委对高校各级组织的领导，推动大学生德育与智育的协同发展，将组织育人上升到学校大思政工作的重要层面，重视组织育人的科学规划与顶层设计。校内各级组织要在党委的坚强领导下，强化沟通和配合，发挥各自在教学科研、管理服务等方面的优势，全面推进组织育人渠道、阵地充分融合，为组织育人工作的深入开展做好队伍和人员保障，形成"三全育人"的良好局面。

二、构建各级组织共同育人的管理体系

各级组织要协同一致开展育人，就要通过科学、系统的有效管理体系对高校各级各类组织进行管理，从顶层设计的角度出台相应的政策文件，建立完整、高效的协同育人机制，确保各级各类组织目标一致、统一步调、达成目标。高校要在总结自己经验、借鉴他山之石的基础上，构建一套独特、完善的协同育人机制，对高校各级各类组织的育人方法、载体、路径等进行统

---

① 习近平.高举中国特色社会主义伟大旗帜为全面建设社会主义现代化国家而团结奋斗：在中国共产党第二十次全国代表大会上的报告 [N]. 人民日报，2022-10-26（1）.

② 刘冀.新时代高校加强思想政治理论课建设改革创新研究 [J]. 老字号品牌营销，2019（11）：81-82.

一布局、宏观把控、统筹协调，充分保障组织育人的开篇布局、沟通协调、资源整合等各个环节顺利运行。具体可以从三个方面着手。一是做到有计划地全面覆盖。让党支部、团支部、社团等组织覆盖全校、全学院、班级、寝室等领域，让各级各类组织深入学生学习、科研、生活等方方面面。二是做到有针对地教育引导。各级各类组织应精准分析和研判不同青年学生群体、个体特点，开展富有针对性的教育引导，用党的创新理论武装青年学生，用新时代的使命鼓舞青年学生。三是做到温暖地组织育人。各级各类组织要在育人的过程中，将组织的关爱和温暖融入对青年学生学习、科研、就业、生活等各方面的服务中，将解决思想问题与解决实际问题结合起来，注重对学生的人文关怀和心理疏导，让学生感受到党和高校各级各类组织对青年大学生的关怀。

三、打造各级组织共同育人的信息矩阵

高校集中了优势明显的人才人力资源，实力雄厚的教学科研资源，优美宜人的校园环境资源，深厚底蕴的历史文化资源，丰富多样的育人载体平台。随着时代的发展和变化，高校各级各类组织育人的矩阵已经有了更大的变化，高校不断拓展育人工作阵地、载体、平台，打造共有共享的信息资源矩阵。一是搭建校内信息资源矩阵，如组织各级各类组织中的优秀成员，组建党的创新理论宣讲团、党校团校讲师团、优秀党员团员先进事迹宣讲团等团队，搭建线上线下各类信息资源矩阵，实现育人工作空间的拓展升级，形成"互联网＋思想政治教育""互联网＋各级各类组织建设"的有效形式，推动传统资源和信息资源优势互补。二是搭建校外信息资源矩阵。高校要扩展思路，将"组织"二字扩展到校外，强化社会资源的介入。高校可充分发挥自身优势，整合社会资源，邀请知名专家教授进课堂、优秀毕业生进学校、优秀校友进网站，开展诸如讲座、论坛、展演等活动，推动他们在线上线下与学生开展良性互动交流，形成丰富的育人资源体系。

四、塑造各级组织共同育人的文化品牌

品牌是一个项目持续向好发展的重要资源。因此，高校各级各类组织一定要在共同育人的过程中塑造文化品牌。从根源上来看，组织育人的实质是以文化人、以文育人。高校要充分挖掘文化的隐性育人功能，将文化育人的功能融入各级各类组织的建设中。党组织活动要以政治建设为中心，在"三会一课""主题党日"等传统活动的基础上，用好"微党课""微电影"等丰富手段吸引青年大学生，让青年自觉自愿跟党走。社团活动要以立德树人为遵循，突出社团文化品牌的目标导向和价值导向，通过高雅艺术进校园、红色艺术党课，"一院一品"，技能文化节、艺术节等各类方式丰富和发展学生社团活动，凸显学生社团的个性发展和特色发展。总之，各级各类组织共同育人的文化品牌可以充分考虑高校的办学特色、专业特点等，创建出属于高校独特的组织育人的文化品牌。

第六章 高校思想政治工作评价体系的构建

第一节 高校思想政治工作评价体系构建的原则

高校思想政治工作评价体系构建的原则不仅指导着评价体系的构建过程，还确保评价活动能够全面、公正且有效地进行。这些原则为高校提供了一个坚实的基础，帮助其在评估思想政治工作的同时，确保教育目标的实现（图6-1）：

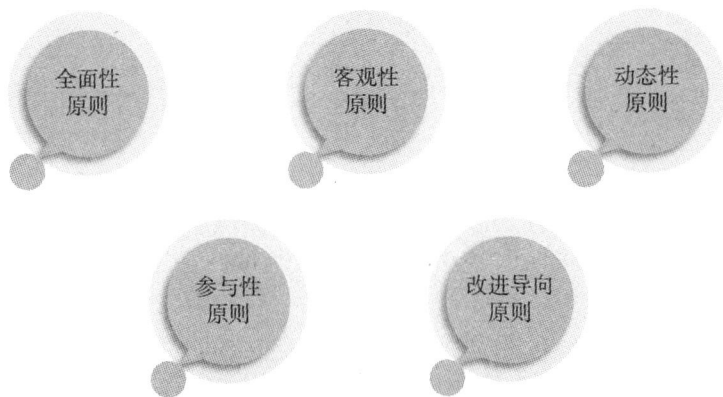

图 6-1 高校思想政治工作评价体系构建的原则

一、全面性原则

全面性原则要求评价体系不仅要覆盖高校思想政治教育的所有方面，还要确保评价的深度和广度。

理论教学是高校思想政治工作的核心组成部分。全面性原则要求教师在评价体系中不仅需评估学生对思想政治理论知识的掌握程度，还需考量自身教学方法的创新性、教材的时代性和实用性，以及教学内容的相关性和深度。教师的教学技巧、对学生的引导能力和教学效果也是评价的重要内容。思想政治教育的实践活动包括学生的社会实践、志愿服务、社团活动等。全面性原则强调在评价体系中对这些活动进行全方位的评估，包括活动的组织和规划、学生的参与度和投入程度、活动对学生思想政治素质的提升作用，以及活动的社会反响和影响力。学生的参与度是衡量教师思想政治工作成功与否的关键指标。全面性原则要求评价体系应关注学生在思想政治活动中的主动性和积极性，评估学生对这些活动的态度和反应，以及他们在这些活动中所展现出的思想深度和批判性思维能力。

高校思想政治工作的社会影响是评价体系中不可忽视的一部分。在全面性原则下，评价体系需考察高校思想政治工作对社会的影响，包括对社会主流价值观的传播、对学生社会责任感的培养，以及高校在社会公共事务中的参与和贡献。全面性原则还强调对不同群体（如不同学院、专业、年级的学生）进行差异化的评价。这是因为不同群体在思想政治教育中的需求和反应可能存在差异，因此，评价主体评价时需要考虑这些差异，以确保评价的公正性和有效性。评价体系的全面性还包括对高校思想政治工作持续性和发展性的考量，这意味着评价不应仅限于某一特定时段，而应贯穿教育活动的整个过程，关注其在长期中的发展和变化。

二、客观性原则

客观性原则要求高校在构建思想政治工作评价体系时，应依据事实和数据，采用科学合理的方法，确保评价过程的公正性和评价结果的准确性。通过实施这一原则，高校可以更有效地评估和提升其在思想政治教育方面的工作成果。

客观性原则强调评价应基于可量化的数据和事实。这意味着高校在评价思想政治工作时，应收集和分析相关的数据，如学生的出勤率、成绩、参与社会实践的频率、社区服务的时长等。通过对这些数据的分析，高校可以更准确地评估思想政治教育的效果。为了提高评价的客观性，高校应使用标准化的评价工具，如统一的问卷调查、标准化的观察指标等。这些工具应经过专家验证，确保其有效性和可靠性。使用标准化工具可以减少个人主观判断对评价结果的影响。客观性原则还要求高校建立一个多源反馈系统，这意味着评价不应仅依赖单一的数据源或观点，而应综合考虑来自学生、教师、行政人员以及社会各界的反馈。通过这种多元化的反馈，高校可以更全面地了解思想政治工作的实际效果。

为了确保评价的客观性，高校需要采取措施避免主观偏差。这包括在设计评价方法和工具时避免偏颇的问题设置，在收集和分析数据时保持中立，以为高校及在解读评价结果时避免个人偏好或先入为主的看法。客观性原则还建议在评价过程中引入外部专家或第三方机构的参与，专家可以提供专业的视角和建议，帮助高校确保评价方法的科学性和合理性；第三方机构的参与则可以为高校提供更为独立和客观的评估。评价体系和工具需要定期评估和更新，以应对变化的教育环境和需求。通过定期的评估，高校可以确保评价工具和方法始终保持其相关性和有效性。确保评价流程的透明性也是实现客观性原则的关键。高校应公开评价的方法、工具和流程，让所有相关人员都能够理解评价的方式和目的。这种透明性有助于提升评价过程的公信力。

三、动态性原则

动态性原则的核心在于强调评价体系应具备足够的灵活性和适应性，使其能够及时响应并反映时代变化、社会发展趋势以及教育需求的新特点。在不断变化的社会环境中，这一原则能够确保评价体系始终保持其相关性和有效性。

动态性原则要求高校评价体系在内容和标准上与时俱进。随着社会价值观、经济环境、技术进步及国际局势的变化，高校学生面临的挑战和机遇也在不断变化。因此，评价体系需要反映这些变化，如对学生的全球视野、网络素养、环境意识等进行评估。这种更新不仅限于评价的内容，也包括评价的方法和工具，以确保其能够准确地捕捉和反映学生的学习和发展状态。动态性原则强调评价体系必须灵活，能够适应不同学科、不同学生群体和不同教育环境的特点。这意味着评价体系不应该是一成不变的，而是应该根据具体情况进行调整。例如，对于理工科学生和文科学生，思想政治教育的侧重点和方式可能有所不同，评价体系需要能够反映这些差异。动态性原则还要求评价体系能够捕捉新兴教育趋势和挑战。随着全球化、信息化的发展，新的社会问题和教育议题不断涌现，评价体系需要及时地将这些新情况纳入考量。例如，如何评价学生对于网络信息的判断能力、对于全球性问题的理解和应对等，成为现代高校评价体系中重要的一环。动态性原则也意味着评价体系本身需要定期进行检查和修订，这不仅是为了更新评价内容和标准，还包括评价方法和工具的改进，以适应新的技术和研究发现。通过定期检查，高校还可以确保评价体系能够有效地促进学生的思想政治发展，也能够为高校提供关于其思想政治工作有效性的重要反馈。动态性原则强调评价结果的应用需要具备灵活性。评价结果应被视为一种资源，用于指导和改进未来的思想政治教育工作，这意味着高校不仅需要关注评价结果本身，还要关注这些结果如何能够被有效利用，以提高教育质量和学生的整体发展。

四、参与性原则

参与性原则强调评价过程应涉及广泛的参与者，从而确保评价结果的全面性和有效性。这一原则认为，评价不应仅是高校内部行政管理层的职责，而是一个包括教师、学生、管理人员，乃至社会组织和个体的共同参与过程。具体如下：其一，教师的参与。教师在思想政治工作评价中的作用至关重要。他们直接参与教育，对学生的思想动态和行为有直接的了解。通过教师的参与，评价体系可以更准确地反映教学内容的有效性和教学方法的适宜性。教师的反馈不仅可以提供关于课堂教学的信息，还能提供学生在课外活动中的表现和进步情况。其二，学生的参与。学生是思想政治教育的直接受益者，因此，他们的参与对于评价体系的构建至关重要。学生可以提供关于教学方法、课程内容和教育环境的第一手信息。通过学生调查、座谈会或反馈表，高校可以收集学生对思想政治教育的看法、建议和满意度，这些信息对于优化教育内容和方法至关重要。其三，管理人员的参与。高校管理人员如院系主管、教务人员等，在评价体系的构建中发挥着组织和协调的作用。他们负责制定评价标准和流程，确保评价工作的顺利进行。管理人员还负责将评价结果转化为实际的改进措施，并确保这些措施得到有效实施。其四，社会组织和个体的贡献。社会组织和个体如家长、校友、企业和非政府组织等，也是评价体系的重要组成部分，他们可以提供关于高校思想政治工作在社会层面上的影响和效果的信息。这些群体的反馈还能帮助高校理解其思想政治教育在更广泛社会背景下的意义和作用。

参与性原则还意味着评价是一个持续和动态的过程，需要定期进行。通过持续地参与和反馈，高校可以不断调整和改进其思想政治工作，确保其思想政治工作始终符合学生和社会的需求。

五、改进导向原则

改进导向原则是构建高校思想政治工作评价体系的重要指导思想，它不仅强调评价活动的全面性和深入性，而且强调将评价结果转化为实际的教育改进措施，从而推动高校思想政治教育工作的持续发展和创新。

根据改进导向原则评价的每一个环节都不是孤立的，而是互相联系的，它们共同服务于提升整体教育效果的目标。这意味着从课程设计、教学方法到教育资源的利用，乃至学生的参与和反馈，都成为评价和改进的重要部分。评价不再仅仅是对过去教育活动的一种回顾，而是成为一种激励未来变革和创新的动力源泉。

在实施改进导向原则时，高校需要确保评价体系能够全面地捕捉教育活动中的各个方面，并对这些方面进行深入分析，包括对学生的学习成果、思想动态，以及他们的参与度和反馈进行评估。教师的教学方法、教育资源的利用效率以及教育策略的适宜性也是评价的关键内容。评价结果的分析应被视为一种寻找改进机会的工具，这要求高校在解读评价数据时，不仅要关注评价体系中存在的问题，更要能够从中识别潜在的改进空间和创新点。例如，如果评价发现学生在某一思想政治课程上的参与度不高，学校可能需要考虑调整课程内容，或改变教学方法，以提升学生的兴趣和参与度。改进导向原则还强调评价过程本身也应当是开放和包容的，这意味着评价不应该是高校行政层面的单方面活动，而是需要教师、学生甚至家长和社会各界的参与。通过评价主体的广泛参与，评价过程可以更加全面和客观，评价结果也会更加真实和可信。根据改进导向原则评价结果的应用应是明确和具体的，高校需要根据评价结果制订具体的行动计划，并且这些计划应当有明确的目标、具体的执行步骤和可度量的成效指标。这样的行动计划不仅能够指导高校改进现有的教育实践，还能够作为未来评价工作的参考标准。

第二节　高校思想政治工作评价的具体方法

思想政治工作评价方法是完成思想政治工作评价任务、实现思想政治工作评价预定目标不可缺少的手段。[①] 高校思想政治工作评价方法旨在全面、有效地评估高校思想政治工作的成效，包括课程内容、教学方法、学生参与和反馈等各个方面。通过这些评价方法，高校能够从多个角度全面理解其思想政治教育工作的成效，从而为未来的教育改进提供坚实的基础。

一、问卷调查法

在高校思想政治工作评价中，问卷调查法是一种重要的方法，它通过设

---

① 赵雪梅，朱德友．新时代高校基层党建工作研究与探索 [M]．武汉：武汉大学出版社，2022：489．

计和分发问卷来收集关于思想政治教育各个方面的反馈信息。这种方法的核心在于通过一系列精心设计的问题，从不同参与者（包括学生、教师和管理人员）那里获得直接、量化的数据。

问卷通常围绕诸如课程满意度、教学质量、学生的参与度以及课外政治教育活动的影响等方面进行设计。这些问题旨在评估思想政治教育的效果，并提供对教育内容和方法改进的见解。通过不同维度的评估，高校可以获得关于其思想政治工作有效性的全面理解。问卷调查的有效性在于其能够提供广泛的视角，学生的反馈可以揭示课程内容和活动对他们思想观念和行为的实际影响；教师的观点能为高校提供对教学方法和课程安排的专业评估；管理人员的反馈有助于高校改善教育资源的配置和政策环境。

通过分析问卷调查结果，高校可以识别思想政治教育的关键强项和潜在改进领域。这些信息不仅有助于调整和优化课程内容和教学方法，还能指导资源的分配和政策的制定。总体而言，问卷调查法为高校提供了一个简便、有效的工具，以评估和提高其思想政治教育工作的质量。

二、行为观察法

行为观察法作为高校思想政治工作评价的一种重要手段，为评估学生在思想政治教育中的实际表现提供了一种直观而深入的方式。这种方法通过观察学生在课堂和课外的行为表现，来评估思想政治教育的实际效果。与传统的问卷调查和测试不同，行为观察法侧重学生行为的实际表现和变化，其能够为高校提供更为具体和生动的评价信息（图6-2）：

图6-2　行为观察法

（一）观察的重点

在课堂环境中，行为观察法关注学生对教学内容的反应，他们在讨论中的参与情况，以及课堂互动的质量。这包括学生在课堂上的主动性、对讨论主题的兴趣，以及与教师和同学的互动方式。通过这种观察，教师可以了解到哪些教学方法有效，哪些主题能够激发学生的兴趣，增加学生的参与度。在课外活动中，行为观察法则专注于学生参与各类政治教育活动的情况，如讲座、研讨会或社会实践。观察员会评估学生对这些活动的参与程度、热情以及从中得到的经验。这种观察有助于判断思想政治教育在课外的延伸效果，比如学生是否能将课堂所学应用于现实生活，以及他们对社会问题的态度和理解。

行为观察法的优势在于其能够提供关于学生实际行为的直接信息，这比单纯的自我报告或问卷调查更能反映学生的真实想法和参与度。通过综合评估学生在课内外的表现，高校能够对思想政治教育的有效性作出更全面的评价。这不仅有助于发现教育过程中的问题，还能够指导教师和管理者改进教学方法和策略，以提高思想政治教育的整体质量和效果。

（二）观察方法的多样性

行为观察法在实施时可以采用多种方法，常见的方法包括直接观察、视频记录和同行评审等。

直接观察是最基础的行为观察方法，通常由教师或评估人员在课堂或课外活动中实施。在这种情境下，观察者会关注学生的行为、表情、参与度和互动方式。直接观察的优势在于其即时性和直观性，观察者可以根据实时发生的情况做出评估和记录。视频记录是指通过录制课堂或活动场景，允许评估人员在事后进行更为细致和长时间跨度的分析。视频记录不仅可以使观察者捕捉到更多细节，还允许多次回放和进行不同角度的观察，从而使观察者获得更丰富的数据。这种方法尤其适用于需要详细分析特定行为模式或互动模式的情况。同行评审是一种互动性强的观察方法，在这个方法中，学生被邀请参与评价过程，相互观察并提供反馈。这种方法不仅有助于增加学生的参与感，还有助于培养他们的批判性思维和自我反思能力。通过同行评审，学生可以从同伴的视角了解自己的行为表现，并在此基础上进行自我改进。

在实际应用中，这些方法往往被综合使用，以提高评价的全面性和准确性。例如，在直接观察的基础上辅以视频记录，可以确保观察结果的客观性和可靠性。同行评审的加入可以增加评价的互动性和参与性，使评价过程更加生动和有效。通过这些多样化的观察方法，高校能够多角度、多层次地评估其思想政治教育工作的实际效果。这不仅有助于高校发现并改进教育过程中的问题，还能够促进学生的主动参与和自我发展。

（三）观察数据的分析和应用

观察数据的分析和应用涉及对收集到的行为数据进行细致的审视，以从中提取有意义的信息，这些信息不仅有助于评估思想政治教育的当前效果，还能为未来的教学和教育活动提供指导。

教师通过行为观察法所收集的数据通常非常丰富，包括学生在课堂和课外活动中的行为模式、参与度以及反应。这些数据需要通过详细的分析来识别重要的行为模式和变化趋势。例如，评估人员可能会发现，在讨论特定政治话题时学生的参与度特别高，或者在采用某种教学方法时学生的互动和讨论更加活跃。这样的发现能够揭示哪些教学内容或方法对学生产生了积极影响，以及哪些方面可能需要改进。对行为观察数据的分析还可以帮助教师和教育管理者理解学生对思想政治教育的整体态度和反应。通过关注学生的行为变化，教师可以更好地调整他们的教学策略，以提高学生的参与度和学习效果。这些信息也对于学校制定或调整思想政治教育相关政策和计划至关重要。

行为观察数据的分析结果被用作反馈能够不断改进教育实践。这种反馈不仅可以直接应用于教学活动的改进，还可以帮助学生提高自我认识，激励他们更加积极地参与学习过程。通过持续的反馈和改进，高校能够确保其思想政治教育活动不断适应教学的需要。

三、专家评审法

专家评审法为高校提供了一个重要的外部视角，有助于全面提升思想政治教育的质量和效果。通过有效利用这一方法，高校不仅可以改进现有的教育实践，还可以为未来的发展规划提供有力的支持。

专家评审法的核心在于利用专家的专业知识和经验进行客观评价。这些专家通常具备深入的思想政治教育理论背景和丰富的实践经验，能够从多个维度对高校的思想政治工作进行全面评估。评审的范围广泛，涵盖了教学内容、课程设计、教学方法、学生反馈和教育效果等多个方面。专家的评估旨在识别教育活动中的优势和不足，为高校提供具体的改进建议，帮助高校改进思想政治教育策略。在实施专家评审时，高校需要确保评审过程的透明性和公正性。这包括明确评审标准、保证评审过程的公开性，并确保评审结果能够被高校管理层和教育工作者有效接收和应用。在评审过程中，专家会基于自己的专业视角，对高校现行的教学策略和课程内容进行深入分析，他们可能会关注课程内容的时代性和实用性、教学方法的创新性以及学生参与度和反馈。专家的反馈和建议对于高校来说极具价值，专家可能会提出课程内容更新的建议，或是针对如何提高教学效果提出新的思路。例如，他们可能会建议引入更多互动式教学方法，或是提出将更多现实案例融入课程，以提升学生的学习兴趣和实际应用能力。专家评审法也有助于高校与外部学术和教育界建立联系，这对于促进教育创新和改进具有重要意义。专家的见解和建议可以帮助高校跟上教育领域的最新发展，确保其思想政治教育内容和方法与时俱进。

四、数据分析法

数据分析法为高校提供了一个强大的工具，以科学和客观的方式评估思想政治教育的效果。这种方法的应用有助于高校在教学内容、方法和资源分配等多个方面作出更有效的决策，从而不断提升思想政治教育工作的质量和效果（图6-3）：

图 6-3　数据分析法

（一）数据收集

数据收集作为数据分析法的首要步骤，在高校思想政治评价工作中扮演着至关重要的角色。这一过程不仅关注收集数量上的数据，如学生的考试成绩和出勤记录，还关注质性的数据，如学生对课程的满意度调查和对政治活动的参与反馈。这些数据从不同角度反映了学生在思想政治教育中的表现和反映，为后续的分析提供了丰富的信息源。

在收集这些数据时，高校需要确保其覆盖面广泛且具有代表性。例如，学习成绩数据应涵盖不同课程、不同年级和不同学生群体，以获得全面的教育效果评估。问卷调查则应设计得既能够捕捉学生对课程内容的看法，又能够反映他们对教学方法和整体学习体验的感受。高校还可以通过收集关于学生参与课外政治活动的数据来评估思想政治教育在培养学生社会参与和公民责任感方面的效果。这些数据的收集不仅能够帮助高校了解思想政治教育的当前状况，还能够为高校改进教育方法和策略提供基础。因此，高校需要采用系统化和标准化的方法来收集这些数据，以确保所收集的信息是准确和可靠的。

（二）基础数据处理

在数据收集完成之后，基础数据处理成为确保数据质量和分析准确性的关键步骤。这一阶段涉及对收集到的数据进行清洗、分类和预处理。例如，从问卷调查中获得的数据，可能需要进行编码和数字化处理，以便于后续的统计分析。数据清洗过程中需要识别和修正数据中的错误和异常值，如错误的学生答案、缺失值或不一致的数据记录。对于定量数据如学生成绩和参与度指标，基础数据处理包括将这些数据组织成易于分析的格式。这可能涉及将数据按照不同的类别（如年级、专业或教师）进行分组，或者创建数据汇总表和图表，以便于更直观地展示数据分布和趋势。

基础数据处理的目的是确保高校所收集的数据既准确又适合进行更深入的分析。这不仅有助于减少分析过程中可能出现的错误，还有助于提高数据分析的效率和有效性。通过精确的数据处理，高校能够确保其数据分析结果更具代表性和说服力，从而为思想政治教育工作的评估和改进提供坚实的基础。

（三）统计分析

统计分析在高校思想政治工作的评价方法中起着重要作用，高校工作人员通过应用各种统计工具和技术来深入理解收集到的数据。这一过程不仅帮助了高校量化思想政治教育的效果，还揭示了教育活动中潜在的趋势和模式。

在统计分析阶段，高校工作人员可以采用多种方法来处理数据：其一，相关性分析。这是一种探索不同变量间关系的方法。例如，分析学生的课堂参与度与其学习成效之间的相关性。这种分析有助于识别影响学生学习成果的关键因素，从而为改进教学方法和课程内容提供依据。其二，回归分析。回归分析用于评估一个或多个自变量（如教学方法）对因变量（如学生成绩）的影响。通过这种方法，高校可以评估特定教学策略或课程设计的有效性，并识别哪些因素对学生的学习成效有显著影响。其三，趋势分析。趋势分析关注数据随时间的变化，帮助高校识别在思想政治教育效果上的长期变化趋势，这包括学生对思想政治课程的态度变化、参与度的趋势，或者不同年级学生的表现变化。其四，聚类分析。聚类分析能够将数据分为不同的组或类别，基于学生的表现或反馈将他们分组，从而使教师更深入地了解不同群体的需要和反应。

进行这些统计分析后，高校能够从数据中提取有价值的见解，这些见解对于评估思想政治教育的有效性和针对性至关重要。分析结果能够揭示哪些教育方法和策略最为有效，哪些领域需要进一步改进和调整。

（四）结果解读和应用

统计分析之后的一个关键步骤是结果的解读和应用。这个过程确保了数据分析的成果能够转化为实际的教育改进措施。解读统计分析结果需要专业知识和经验，以确保高校教师正确理解数据所表达的含义。

解读过程中要考虑数据分析的局限性和背景。例如，分析结果可能受到样本大小、数据收集方法或外部因素的影响。因此，解读数据时需要谨慎，确保结论是在合理假设和科学方法的基础上得出的。解读完成后，高校需要将这些分析结果应用于实际的教育改进。例如，如果数据显示某种教学方法与学生参与度和满意度相关，学校可能会鼓励教师采用这种方法；如果数据揭示了学生对某些课程内容的兴趣不高，学校可能需要调整课程设置或为学生提供更多相关的辅助材料。数据分析的结果还应用于制定或调整教育政策。学校管理层可以根据这些结果调整资源分配，优化课程结构，甚至改变教学重点。持续地监测和改进是数据分析法的重要组成部分，学校应定期重新评估其教育策略，并根据最新的数据分析结果进行调整。这种循环过程确保了思想政治教育活动能够不断适应学生的需求和社会的发展。

五、案例研究法

案例研究法涉及对特定事件或实例的深入研究，能够为教师提供对教育策略的实际效果和影响的深入理解。案例研究法的特点在于它能够提供关于特定情境下的详细见解，这对于高校教师理解和改进思想政治教育策略至关重要。

在高校环境中，案例研究可以专注一个特定的教学案例、学生的学习经历，或是一个特定的教育活动。例如，研究者可能选择分析一次特别成功的课堂讨论，或是针对某个政治事件的学生项目。通过深入探讨这些个案，案例研究能够揭示影响学生学习和参与的各种因素。案例研究法的另一个重要特点是它能够揭示教育活动背后的原因和背景，这种方法不仅关注结果，还致力帮助研究者理解导致这些结果的过程和条件。例如，研究者能够探究为何某种教学方法在特定情境下特别有效，或为何某个课程设计能够激发学生的高度参与。

案例研究通常是定性研究的一种形式，它侧重深入地描述和分析。这种方法的优势在于它能够提供关于复杂教育现象的详细和全面的理解。它允许研究者探讨教育活动的各个方面，包括教师的教学策略、学生的反应和感受，以及教育环境的具体细节。案例研究的结果对于改进思想政治教育具有直接的实用价值。通过对特定案例的深入分析，高校可以识别哪些教育策略有效，哪些需要改进，以及如何调整教育方法以更好地满足学生的需求。案例研究还可以为高校教师未来的教育研究和实践提供有价值的见解。

第三节 高校思想政治工作评价的实施与反馈

本节深入探讨了评价实施与反馈的关键环节，包括定期评价、评价结果公开透明、建立有效反馈系统、持续地改进和优化以及构建监督和责任机制。这些环节共同构成了高效执行思想政治工作评价的基础，不仅确保了评价活动的有效性，也为未来的教育活动提供了持续的改进机会。通过这些措施，高校能够更好地评估其思想政治教育工作的影响，并根据反馈调整和优化教育策略。

一、定期评估

在新时代高校思想政治工作中，定期评估是确保工作有效性和提升教育品质的关键环节。定期评估的实施对于高校思想政治工作具有多重重要意义。

定期评估可以帮助高校及时了解思想政治教育活动的执行情况和效果。通过对教育活动进行定期的检查和评估，教育工作者可以全面掌握教育内容的传达效果、学生的接受度和反馈情况。这样的评估不仅是对高校过去工作的总结，更是对高校未来工作方向和方法的指导。定期评估有助于高校及时发现问题并进行调整。在评估过程中，高校教师可以识别出哪些教育策略有效，哪些需要改进，这对于高校不断优化思想政治工作的内容和形式至关重要。例如，如果发现某些教育方法对学生的思想启发效果不佳，就可以及时调整教学策略，采用更加有效的方法。定期评估还能增强高校思想政治工作的透明度和公信力。通过公开评估结果，高校可以向社会各界展示其思想政治教育工作的努力和成果，增强社会对高校思想政治工作的信任和支持。

为了实施有效的定期评估，高校需要建立科学的评估体系。这个体系应当包括明确的评估标准、合理的评估周期和多元化的评估方法。例如，可以设立定量和定性相结合的评估标准，定期通过问卷调查、访谈、观察等多种方式收集数据，对思想政治工作的效果进行全面评估。

二、评价结果公开透明

确保高校思想政治工作评价结果的公开透明对于提升教育效果、增强社会参与和信任至关重要。在新时代的教育环境中，评价结果的公开透明有助于构建更加公正、包容和动态的学习和教学环境，是实现教育公平和质量提升的关键因素。

评价结果的公开透明有助于提高教育过程的透明度，使所有利益相关者，包括学生、教师、管理人员以及社会公众，都能对高校的思想政治教育工作有更深入的了解。这种透明度能够增强所有参与者对教育过程的认同感，提升他们对教育质量的信心。为了实现评价结果的公开透明，高校需要采取一系列措施。第一，必须确保信息的准确性和时效性。评价结果应及时更新，确保所有相关方都能够访问最新的信息。第二，需要建立一个全面的通信渠道，确保信息能够有效地传达给所有利益相关者。这可能包括利用学校网站、社交媒体、电子邮件通信、校园广播等多种手段。第三，应确保所有利益相关者具有平等的信息访问权。这意味着所有学生和教职员工，无论其技术能力如何，都能够轻松访问评价结果。这可能需要高校投入额外的资源来支持那些可能不具备必要技术技能的学生和教师，确保他们能够平等地参与评价过程。

三、建立有效反馈系统

在高校思想政治工作中，建立有效的反馈系统是至关重要的，确保了教育活动和策略能够持续适应学生和社会的需求。有效的反馈系统可以提高教育质量，促进学生发展，加强学校内部的沟通和协作（图6-4）：

图6-4　建立有效反馈系统

（一）反馈系统的构建目标

高校需要构建一个涵盖教学方法、课程内容、学生参与度、校园文化等各个方面的全面反馈系统。这样的系统不仅关注教育过程的各个方面，还涉及教育的各个层面，从具体的课堂教学到更广泛的校园文化和制度。反馈系统应鼓励和容纳来自学生、教师、管理人员及其他教育工作者的意见。这种多元化的反馈来源可以确保高校获得不同视角的宝贵意见，有助于提高决策和实施的有效性。该系统的主要目标是提供一个沟通平台，通过这个平台，所有利益相关者可以自由地提出对高校思想政治工作的见解、建议和批评。目标的明确性确保了反馈系统在收集和处理信息时的针对性和效率。反馈系统应该是开放和包容的，鼓励各方积极参与，尤其是鼓励那些通常不易被听到声音的群体发言，如边缘群体、少数群体等。

（二）多元化反馈渠道的设置

为了确保全面和有效地反馈，高校应设置多种反馈渠道，包括在线调查、定期评估会议、开放论坛、面对面访谈和匿名建议箱等。

在线调查是一种高效的方式，可以快速收集大量数据。高校可以利用这种方式定期向学生、教师和其他员工发放关于思想政治工作的调查问卷，以收集他们的意见和建议。定期评估会议是指邀请各方利益相关者参与对高校思想政治工作的评估，包括学生代表、教师和行政管理人员。这些会议可以是面对面的，也可以是虚拟的，重点是提供一个开放的讨论平台。开放论坛可以是实体的也可以是在线的，鼓励学生和教职员工就思想政治教育的各个方面进行开放式的讨论和交流。安排定期的面对面访谈，尤其是针对那些可能不愿在公开环境中表达意见的人群。这种方法可以提供更深层次的见解和反馈。在校园内设置匿名建议箱，有利于学生和教职员工自由地表达他们的意见，尤其是那些敏感或具备争议性的观点。

通过结合这些不同的反馈渠道，高校可以从多个角度和层面获得关于其思想政治工作的宝贵信息，有助于高校更全面地了解其影响和效果，并据此进行适当的调整和改进。

（三）反馈的分析和应用

在高校思想政治工作中，有效地分析和应用反馈是至关重要的。这一过程可以分为几个关键步骤：

第一步，收集和整理反馈数据。高校需要收集来自不同渠道的反馈，并对这些数据进行整理和分类。这可能包括定量数据（如调查问卷的统计结果）和定性数据（如面对面访谈中的意见）。第二步，深入分析。高校要对收集的数据进行深入分析，以识别其中的模式和趋势。这包括识别思想政治工作的优势和弱点，评估现有策略的有效性，以及识别可能的改进机会。第三步，制定改进策略。这是指高校要基于分析结果，制定具体的改进策略。这可能包括调整教学方法，更新课程内容，或改变学生参与的方式。制定改进策略的关键在于确保这些策略能够针对性地解决分析过程中识别出的问题。第四步，实施和监测。将改进策略付诸实践，并设置明确的监测机制来跟踪这些变化的效果。这可能包括设定特定的指标和目标，以及定期评估改进措施的影响。第五步，反馈循环。这是指高校要将分析和应用过程视为一个持续的循环。这意味着高校要不断收集反馈。这是指高校要评估实施的策略，并根据需要进行调整，以形成一个自我完善和不断进步的教育环境。

四、持续改进和优化

持续改进和优化是一个动态的、持续的过程，它要求教育工作者不断反思、评估和调整教育实践，以确保高校思想政治教育活动始终符合学生的需求和社会的发展。

持续改进的基础在于对思想政治工作进行全面和深入的评估，这包括定期检查教学方法、课程内容、学生参与度、教学效果等多个方面。评估不仅要关注成果，也要关注过程，以确保教学活动的每个环节都能达到预期目标。评估还应包括教育工作者对教育工作环境和资源配置的考察，以确定是否存在优化空间。评估结果的分析是持续改进的关键。通过对评估数据的细致分析，教育工作者可以识别出教育活动中的优势、弱点、机会和挑战。例如，如果发现某些教学方法或课程内容未能引起学生的兴趣，就需要对其进行调整或改革。分析结果应被用来指导高校未来的教育策略和实践，以提高教育效果和学生满意度。

基于评估和分析的结果，持续改进还需要实施具体的优化措施，这可能包括更新教学内容、引入新的教学技术、改进学生参与方式、加强师资培训等。改进措施应具体、可行，并配有明确的时间表和执行计划，这些措施应根据学生和教师的反馈进行调整，以确保它们的有效性和适应性。持续改进还要求高校建立一个开放、透明的沟通渠道。这意味着教育管理者、教师和学生应能够自由地交流意见和建议，且这些意见应被认真考虑和纳入改进措施。开放的沟通有助于培养教育工作者和学生之间的信任，也有助于增加教育活动的透明度和责任感。持续改进还需要定期复审和调整。随着时间的推移和社会环境的变化，之前实施的改进措施可能不再适应新的需求。因此，高校需要定期回顾和评估改进措施的效果，并根据最新的评估结果进行必要的调整。

五、构建监督与责任机制

在高校思想政治工作中，构建有效的监督与责任机制至关重要。这一机制不仅保证了工作的质量和效果，还增强了整个流程的透明度和责任感。以下是构建监督与责任机制的关键方面：其一，明确责任分配和角色界定。在高校思想政治工作中，需要明确各个参与者的责任和角色，包括教师、行政人员、学生及其他相关人员。每个人的职责、期望成果和工作标准应该清晰明确，以保证思想政治工作的有序进行。其二，建立全面的监督体系。高校应建立一个全面的监督体系，覆盖思想政治工作的所有方面。这个体系应包括对教学内容、教育方法、教师表现和学生参与度等方面的监督。这样的体系能确保工作的每个环节都符合既定标准和目标。其三，规范化反馈和评估流程。高校应制定规范化的反馈和评估流程，包括定期的自评、互评和来自各利益相关者的评价。这些反馈应该用于指导和改进未来的工作，并且应该是建设性的，以便形成一个持续自我完善的教育环境。其四，透明度和公正性的保证。在执行监督与责任机制时，保证该机制的透明度和公正性至关重要。所有评估标准、过程和结果应对所有利益相关者公开，以提高工作的信任度和有效性。通过这些措施，高校可以确保思想政治工作的有效性和质量，增强整个系统的透明度和责任感。这些机制的实施对于保证高校思想政治教育活动始终符合学生需求、社会发展趋势和教育目标至关重要。

第七章 高校思想政治工作的发展趋势

第一节 高校思想政治工作精准化

高校思想政治工作在适应时代变革和学生需求的多样性方面，正经历着重要的转型。精准化不仅意味着高校要对学生群体有更深入的了解和分析，也指向了教育策略的个性化调整和优化。通过精准化的思想政治工作，高校能够有效提升思想政治教育的针对性和实效性，以满足不断发展的教育需求。

一、面向不同学生群体的精准教育

面向不同学生群体的精准教育在高校思想政治工作中扮演着至关重要的角色。通过这种方法，高校不仅能够满足学生的个性化需求，还能够培养出更加全面、有能力和有责任感的毕业生。这种教育方式的实施，对于提高教育质量和学生满意度具有深远的意义。精准教育的核心在于识别并响应学生的个性化需求。在高校背景下，这涉及对学生的学术兴趣、文化背景、学习能力和个人发展目标的深入理解。这种教育方法旨在为学生提供更加个性化、针对性强的学习体验，以促进每个学生的全面发展（图7-1）：

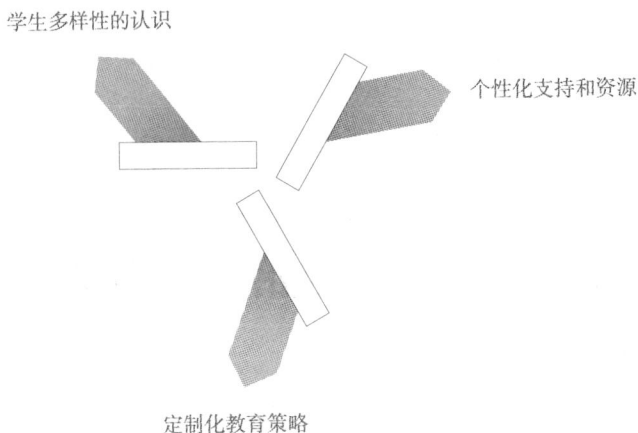

图7-1　面对不同学生群体的精准教育

（一）学生多样性的认识

理解和适应学生多样性对于高校思想政治工作的成功至关重要，这不仅涉及教育内容和方法的多元化，还包括为学生提供个性化的支持和资源。通过这种精准化的教育方法，高校能够更有效地满足学生的不同需求，促进他们的全面发展，培养具有社会责任感和批判性思维的公民。

学生的多样性意味着他们带着不同的经历和观点进入课堂。这种多样性可能是基于文化差异，如不同的语言习惯、传统和价值观；也可能是基于不同的社会经济背景，如家庭经济状况和教育资源的可获取性。学生的个性、兴趣和职业目标也各不相同。例如，一些学生可能对政治理论感兴趣，而另一些学生可能更关注社会实践和应用。在思想政治教育中，这种多样性要求教育者采用多元化的教学方法和内容。教育者需要开发出能够满足学生不同学习风格和兴趣的教学材料。例如，对于理论性较强的内容，教师可以通过案例研究、实际应用和互动讨论等方法来增强学生的学习兴趣；对于来自不同文化背景的学生，教师应考虑包含多元文化视角的教学材料和例子，以增强教育的相关性和包容性。

（二）定制化教育策略

定制化教育策略通过个性化的课程设计和灵活的教学方法，为高校思想政治工作提供了一种有效的教育模式。这种策略不仅能够提高教育内容的相关性和吸引力，还能够满足学生多样化的学习需求，促进他们的全面发展。通过这种方法，高校能够更有效地实施思想政治教育，培养学生的批判性思维、社会责任感和终身学习的能力。个性化课程设计注重根据学生的具体需求和兴趣定制教育内容，这包括为拥有不同兴趣和背景的学生群体提供专门的课程和活动。例如，针对一些对政治理论特别感兴趣的学生，教师可以设计深入探讨政治理论的研讨会；而对于更倾向实际应用和社会实践的学生，教师则可以提供与当前社会问题相关的项目式学习机会。

这种定制化的方法使教育内容更具相关性和吸引力，因为它直接回应了学生的个人兴趣和职业发展需求。个性化的课程也有助于培养学生的自主学习能力，鼓励他们深入探索自己感兴趣的领域。

灵活的教学方法强调采用多样化的教学技巧来适应不同学生的学习风格，如小组讨论。通过小组讨论，学生可以在互动的环境中分享观点，培养批判性思维和沟通技巧。又如项目式学习，通过实际项目，学生可以将理论知识应用于实践，增强学习的实用性和参与感。这些教学方法的多样化不仅能够满足不同学生的学习需求，还能够提升他们的参与度和学习动力。通过灵活多变的教学方法，教育者能够更有效地传达思想政治教育的核心价值和知识，也能够激发学生的学习热情和创造力。

（三）个性化支持和资源

通过个性化支持和资源，高校能够更有效地回应学生的不同需求，促进他们的整体发展，使他们取得学术成就。这些支持措施不仅有助于提高学生的学习效果，还能促进他们的心理健康和职业准备，从而为他们未来的成功奠定坚实的基础。

高校需要识别和理解特定学生群体的独特需求，以便为他们提供适当的支持，包括为残障学生提供必要的物理设施和学习资源，如无障碍教室、特殊学习材料和技术支持；还需为他们提供个性化的学习计划和辅导，以确保这些学生能够平等地参与教育活动。针对低收入家庭的学生群体，高校可以提供经济援助、奖学金和工作学习计划，以减轻他们的经济负担；还可提供学习材料和资源的补助，以确保他们在学习资源上不受限制。这种特定的支持有助于创造一个更加公平和包容的学习环境，使所有学生都有机会成功。为了帮助学生应对学习和个人发展中的挑战，高校应提供全面的咨询服务，包括以下三项：其一，心理咨询。高校要为学生提供专业的心理健康支持，帮助学生应对学习压力、人际关系和个人问题。这不仅有助于学生的心理福祉，还能促进他们的学术成就。其二，职业规划。高校要为学生提供职业发展咨询和指导，帮助学生明确职业目标，规划未来的学习和职业道路，包括简历写作、面试技巧培训和职业探索研讨会。其三，学术指导。高校要为学生提供学术辅导和建议，特别是对那些在学术上遇到困难的学生，包括提供辅导课程、学习技巧研讨会和个别辅导。

二、教育资源的精准分配与优化

教育资源的精准分配与优化是提高高校思想政治工作效率和效果的关键。它要求高校对现有资源进行合理规划、分配和优化，以确保所有学生都能获得必要的支持和机会，特别是那些来自不同背景或具有不同需求的学生（图 7-2）：

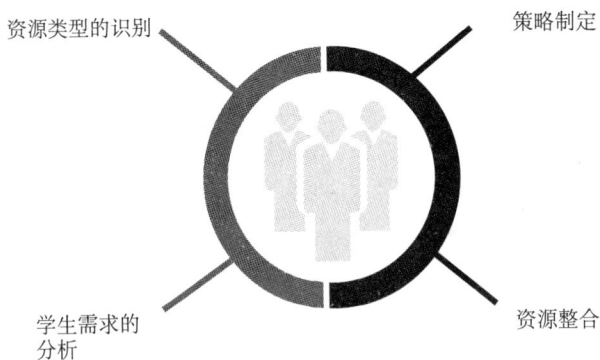

图 7-2　教育资源的精准分配与优化

（一）资源类型的识别

高校的教育资源广泛而多样，包括物理设施如教室、实验室、图书馆等，这些是传统的学习空间，为学生提供了必要的环境支持。除此之外，教材、在线课程资料、多媒体内容等构成了学习材料的主要部分，它们是知识传递和学习的核心媒介。在现代教育环境中，技术工具如在线学习平台、交互式学习应用程序和其他数字资源也变得极为重要，它们不仅帮助学生增强了学习体验，还扩展了教育的可能性。教育资源还包括辅导和咨询服务，这些服务支持学生的学术成长、心理健康和职业规划。这类资源对于满足学生的个性化需求尤为关键，尤其是在思想政治教育中，它们可以帮助学生更好地理解和吸收复杂的概念，处理学习过程中遇到的挑战。

理解不同资源的特性对于精准地满足学生需求至关重要。例如，实验室和技术工具更适用于那些需要实践操作的学习活动，而传统教室和教科书可能更适用于理论学习。每种资源都有其独特的优势和局限性，因此，高校在规划资源使用时，需要考虑这些因素，以确保资源的有效利用。

（二）学生需求的分析

对学生需求的细致分析是实现高校思想政治工作精准化的关键步骤。这不仅涉及收集和分析学生的反馈，还包括识别不同群体的需求差异。这种分析使高校能够更好地理解学生的需求，从而做出更有针对性的决策，确保思想政治教育资源的有效利用，并最大化其教育影响。

进行定期的需求调研可以帮助高校深入了解学生对思想政治教育资源的实际需求。这些调查可以采用问卷、访谈、小组讨论等多种形式进行，以收集学生对课程内容、教学方法、辅导服务等的反馈和建议。这些数据不仅能够帮助高校了解学生的需求，还能揭示学生的兴趣点、学习障碍和期望，从而为资源分配提供有价值的指导。

不同学生群体在资源需求上存在显著差异，这种差异可能基于学科背景、文化背景、学习风格等因素。例如，理工科学生可能更倾向实践和应用型的学习资源，而文科学生可能更偏好理论和讨论式的学习环境。来自不同文化背景的学生在理解和接受思想政治教育内容时也可能有不同的方式和需求。通过识别这些差异，高校可以更精准地调整和优化资源分配，以满足不同学生群体的需求。

（三）策略制定

在高校思想政治工作精准化中，策略制定需要综合考虑学生的具体需求和教育目标的长远规划。通过设定明确的优先级和保持资源分配的动态性，高校能够更有效地利用有限的资源，更好地支持学生的学习和发展。

优先级设定的目的是确保最紧迫和重要的需求得到优先满足。在高校的思想政治教育中，需要识别哪些教育资源对学生的学习和发展最为关键。例如，对于刚入学的新生，思想政治理论课程和初级辅导可能更为重要；而对于即将毕业的学生，职业规划和实习机会可能更加紧迫。高校要确定哪些学生群体最需要额外的支持。例如，成绩较低或社会适应能力较弱的学生群体，可能需要更多的辅导和心理支持。动态分配策略的核心在于灵活应对学生需求和教育目标的变化，这需要定期评估学生的需求和反馈，确保资源分配能够及时反映这些变化。例如，随着新技术的出现和新的教育理念的发展，高校教师可能需要更新教学工具和方法。此外，高校还需要调整资源分配以适应教育目标的演变。例如，如果高校决定加强对学生创新能力和批判性思维的培养，可能需要增加对相关项目和活动的投入。

（四）资源整合

资源整合包括跨部门合作和社会资源的利用，是提高高校思想政治工作效果的关键。通过内部资源的有效整合，高校可以更好地满足学生的学习和发展需求；积极利用外部资源能够拓宽学生的视野，为学生提供实际的学习和实践机会，从而增强思想政治教育的实际影响力。

高校内部的不同部门如图书馆、教学部、学生事务部，各自掌握着丰富的资源。通过跨部门合作，高校内部可以实现资源共享，从而提高资源的使用效率，实现教育效果。图书馆可以与教学部合作，共同开发和提供具有针对性的学习材料和研究工具；学生事务部可以与教学部协作，开发综合的学生发展计划，包括学术辅导、职业规划和个人成长等方面；教育技术部门可以与各学院合作，共同开发适合在线和混合学习的课程内容和平台。除了内部资源，高校还可以积极利用校外资源，包括政府机构、非政府组织、企业等提供的教育资源和机会。这种合作不仅可以丰富教育内容，还可以为学生提供实际的学习和实践机会。高校可以与政府部门合作，为学生提供关于公共政策和行政管理的实习机会和研究项目；可以与非政府组织合作，开展社会服务和社区参与项目，增强学生的社会责任感和公民意识；还可以与企业合作，为学生提供实践实习机会，让学生在真实的工作环境中运用他们的知识和技能。

第二节　高校思想政治工作智能化

在数字化时代的浪潮中，高校思想政治工作正经历着一场革命性的变革。智能化不仅是一种技术趋势，更是高校思想政治教育创新的重要方向。这一转变意味着高校能够利用先进的信息技术，如人工智能、大数据分析和互联网平台，来提升教育的效果和效率。智能化的推进不仅增强了教育内容的互动性和可及性，还为高校的教育方法和管理带来了深刻的变革。

一、信息技术在思想政治工作中的应用

当今时代，信息技术的迅速发展已深刻影响教育领域，尤其在高校思想政治工作中，信息技术的应用正成为一个重要的趋势。这一趋势不仅提高了高校教育工作的效率和质量，还为高校的思想政治教育开辟了新的可能性（图7-3）：

图 7-3 信息技术在思想政治工作中的应用

（一）教育内容的数字化和互动化

数字化的教育内容不仅仅是将传统教材转换成电子格式，更是关于如何利用技术创新来激发学生的学习兴趣。例如，通过增强现实和虚拟现实技术，学生可以体验到更生动和现实的学习场景，如历史事件的虚拟重现，增强了他们对学习内容的认知和理解。在线平台的发展也使互动式学习变得更加便捷。通过实时在线问答、互动式视频教程、模拟政治决策游戏等，学生可以在虚拟环境中实践和检验他们的理解和技能。这些工具不仅提高了学习的趣味性，也使教育过程更加吸引人。

数字化和互动化教育的一个关键优势在于其灵活性。学生可以根据自己的学习节奏和风格进行学习，这对于满足不同学习需求的学生来说尤其重要。教师还可以根据学生的反馈和进展实时调整教学内容，使教育更加个性化和高效。

（二）数据驱动的教学方法

数据驱动的教学方法在高校思想政治工作智能化的过程中发挥了关键作用。这种方法依赖大数据分析和信息技术，通过详细分析学生的学习数据来优化教学策略和提升教育效果。

数据驱动的教学方法主要包括以下关键方面：其一，个性化学习路径的设计。通过分析学生的在线行为、测试成绩、参与讨论的频率等数据，教师可以识别每位学生的学习风格和需求。这些信息有助于教师设计个性化的学习计划，从而提供更符合学生需求的教学内容和活动。例如，对于理解能力强但参与度不高的学生，教师可以增加互动性强的活动来提升其参与度。其二，学习成效的即时反馈。数据驱动的教学允许实时监控学生的学习进度和理解程度。通过自动化测试和评估，教师可以及时了解学生对特定概念的掌握情况，从而及时调整教学内容和方法。这种反馈机制有助于及时纠正学生的错误，确保教学效果。其三，预测分析和风险管理。利用历史数据和学习模式，数据驱动的方法可以预测学生可能遇到的困难和挑战。这种预测能力使教师能够预防性地调整教学策略，如针对可能的学习障碍提前准备辅助材料。其三，课程内容和教材的优化。通过分析学生对不同教学内容的反应，教师可以识别哪些主题或材料最有效，哪些课程内容需要改进。这种分析还可以揭示教学方法的有效性，帮助教师在未来的课程设计中做出更明智的选择。其四，增强学生参与度和动机。数据驱动的教学方法也可以用来增强学生的学习动机。通过分析学生的参与数据，教师可以识别哪些活动更能激发学生的兴趣，并相应地调整教学计划。这种方法有助于提高学生的参与度，从而提高学习效果。其五，适应性学习技术的应用。适应性学习技术，如智能教学系统，可以根据学生的学习进度和表现自动调整教学内容。这些系统通过分析学生的互动和反馈，为学生提供定制化的学习体验，有助于加强高校思想政治教育的针对性和有效性。

（三）丰富的教学资源

信息技术的应用在高校思想政治教育中开辟了丰富的教学资源，极大地扩展了学习材料的范围和深度。

网络资源库为学生提供了广泛的学习材料，包括电子书籍、学术论文、案例研究等。这些资源库通常涵盖广泛的主题和观点，使学生能够在思想政治教育中接触到多元化的内容。这种多样性不仅丰富了学生的学习材料，还有助于培养学生的批判性思维和独立分析能力。在线课程和视频讲座为学生提供了灵活的学习方式，在这种学习方式下，学生可以根据自己的时间安排和学习节奏进行学习，提高学习的可及性和便利性。在线课程通常结合了视频、音频、文本及互动元素，为学生提供了丰富的学习体验，有助于提高学生的参与度和学习效果。通过虚拟实验和模拟环境，学生可以在安全的虚拟空间中模拟现实世界的政治、经济和社会现象。这种互动式学习方式能够增强学生的实践经验，促进理论知识与实际情境的结合。通过网络平台，学生可以接触到来自全球各地的不同观点和思想，这有助于拓宽他们的国际视野，加强他们的文化理解。多元化的观点和思想有助于学生更全面地理解和分析政治和社会问题。

（四）灵活的学习方式

在线学习平台和移动学习应用的发展，为学生提供了灵活的学习方式。在线平台能够根据学生的学习进度和能力提供个性化的学习内容和资源。例如，通过智能推荐系统，学生可以接触到与其兴趣和学习水平相匹配的材料。这种个性化的方法有助于提高学生的学习动力和效果。在线和移动学习平台允许学生根据自己的日程安排学习，这对于兼顾学习和其他日常活动的学生尤其重要。这表明学生可以在任何时间、任何地点访问学习材料，有效地利用零碎时间进行学习。在线学习平台为学生提供了各种形式的学习材料，如视频教程、互动测验、讨论板等，能够满足不同学习风格的学生需求。这种多样性不仅增加了学生学习的趣味性，还提高了学生的参与度和学习效率。智能化学习系统能够为学生提供即时的学习反馈和评估，帮助学生及时了解自己的学习进展。例如，通过在线测验和作业系统，学生可以立即获得评分和反馈，从而更好地了解自己的学习状况。在线学习平台不仅支持自主学习，还鼓励学生进行协作学习。例如，通过和在线小组成员讨论项目，学生可以与同伴合作，共同完成学习任务，培养团队协作和沟通能力。

（五）促进远程教育和终身学习

信息技术还推动了远程教育和终身学习的发展。信息技术为不能亲临校园的学生提供了宝贵的学习机会。借助网络平台和数字工具，学生可以在家中或任何有互联网连接的地方参与在线课程和讲座。这种学习方式特别适合居住在偏远地区、有工作或家庭责任的学生，或者因其他原因无法参与传统教育形式的人群。信息技术的进步使在线课程和资源变得丰富多样，学生可以根据自己的兴趣、职业目标和学习需求，选择适合的课程。这些课程不仅涵盖各个学科领域，还包括了思想政治教育相关的内容，如社会科学、历史、哲学等。远程教育为学生提供了灵活的学习时间和节奏，他们可以根据自己的日程安排选择学习的时间，这对于需要平衡工作、家庭和学习的人尤其重要。这种灵活性有助于学生更好地掌握知识，减少因时间限制造成的学习压力。在当前快速变化的社会和职业环境中，终身学习已经变得至关重要。信息技术通过提供易于访问的在线课程和资源，使终身学习成为现实。不论年龄和职业阶段，人们都可以持续更新他们的知识和技能，以适应不断变化的社会和工作需求。远程学习平台通常提供互动元素，如论坛、在线讨论组和互动作业，以促进学生之间的交流。这些互动不仅加强了学生的学习体验，也帮助学生建立网络，与来自不同背景的同学交流思想和观点。

二、智能化教学平台

智能化教学平台是结合了先进的信息技术和人工智能的系统，旨在为学生提供一个更加互动、个性化的学习环境。这些平台可以根据学生的学习习惯、进度和表现自动调整教学内容和难度，从而为每个学生提供量身定制的学习体验。

智能化教学平台通过数据分析来了解每位学生的学习风格和需求。它们能够跟踪学生的学习进度、测试成绩和互动情况，从而为教师提供有关学生学习状况的详细反馈。这些信息可以用来生成个性化教学方法和学习材料，确保每位学生都能以最适合自己的方式学习。智能化教学平台通常会为学生提供各种互动工具，如虚拟现实和增强现实技术、模拟游戏和互动讨论板，这些工具不仅能够使学生的学习过程更加生动和有趣，而且能够增加学生的参与度，提高他们的学习动力。这些平台的一个关键特性是它们的适应性，平台可以根据学生的表现自动调整难度和内容，确保学生在掌握当前材料之前不会过渡到更高级的概念上。这种适应性学习方法有助于学生在自己的节奏下学习，减少挫败感，提高学习效率。

三、智能化管理与监测系统

智能化管理与监测系统在提升教育质量、优化资源分配、增强决策支持方面发挥着重要作用。

智能化管理与监测系统通过集成人工智能、大数据分析和云计算等先进技术，为高校管理提供全面的信息支持和数据洞察。这些系统能够实时跟踪学生的学习进度、参与度和表现，也能实时反馈教学活动的有效性和资源的使用情况。系统可以持续收集并分析来自各个渠道的数据，包括学生的在线学习行为、课堂参与情况和学习成果。通过实时监控，教育管理者可以及时了解教育活动的实际效果，及时调整教学策略和资源分配。

智能化系统通过分析学生的学习数据，为教师提供关于学生学习表现的深入见解，这包括学生的学习进度、难点掌握情况和学习成绩。基于这些数据，教师可以更有效地进行个性化指导和支持。利用机器学习和预测分析技术，系统能够预测学生的学习成绩和行为趋势，识别学生潜在的学习困难和挑战，这些预测有助于教育管理者和教师提前采取干预措施，如提供额外辅导或调整教学方法。智能化管理系统能够根据学生的需求和学习成果，优化教育资源的分配。例如，将更多资源投入需求较高的课程或活动中，或对教学设施和设备进行优化配置，以提高教育效率和资源利用率。

四、人工智能与虚拟现实等技术的创新应用

人工智能和虚拟现实等技术在高校思想政治工作中的创新应用，正日益成为推动教育现代化的重要动力。这些技术不仅增强了教育的互动性和吸引力，还为学生提供了更丰富、更深入的学习体验。

AI 技术可以创建自适应学习系统，这些系统能够根据学生的学习行为和进度自动调整教学内容和难度。例如，如果学生在某个主题上表现出困难，系统可以为其提供额外的资源和练习。AI 辅导系统还能够模拟人类教师的指

导，为学生提供即时的反馈和建议，这些系统通过分析学生的作业和测试答案，帮助他们识别错误并提供改进方法。VR 技术可以创建沉浸式的学习环境，使学生在虚拟空间中亲身体验复杂的社会政治场景或历史事件，这种沉浸式体验对于提高学生的理解和记忆非常有效。VR 还可以用于模拟社会政治实践活动，如模拟选举、立法过程或国际关系场景。通过这种方式，学生可以在安全、可控制的环境中学习并实践相关技能。AI 和 VR 技术的结合，可以为学生提供高度互动和个性化的学习体验。AI 驱动的 VR 环境能够根据学生的行为和反应动态调整，为他们提供定制化的学习路径。在 VR 学习环境中，AI 可以实时收集和分析学生的行为数据，为教师提供关于学生学习表现和参与度的深入见解；AI 还可以用于开发智能评估工具，这些工具能够自动评估学生的作业和考试，为教师提供及时和精确的反馈。在 VR 环境中进行的模拟实践活动，可以通过 AI 系统进行评估，以确保学生在实践活动中的表现达到预期的学习目标。

第三节　高校思想政治工作的未来展望

在未来的发展蓝图中，高校思想政治工作将迎来新的里程碑。随着社会的快速变化和技术的持续进步，高校思想政治教育面临前所未有的机遇和挑战。未来展望的核心在于如何创新方法、拓宽视野，同时保持思想政治教育的核心价值不变。高校需要适应这些变化，采取更加灵活和具有前瞻性的策略，以培养具有国际视野、创新精神和社会责任感的学生。在这一过程中，高校思想政治工作更加注重综合教育模式、全球视野以及持续创新。

一、综合教育模式

在未来的高校思想政治工作中，综合教育模式将发挥越来越重要的作用。这种模式注重跨学科学习，强调综合各个领域的知识与技能，以培养学生全面的素质和能力。

高校思想政治教育的未来发展将更加强调融合多学科内容，如结合政治学、经济学、社会学和心理学等设计课程。这种跨学科的课程设计有助于学生全面理解社会和政治现象，培养他们的综合分析能力。通过跨学科课程的学习，学生能够在不同学科间建立联系，促进创新思维的发展。例如，技术和政治学课程的结合可以帮助学生理解如何在科技发展中应对伦理和政策挑战。跨学科课程设计鼓励灵活性和适应性，使教育内容能够根据社会变化和学生需求进行调整。这种灵活的课程设计有助于高校应对快速变化的社会环境。

未来的思想政治教育将更多地将理论学习与社会实践相结合，如通过社区服务、社会调研、参与公共政策制定等活动，使学生能够将所学知识应用于实际问题解决。通过分析实际政治事件和社会问题的案例，学生可以更深入地理解理论知识，并学习如何在实际情境中运用这些理论。这种案例教学法有助于培养学生的批判性思维和解决问题的能力。在实践活动中，学生能够获取直接反馈，了解自己在理解和操作方面的不足。教师可以根据学生在实践中的表现，调整教学内容和方法，使教育更加符合学生的实际需求。

在未来的高校思想政治工作中，技术和全人教育的融合将成为一个重要趋势。随着信息技术的快速发展，特别是大数据、人工智能、虚拟现实等技术的应用，教育内容变得更加数字化和互动化。这不仅使学习资源变得更加丰富和多样，而且还提高了教育的可及性和灵活性。例如，通过在线学习平台和移动应用，学生可以根据自己的时间和进度进行学习，而教师则能够利用学生的在线学习数据来个性化地调整教学策略和内容。未来的高校思想政治教育将更加注重全人教育的理念。这意味着，教育不仅仅聚焦于知识的传授，更加关注学生情感、价值观和人格的培养。在这一背景下，心理健康教育、情感教育、文化和艺术教育等将成为思想政治教育的重要组成部分。通过这些教育活动，学生不仅能够获得知识和技能，还能够培养健康的情感态度、道德责任感和审美能力。未来的高校思想政治教育还将更加注重创新和灵活性。随着社会和技术环境的快速变化，教育内容和方法需要不断更新和改进，以适应这些变化。例如，将最新的社会问题和案例引入课堂，或者利用新兴技术如人工智能和虚拟现实来模拟社会实践活动，从而增强学生的实践经验和问题解决能力。

二、国际视野

在全球化的今天，国际视野成为衡量一个国家、一个民族乃至一个个体综合素质的重要标准。对于高校学生而言，培养国际视野意味着能够更好地理解世界，更加有效地参与国际事务和竞争。这不仅是对个人能力的提升，也是对国家软实力的贡献。

高校应加强与国际知名学府的合作，引入国际先进的教学理念和内容，丰富思想政治教育的课程体系。在课程设置方面，国际化不仅仅是增加一些国际政治或全球经济的课程，而是要在深度和广度上都进行创新和拓展。首先，国际化的课程内容不应局限于传统的政治和经济领域，还应包括国际法、全球环境问题、国际组织和非政府组织的作用等，这些内容能够帮助学生更全面地理解全球化时代的复杂性和关联性。课程内容的国际化还需要注重理论与实践的结合。例如，教师可以通过案例研究的方式，让学生分析国际事件的发展过程、影响因素及其对全球政治经济的影响。这种方式不仅能够提升学生的分析能力，还能增强他们对国际事务的敏感度和理解力。国际化课程应注重跨学科的融合。例如，教师将国际关系与历史、文化、科技等学科相结合，可以让学生从不同角度理解国际事件，培养他们的综合思考能力。通过这种跨学科的学习，学生能够更深入地理解不同国家和文化的多样性及其在全球化进程中的作用。

师资队伍的国际化是实现课程国际化的重要保障。高校应致力引进具有国际背景的教师，特别是那些在国际组织、跨国公司或海外学术机构有丰富经验的专家。这些教师不仅能够为学生带来最新的国际知识和视角，还能够分享他们的实际经验和见解。现有的教师队伍也需要不断提升自身的国际化水平。高校可以通过建立国际交流计划，支持教师赴海外学习和研修。在海外学习期间，教师不仅能够接触到最新的教学理念和研究成果，还能够与国际同行进行学术交流和合作，从而提升自己的教学和研究水平。为了进一步提升师资队伍的国际化水平，高校还可以鼓励教师参与国际学术会议和研讨会。通过这些活动，教师不仅能够了解国际学术界的最新动态，还能够扩大自己的国际视野和学术网络。这种国际交流和合作有助于提升教师的国际认知水平，使其能够更好地在课堂上传递国际视角。高校还可以通过建立国际合作项目，促进教师与国际学者的合作研究。这种合作不仅能够提升研究项目的质量和国际影响力，还能够为学生提供更多接触国际学术界的机会。通过这些项目，学生能够直接参与国际研究，加深对国际事务的了解和参与。通过引进国外优秀教师和学者，以及支持国内教师出国研修、参与国际学术交流，高校能够提升教师队伍的国际化水平，为学生提供更加国际化的教学体验。

三、持续创新

持续创新要求高校思想政治工作的教育内容、方法、理念和体系需要全面更新，以适应不断变化的社会和技术环境。通过这种全面的创新，高校思想政治教育可以更有效地培养学生适应现代社会的能力，促进他们的全面发展。

教育内容的创新是指在思想政治教育中不断引入新的教学素材、理论观点和社会实践，以反映时代的发展和社会的变迁。在全球化、信息化加速发展的今天，新的社会形态、价值观念和技术革新对传统的思想政治教育提出了挑战。因此，高校需要不断审视和更新其教育内容，确保其与时俱进，引导学生正确理解和适应社会变化。这包括但不限于将新兴的社会问题、全球化背景下的国际关系、科技进步对社会的影响等内容纳入课程体系。与内容创新同等重要的是教学方法的创新。传统的教学方法可能无法满足现代学生的学习需求和习惯。因此，高校思想政治教育应利用先进的教育技术和方法，如网络课堂、互动式学习、案例研究、模拟实验等，提高教学的互动性和实践性。这种方法的创新不仅有助于提高学生的学习兴趣，还能培养他们的批判性思维和独立解决问题的能力。教育理念的创新是指更新教育的目标、价值和原则。在快速变化的社会和技术环境中，高校思想政治教育的目标不应仅限于知识传授，更应注重培养学生的综合素质，包括批判性思维、创新能力、社会责任感等。教育理念创新还意味着高校对学生多样性和个性化需求的重视，以及对教育公平和包容性的关注。教育体系的创新涉及教育结构、管理模式和资源配置等方面的更新。随着社会和技术的发展，教育体系需要更加灵活和开放，以适应学生多样化和个性化的学习需求。这可能包括建立更为灵活的课程体系、推进教育的国际化、强化校企合作，以及利用网络和其他现代技术优化教育资源配置。

参考文献

[1] 马雷，王歆．新时代高校思想政治工作研究 [M]．天津：天津人民出版社，2021．

[2] 王子蕲．高校思想政治工作日常教育体系研究 [M]．天津：天津人民出版社，2022．

[3] 吕媛媛．新时代高校思想政治工作质量提升实际操作研究 [M]．北京：九州出版社，2020．

[4] 寇跃灵．高校思想政治教育探索与实践研究 [M]．北京：北京工业大学出版社，2021．

[5] 王薇．高校思想政治教育热点与多元探讨 [M]．北京：北京工业大学出版社，2021．

[6] 杨小岑．高校思想政治教育工作创新实践 [M]．沈阳：辽宁人民出版社，2022．

[7] 李智慧．高校思想政治教育有效资源开发利用研究 [M]．北京：旅游教育出版社，2022．

[8] 陆安琪．新时代高校思想政治教育协同育人路径研究 [M]．北京：中译出版社，2021．

[9] 田自立．"互联网＋"视域下高校思想政治教育实践研究 [M]．延吉：延边大学出版社，2021．

[10] 吴文妍，鲁玲玉，毕虹．当代高校思想政治教育理论与实践研究 [M]．延吉：延边大学出版社，2021．

[11] 贾世要，加鹏飞，张亚炜.高校思想政治工作协同机制探究 [J].赤峰学院学报（哲学社会科学版），2023，44（7）：86-89.

[12] 李丽蓉.高校思想政治工作测评体系研究 [J].山西警察学院学报，2023，31（4）：91-97.

[13] 岳鸿伟.高校思想政治工作规律新探 [J].决策探索，2021（16）：53-54.

[14] 刘磊.如何构建高校思想政治工作体系 [J].长江丛刊，2021（14）：152-154.

[15] 胡有华.新媒体时代高校思想政治工作创新探析 [J].文教资料，2023（2）：41-44.

[16] 林伊群.科学把握高校思想政治工作的"形"与"质"[J].哈尔滨学院学报，2023，44（2）：128-132.

[17] 王瑞.高校思想政治工作创新机制研究 [J].教育教学论坛，2020（25）：114-115.

[18] 邱收.高校思想政治工作方法研究 [J].读天下（综合），2020（17）：138.

[19] 闫金红.推动构建高校思想政治工作大格局 [J].文教资料，2022（13）：89-92.

[20] 鲁春旭.基于大数据时代背景的高校思想政治工作刍议 [J].通化师范学院学报，2022，43（11）：57-61.

[21] 敖生成.提升高校思想政治工作实效性探析 [J].活力，2022（11）：61-63.

[22] 李海鹏.高校思想政治工作质量提升的困境、成因及对策 [J].国家教育行政学院学报，2022（10）：88-95.

[23] 许青云.新时代高校思想政治工作的问题及改革创新 [J].天中学刊，2022，37（5）：139-142.

[24] 曹斯亢.新时代高校思想政治工作的现实思考与实践探索 [J].枣庄学院学报，2022，39（4）：49-55.

[25] 从婉露，盛樟，夏玉钦.新时代高校思想政治工作质量提升路径探究 [J].安徽工业大学学报（社会科学版），2022，39（4）：73-75.

[26] 王妮.新时代高校思想政治工作的特征、经验与展望 [J].兰州文理学院学

报（社会科学版），2022，38（4）：64–68.

[27] 陈光辉，刘壮，刘瑶.高校思想政治工作育人机制贯通性研究初探[J].河北开放大学学报，2022，27（2）：52–54.

[28] 王海华.高校思想政治工作协同机制构建研究[J].继续教育研究，2022（2）：90–92.

[29] 张绪.高校思想政治工作与网络文化的融合[J].新教育时代电子杂志（教师版），2023（25）：70–72.

[30] 周帅.网络文化与高校思想政治工作[J].邢台职业技术学院学报，2023，40（3）：57–59.

[31] 廖素梅.加强新时代高校思想政治工作路径研究[J].文教资料,2021(34)：85–88.

[32] 刘灿.高校思想政治工作改革创新研究[J].教育现代化，2019，6（23）：156–157.

[33] 凤建煌.高校思想政治工作精准方法分析[J].南方农机，2019，50（16）：106，113.

[34] 张益国.试论新时代高校思想政治工作协同创新[J].文教资料,2021(17)：119–120，66.

[35] 彭桂芳.自媒体环境下如何创新高校思想政治工作[J].文教资料，2021（16）：92–93.

[36] 程银，张小桃.高校思想政治工作亲和力提升的境遇、价值及途径[J].老区建设，2021（14）：79–85.

[37] 任晔.论高校思想政治工作的理念创新与路径优化[J].绥化学院学报，2021，41（12）：110–112.

[38] 李晔晔.新时代高校思想政治工作建设研究[J].长春师范大学学报，2021，40（11）：131–133.

[39] 刘英.创新"互联网+"背景下的高校思想政治工作[J].新长征，2021（9）：56.

[40] 毛静，邱小花.互联网背景下高校思想政治工作策略研究[J].经济与社会

发展研究，2021（7）：263-264.

[41] 彭桂芳.高校思想政治工作的常见问题及应对策略 [J]. 新教育时代电子杂志（教师版），2021（6）：209，221.

[42] 冯刚.论新时代高校思想政治工作守正创新 [J]. 上海交通大学学报（哲学社会科学版），2021，29（5）：31-40.

[43] 袁荫贞.移动互联网时代创新高校思想政治工作的思考 [J]. 经济与社会发展研究，2021（4）：284.

[44] 张蕊.自媒体环境下高校思想政治工作的创新分析 [J]. 新闻研究导刊，2021，12（4）：247-248.

[45] 王占仁.新时代高校思想政治工作大格局论析 [J]. 思想政治教育研究，2021，37（4）：32-40.

[46] 程银.新时代高校思想政治工作亲和力的生成规律 [J]. 潍坊工程职业学院学报，2021，34（3）：32-38.

[47] 陶志欢.论高校思想政治工作质量提升的思维转向 [J]. 高校辅导员，2021（1）：46-50.

[48] 卢旭.数字赋能高校思想政治工作的实践场域、生成逻辑及价值意蕴 [J]. 教育科学论坛，2023（24）：15-18.

[49] 秦玉学，孙在丽.新时代我国高校思想政治工作的新思考 [J]. 高教学刊，2020（33）：177-179，184.

[50] 王奇昇.互联网时代高校思想政治工作浅探 [J]. 文教资料，2020（32）：72-73.

[51] 邓维娜.把握和运用三个机制加强高校思想政治工作 [J]. 经济技术协作信息，2020（30）：31.

[52] 刘光林，樊建武.新时代加强和改进高校思想政治工作对策研究 [J]. 高教学刊，2020（27）：189-192.

[53] 信鑫.新时期做好高校思想政治工作的方法 [J]. 长江丛刊，2020（26）：164，166.

[54] 肖薏，陈安琪.新时代高校思想政治工作长效机制检校评估研究 [J]. 区域

治理，2023（14）：198-200.

[55] 温娟．新时代高校思想政治工作路径探析 [J]．智库时代，2020（21）：133.

[56] 吕洪珏．大数据技术助力高校思想政治工作发展：内涵、问题及对策 [J].
林区教学，2023（5）：5-9.

[57] 翟英杰．"三全育人"视域下高校思想政治工作的时代价值和实践路径探
析 [J]．肇庆学院学报，2023，44（4）：65-69.

[58] 王会利．新媒体环境下高校思想政治工作的路径选择 [J]．智库时代，2020
（11）：113-114.

[59] 蔡永刚．"双一流"背景下的高校思想政治工作探析 [J]．时代金融，2020
（11）：126-127，129.

[60] 李奥运．新时代高校思想政治工作基础理论成果探析 [J]．文教资料，2020
（10）：112-114.

[61] 张莉鑫．高校思想政治工作落实立德树人根本任务的创新路径研究 [J]．高
校辅导员，2023（2）：44-48.

[62] 李永明．新时期高校思想政治工作队伍建设初探 [J]．散文百家,2020(30)：
172-173.

[63] 侯贤祥．大数据应用与高校思想政治工作研究 [J]．商丘师范学院学报，
2020，36（10）：100-103.

[64] 郭广伟，孟令择．基于大数据技术的高校思想政治工作评价精准度研究
[J]．河北青年管理干部学院学报，2023，35（2）：69-73.

[65] 潘惠玲．"互联网 +"时代高校思想政治工作创新研究 [J]．科学咨询，
2020（9）：41.

[66] 范凯玲．新时代高校思想政治工作的原则和阵地建设 [J]．湖北经济学院学
报（人文社会科学版），2020，17（9）：114-117.

[67] 钱嫦萍．融合与协同：新时代高校思想政治工作体系发展的新态势 [J]．华
东理工大学学报（社会科学版），2023，38（1）：140-148.

[68] 张家玮．中华优秀传统文化融入高校思想政治工作的三重向度 [J]．国家教
育行政学院学报，2023，36（6）：45-51.

[69] 岑云英.守正创新推进高校思想政治工作[J].社会主义论坛，2020（7）：32.

[70] 张陆红.准确把握高校思想政治工作的着力点[J].新长征，2020（7）：48-49.

[71] 陶文彩.新时代高校思想政治工作实践探索[J].安顺学院学报，2020，22（6）：51-54.

[72] 向龙.高校思想政治工作评价体系研究[J].经济与社会发展研究，2021（21）：148-149.

[73] 张道明，代秀峰.加强和改进高校思想政治工作的现实困境与有效路径[J].廊坊师范学院学报（社会科学版），2020，36（4）：119-124.

[74] 李静，刘鸿畅，朱奕辉.文化视域下加强高校思想政治工作的时代考量[J].邵阳学院学报（社会科学版），2020，19（3）：105-108.

[75] 黄其昌.新时代高校思想政治工作的方法论遵循[J].高校辅导员，2020（1）：30-34.

[76] 冯永光，付小政.新时代提升高校思想政治工作的对策[J].菏泽学院学报，2020，42（1）：7-10.

[77] 仰叶齐.试论高校思想政治工作的六条路径[J].金华职业技术学院学报，2021，21（4）：40-45.

后　记

　　思想政治工作是一切工作的生命线。随着《高校思想政治工作质量提升工程实施纲要》等重要文件的具体实施，"十大育人体系"共同发力，着力构建课程、科研、实践、文化、网络、心理、管理、服务、资助、组织等育人板块，推进"三全育人"全面提质创新。《高校思想政治工作质量提升工程实施纲要》着重破解高校思想政治工作不平衡不充分的问题，换言之，就是各项工作不但要"各美其美"，更要"美美与共"。高校思想政治工作不仅仅是一份份文件，一个个模板，它更是一种美的艺术。这种美，需要教育工作者拥有善于发现美的眼睛、挖掘美的能力、呈现美的艺术才能将美带到众人面前，才能让高校思想政治工作真正实现"春风化雨""润物无声"。

　　纵观学界，很多专家学者都对高校思想政治工作相关理论和实践进行了详尽的阐述，每每翻开这些论著，总能引发很多思考，受益良多。站在巨人的肩上看世界，我们发现，高校思想政治工作已经翻过了一座座高山；低下头认真思考问题，我们清楚，高校思想政治工作还有很长的路要走。高校思想政治工作要从说教、管理、服从逐步走向理解、说服、引领，就必须用更科学、更艺术、更有效的方法来提升工作的成效。

　　本书落笔之时，仅是笔者作为一名普通高校思想政治工作者朝着更远的目标出发的时间。真心盼望，高校思想政治工作者在每一个学生的心里种下的种子，都能生根、发芽、开花、结果。因为，无论是玫瑰，还是茉莉，都是属于自己的最美的花朵。